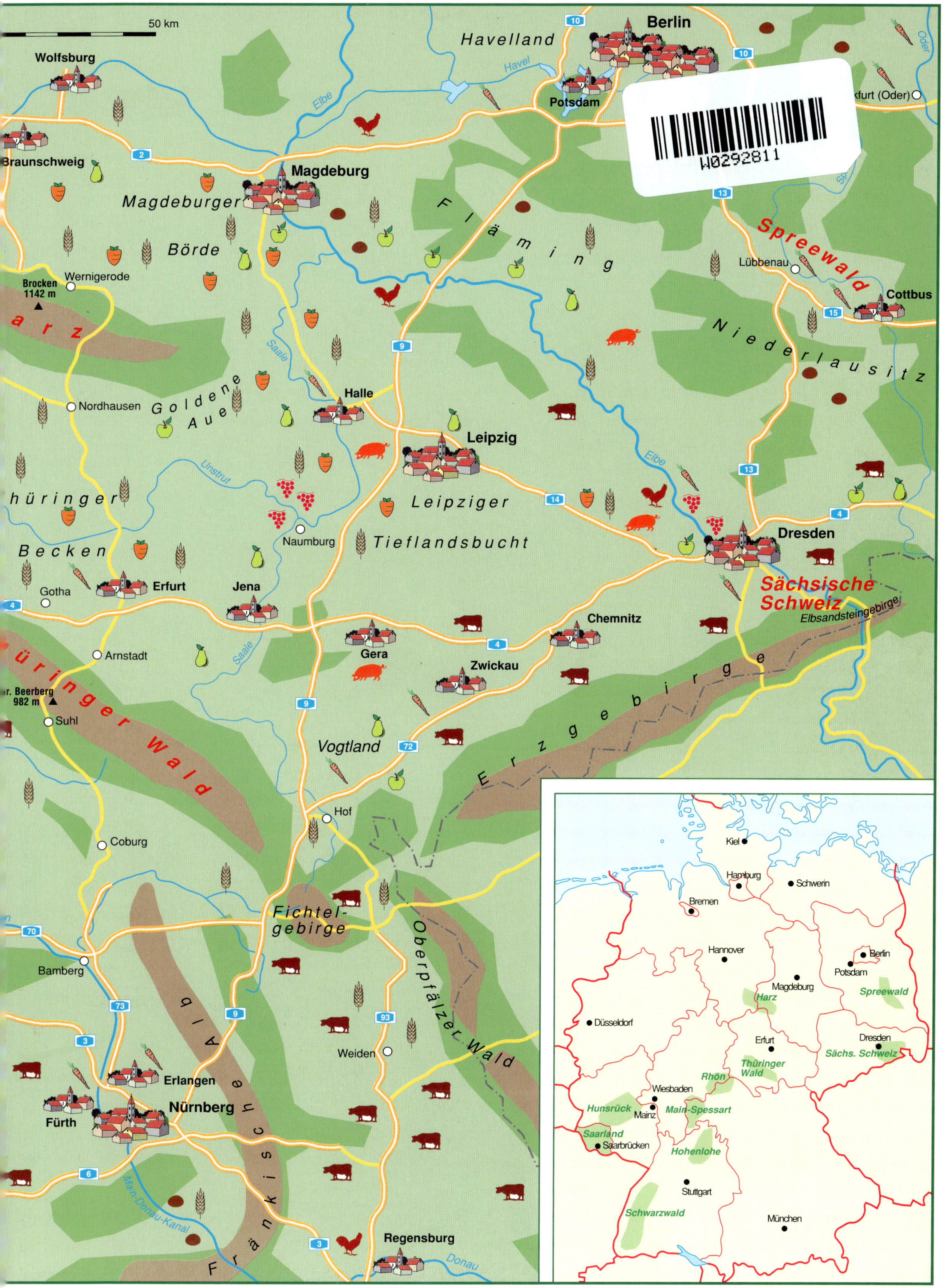
50 km
Berlin
Havelland
Havel
Potsdam
Wolfsburg
Braunschweig
Elbe
Magdeburg
Magdeburger Börde
Fläming
Spreewald
Lübbenau
Cottbus
Niederlausitz
Oder
kfurt (Oder)
Brocken 1142 m
Wernigerode
arz
Saale
Halle
Nordhausen
Goldene Aue
Leipzig
Leipziger Tieflandsbucht
Unstrut
hüringer Becken
Naumburg
Gotha
Erfurt
Jena
Dresden
Sächsische Schweiz
Elbsandsteingebirge
Chemnitz
Gera
Zwickau
Arnstadt
üringer Wald
r. Beerberg 982 m
Suhl
Vogtland
Erzgebirge
Hof
Coburg
Fichtel-gebirge
Oberpfälzer Wald
Bamberg
Fränkische Alb
Weiden
Erlangen
Fürth
Nürnberg
Main-Donau-Kanal
Regensburg
Donau
10
2
13
9
15
14
4
72
70
73
93
3
6
Kiel
Hamburg
Schwerin
Bremen
Hannover
Berlin
Potsdam
Magdeburg
Harz
Spreewald
Düsseldorf
Erfurt
Dresden
Thüringer Wald
Sächs. Schweiz
Rhön
Wiesbaden
Mainz
Hunsrück
Main-Spessart
Saarland
Saarbrücken
Hohenlohe
Stuttgart
Schwarzwald
München

Köstliches Deutschland

KÖSTLICHES DEUTSCHLAND

UDO ECKERT

SCHWARZWALD • HOHENLOHE • THÜRINGER WALD
SAARLAND • HARZ • HUNSRÜCK • SÄCHSISCHE SCHWEIZ
MAIN-SPESSART • SPREEWALD • RHÖN

SÜDWEST

An den Hängen des Maintals *finden Weintrauben ideale Wachstumsbedingungen. Im Herbst zur Weinlese ist die Region Main-Spessart ein besonders lohnendes Reiseziel.*

Vom Brocken aus, *dem höchsten Berg im Harz, blickt man weit über das nördlichste deutsche Gebirge.*

Schwarzwaldidylle: *Tiefe Wälder, sanfte grüne Hügel und dazwischen immer wieder Bauernhöfe mit lang heruntergezogenen Dächern (Seite 4/5).*

Eine faszinierende Felsenlandschaft *findet man in der sächsischen Schweiz. Besonders beeindruckend ist der Basteifelsen (Seite 6/7).*

wunderschönen weitläufigen und unverbauten Blick *über die Rhönhügel (Seite 8/9).*

INHALT

Nicht weit vom Rennsteig, *dem bekannten Kammweg des Thüringer Waldes, liegt die über 1100 Jahre alte Stadt Schmalkalden.*

Alte kunsthandwerkliche Traditionen, *wie die Herstellung von Kunstblumen in Sebnitz (Sächsische Schweiz), kann man auf einer Reise durch Deutschland kennenlernen.*

Einführung

Köstliches Deutschland – Sie halten das zweite Buch zu der allseits beliebten TV-Serie in Ihren Händen. Im ersten Band führte die kulinarische Reise durch die Regionen im Süden Deutschlands. Nun liegt der Schwerpunkt in der Mitte. Vom Schwarzwald bis zum Spreewald erleben Sie die Vielfalt regionaler Spezialitäten, entdecken die Besonderheiten bodenständiger Lebensart und begegnen viel Unbekanntem, aber sicher auch Vertrautem. Nicht zu vergessen sind die natürlichen Schönheiten und die kulturhistorischen Zeugnisse der deutschen Mittelgebirge. Auch mit diesem Buch möchte ich, bestärkt durch die positive Resonanz vieler Leser, nicht nur in die Töpfe der Köche schauen, sondern auch über den Tellerrand hinaus blicken.

Begeben Sie sich mit mir auf eine beglückende Entdeckungsreise, sowohl was die Landschaft als auch die Gastronomie betrifft. Jede Region hat ihre unverwechselbaren Eigenheiten – Eigenheiten, die vor allem in den Küchen sichtbar werden. Essen und Trinken ist nicht nur Lebensfreude, sondern auch Kulturgut. So wie die Mundart die Regionen voneinander trennt, grenzen sich auch die deutschen Regionalküchen voneinander ab. Bodenständiges und Traditionelles bleiben erhalten und sind Ausdruck von Essgewohnheiten, die sich über Jahrhunderte hinweg entwickelt haben. In einer Zeit, wo die Fast-Food-Bewegung überhand nimmt und Convenience-Produkte die Küchenregale füllen, sollte man allen Köchen Anerkennung zollen, die in zeitraubender Kleinarbeit mit frischen Produkten aus dem Umland die Werte einer ehrlichen Küche pflegen und damit zusammen mit den Erzeugern dazu beitragen, dass die regionale Eigenständigkeit erhalten bleibt.

Als die Entscheidung für eine zweite Staffel der Serie »Köstliches Deutschland« fiel, war für mich klar, dass auch ostdeutsche Regionen dabei sein sollten. Ja, ich freute mich darauf, selbst festzustellen, ob das immer wieder gehörte Vorurteil einer gastronomischen Wüste, einem persönlichen Eindruck entspricht. Zugegeben, bei meinen Recherchen musste ich mich gründlich umschauen, denn kein kulinarischer Stern wies mir den Weg in die Provinzen. Doch spürte ich in den ostdeutschen Gefilden den frischen Wind in der Gastronomie. Hier ist ein deutliches Umdenken angesagt. Ich lernte ambitionierte Köche kennen, die engagiert mit regionalen Köstlichkeiten neue Akzente setzen. Immer wieder musste ich an den Ausspruch eines Kochs denken: »Die Menschen haben in den vergangenen Jahren den Geschmack verloren und das wollen wir schnellstens ändern«. Wie gesagt, ich spreche von den ländlichen Regionen. In den Städten haben schon einige Köche Aufbauhilfe geleistet. Es ist festzustellen, dass auch hier die alte Küchenweisheit gilt: Gut essen kann man nur, wenn man gute Produkte verwendet. Gute Küche ist in diesem Sinne nicht eine Frage der Vielfalt und des Reichtums an Zutaten, sondern der Qualität auch der einfachsten Dinge. Und so freue ich mich um so mehr, Ihnen im Rahmen dieser Reise ein neues Bild von den kulinarischen Landschaften im Osten unseres Landes zu zeigen, das Sie vielleicht zum persönlichen Kennenlernen anregt.

Dieses Buch soll Anregungen geben, Eindrücke wiedergeben und den Charakter der Regionen herausstellen. Kein gastronomischer Führer, keine vollständige Rezeptsammlung sollte es werden. Ich möchte einen Gesamteindruck vermitteln. Mein herzlicher Dank gilt allen, die mir dabei geholfen haben, besonders den ausgewählten Chefköchen, die ihre Region eindrucksvoll präsentierten. Sie öffneten mir bereitwillig Küche und Keller, plauderten über ihre Arbeit und offenbarten dadurch so manches Geheimnis ihrer Kochkunst. Sie erhalten somit viele Tricks, Anregungen und Hinweise, die Ihnen beim Nachkochen der originalen Rezepte nützlich sein können.

Bei unseren Dreharbeiten trafen wir auf hochdekorierte Starköche, fernsehbekannte Vertreter ihrer Zunft, engagierte Aufsteiger und echte »Neuentdeckungen«, aber auch auf verantwortungsbewusste Erzeuger: Viehzüchter, Landwirte, Winzer und Fischer. Alles Persönlichkeiten, die im Sinne von Qualität und Erfahrung ihr Bestes geben. Es hat sich wieder bewahrheitet: In der unverfälschten heimischen Küche spiegelt sich der ganze Charakter einer Region.

Ich hoffe, Sie ein bisschen für eine Entdeckungsreise durch das »Köstliche Deutschland« nach dem Motto »Lieber ab und zu einmal ein bisschen zu viel, als dauernd zu wenig« eingestimmt zu haben und wünsche Ihnen viel Spaß beim Lesen, gutes Gelingen beim Kochen und vor allem viel Freude beim Genießen.

Nicht nur für seine Wälder und Wiesen ist der Schwarzwald bekannt. Berühmt sind auch die Trachten, die heute noch getragen werden. Am roten Bollenhut erkennt man die unverheirateten Frauen, am schwarzen die verheirateten und je höher der Hof im Schwarzwald gelegen, desto höher ist auch der Hut.

SCHWARZWALD

Der Schwarzwald *ist seit jeher eine beliebte Kulisse für Heimatfilme. Hier im Bild eine Aufnahme aus »Schwarzwälder Kirsch« (1958) mit Marianne Hold und Dietmar Schönherr.*

Mit seiner landschaftlichen und kulturellen Vielfalt lieferte der Schwarzwald seit jeher den Stoff, aus dem die Träume der Dichter sind. Es scheint, als würde sich hier ein inneres Wohlgefühl entwickeln wie nirgends sonst auf der Welt. Der Schwarzwälder Dichter Johann Peter Hebel drückt das so aus: »Woni gang und stand, wör's e lieblich Land.«

Burgen und Schlösser, Kirchen und Klöster: auf die Zeugnisse seiner reichen Geschichte stößt man im Schwarzwald überall. Der »Swarze wald« wird bereits im ersten Jahrhundert nach Christus vom römischen Geschichtsschreiber Tacitus erwähnt. Und so fing, wie immer, alles mit den Römern an. Sie hatten die Kelten vertrieben und ließen sich an dem angenehmen Ort des heutigen Baden-Baden nieder, denn hier sprudelte herrlich warmes Wasser ganz einfach aus dem Boden. Die römischen Legionäre hielten ihre müden Knochen in das heilende Nass und spürten, wie es ihnen gut tat. Und so beschlossen sie, eine Stadt an dieser Stelle zu bauen. Sie ließen Villen, Tempel, Wirtshäuser, öffentliche Plätze sowie Bäder errichten und nannten den Ort Aquae Aureliae. Sogar Kaiser Caracalla soll im Jahr 213 n. Chr. den überaus beschwerlichen Weg von Rom bis an die Hänge des nördlichen Schwarzwalds nicht gescheut haben, um dort seine Gicht im Wunderwasser von Baden-Baden zu lindern. Die Alemannen vertrieben

Hübsch geschmückte Häuser *wie hier in Sasbachwalden prägen das Bild der Orte im Schwarzwald.*

schließlich die Römer um das Jahr 260 n. Chr. von diesem Ort und zerstörten dabei die Stadt und die Thermen. Denn mit der Badekultur hatten sie nichts im Sinn. Erst unter den Markgrafen von Baden kam der Badebetrieb erneut in Gang.

Weite Teile des Schwarzwalds und seiner angrenzenden Landschaften waren über 500 Jahre als österreichische Vorlande Bestandteile des Habsburger Reiches. Klöster, Kirchen, fromme Stiftungen und vieles mehr sind reiche Spuren, die davon zeugen, dass Gott und der Kirche zu dienen, sie zu schützen und den Glauben gegen Ketzer, Ungläubige und allen Wildwuchs zu verteidigen, ureigenste Sache der Habsburger war. 1254 erwarben sie beispielsweise das Kloster St. Blasien im Schwarzwald. Dieses war schon allein aufgrund seiner weit verzweigten Herrschaftsrechte im südlichen Schwarzwald damals ein begehrtes Objekt.
Die Äbte der Schwarzwaldklöster, die Vertreter der Städte und der bäuerlichen Herrschaften versammelten sich seit dem 15. Jahrhundert auf den vorderösterreichischen Landtagen, deren Vorsitz für lange Zeit die Äbte von St. Blasien innehatten. Die auf den Landtagen verhandelten politischen Vorgaben verhinderten unter anderem, dass die Reformation in den Vorlanden Fuß fassen konnte. Eine Entscheidung, die weit in unsere Zeit hinein Einfluss hatte. So ist die Abgrenzung zwischen Katholiken und Lutheranern heute noch in vielen Schwarzwaldgemeinden zu spüren. In Tennenbronn, einem kleinen Dorf im Mittelschwarzwald, hat die Konfession beispielsweise Höfe und Familien getrennt. Es gab jeweils zwei Kirchen, Pfarrer, Schulen und Friedhöfe. Die Kinder prügelten sich wegen des Glaubens. Es gab Wirtshäuser, wo nur eine Konfession geduldet wurde, und undenkbar war schließ-

Die Anfänge der Schwarzwälder Uhrenproduktion *reichen ins 18. Jahrhundert zurück. Auf dem Rücken von Uhrenträgern wurden sie bis nach Paris, London und St. Petersburg transportiert.*

Nicht entgehen lassen *sollte man sich feierliche Prozessionen wie die zu Fronleichnam, die jedes Jahr in den katholischen Gebieten des Schwarzwalds zelebriert werden.*

lich, dass Ehen unterschiedlicher Glaubensrichtung geschlossen wurden. Dieser Zustand wurde erst 1922 durch einen Bürgermeister beendet.

Kaiser Maximilian I. machte im Jahre 1477 durch die Heirat mit Maria von Burgund eine gute Partie. Die österreichischen Vorlande wurden dadurch über Nacht zum wichtigen Verbindungsglied zwischen Tirol und dem burgundischen Königreich. Das bedeutete Aufschwung im ganzen Land: Straßen wurden gebaut, wie die so wichtige über den Schwarzwald, eine Postlinie von Innsbruck ins niederländische Mecheln eröffnet sowie Landwirtschaft und Weinbau gefördert. Das Haus Habsburg war der größte Territorialherr im Schwarzwald. Der geförderte Bergbau benötigte viel Holz, das reichlich vorhanden war, und so gab es Arbeit und Brot für viele Holzfäller, die aus Tirol kamen. Es ist deshalb wenig verwunderlich, dass der Großteil der Bevölkerung um Baiersbronn seinen Ursprung in Tirol hat. Doch Maximilian I. hat nicht nur für wirtschaftlichen Aufschwung in dieser Region gesorgt, seine heitere, lebenslustige Art hat ebenfalls ihre Spuren hinterlassen. Vor allem eine frohe Gelassenheit für die schönen Seiten des Lebens, und nicht zuletzt den Sinn fürs Gute aus Küche und Keller.

Im 18. Jahrhundert förderte die österreichische Herrschaft den Beginn von Handwerk und Kleinindustrie im Schwarzwald. Im Zuge dessen wurden die Anfänge der Schwarzwälder Uhrenproduktion gelegt, die Strohflechterei begünstigt und die Leinwandmanufakturen privilegiert. Unter Maria Theresia wurde in den Volksschulen das vorbildliche Normalschulsystem des Abts Ignaz Felbiger eingeführt und das Straßenwesen verbessert.
Seit 1792 wurde der Schwarzwald in den Auseinandersetzungen Habsburgs mit dem revolutionären Frankreich immer wieder bedroht. Die österreichische Herrschaft neigte sich dem Ende zu, was mit dem Wiener Kongress 1815 endgültig besiegelt wurde.

Die aus machtpolitischen Gründen geschlossene Ehe Maximilians I. mit Maria von Burgund Ende des 15. Jahrhunderts hat tiefe wirtschaftliche und gesellschaftliche Spuren im Schwarzwald hinterlassen.

Gutbert Fallert *im Hotel »Talmühle« in Sasbachwalden versteht es, bodenständige Gerichte mit Raffinesse zu kreieren. Mit seiner Frau Irene unternahm er viele kulinarische Entdeckungs- und Studienreisen durch aller Herren Länder.*

Während unseres Aufenthalts bei den Dreharbeiten konnten wir auf genussvolle Weise erleben, dass Gutbert Fallert auch ein Faible für die italienische Kochkunst hat.

Bauernkaninchen-Sülze vom Vinzenz-Hof

Für 4 Personen

- *1 frisches Kaninchen*

Für die Marinade

- *5 Knoblauchzehen*
- *3 Schalotten*
- *2 Möhren*
- *1 kleine Lauchstange*
- *1 Stück Staudensellerie*
- *1 Zweig frischer Thymian*
- *1/2 Bund frischer Estragon*
- *1 kleines Lorbeerblatt*
- *1 Gewürznelke*
- *10 schwarze Pfefferkörner*
- *3/4 l trockener Riesling mit möglichst wenig Säure*

Außerdem

- *20 g Butter*
- *Salz*
- *schwarzer Pfeffer*
- *6 Blatt weiße Gelatine*
- *2–3 Hand voll frische gehackte Kräuter (Petersilie, Kerbel, Estragon, etwas Thymian)*

1 Das Kaninchen auslösen und in gleichmäßige, etwa walnussgroße Stücke teilen, die Knochen klein hacken.

2 Für die Marinade die Knoblauchzehen ungeschält andrücken. Die Schalotten schälen, das Gemüse waschen und putzen und alles in 1 Zentimeter große Stücke schneiden. Das Gemüse mit dem Kaninchenfleisch, den Innereien, den Knochen und den getrockneten Kräutern und Gewürzen in eine Schüssel geben und mit dem Wein bedecken. Alles mit einem Teller beschweren und 2 bis 3 Tage im Kühlschrank marinieren.

3 Kaninchenfleisch und Innereien aus der Marinade nehmen und beiseite legen. Knochen, Gemüse und Gewürze in einem Sieb abtropfen lassen, die Marinierflüssigkeit dabei auffangen. Die Butter in einem großen Topf erhitzen. Kaninchenknochen und Gemüse darin anschwitzen. Mit Marinade

Eine feine Vorspeise für Genießer: Sülze vom Bauernkaninchen.

und Wasser gut bedecken. Alles langsam zum Kochen bringen, abschäumen und bei schwacher Hitze 1 Stunde kochen, dabei immer wieder abschäumen.

4 Den Sud durch ein feines Tuch passieren, mit Salz und Pfeffer abschmecken. Das Kaninchenfleisch anschließend in diesem Fond bei schwacher bis mittlerer Hitze in 30 bis 40 Minuten weich kochen, zwischendurch abschäumen. Leber, Niere und Herz kurz vor Ende der Garzeit mitpochieren.

5 Kaninchenfleisch und die Innereien in eine Terrinenform schichten. Den Fond nochmals durch ein Tuch gießen und offen in 1 Stunde auf etwa 1/2 Liter einkochen. Gelatine kurz in kaltem Wasser einweichen. 1/2 Liter der Flüssigkeit abmessen, die Gelatine darin auflösen, alles abkühlen lassen.

6 Die Kräuter in den eingekochten Fond geben und über das Kaninchenfleisch in der Terrine gießen. Alles mit Folie abdecken, mit einem Brettchen und einem Gewicht so beschweren, dass der Fond nicht überläuft. Die Sülze 3 bis 4 Stunden kühlen. Vor dem Servieren die Form kurz erwärmen, die Sülze stürzen. In Scheiben schneiden mit einer leichten Senf-Mayonnaise oder einer Vinaigrette und gehackten Haselnüssen, mit Salat und Kräutern der Saison anrichten.

Marinierzeit: 2–3 Tage
Zubereitungszeit: 2 1/2 Stunden
Kühlzeit: 3–4 Stunden

Genießer *sollten in Sasbachwalden im Hotel »Talmühle« einen Zwischenstopp einlegen.*

Feldberger Pilzomelett

Für 4 Personen

- *1/2 Bund glatte Petersilie*
- *1 Bund Schnittlauch*
- *2 Schalotten*
- *50 g durchwachsener geräucherter Speck am Stück*
- *500 g gemischte Pilze der Saison*
- *50 g Butter*
- *Salz, schwarzer Pfeffer*
- *8–10 Eier*

1 Kräuter abbrausen und abschütteln. Die Petersilienblättchen fein hacken, den Schnittlauch in Röllchen schneiden. Die Schalotten schälen und fein hacken. Den Speck ohne Schwarte in schmale Streifen schneiden. Die Pilze putzen und in feine Scheiben schneiden.

2 Die Hälfte der Butter in einer großen hohen Pfanne erhitzen und die Schalotten darin glasig braten. Den Speck zugeben und kurz mitbraten. Die Pilze zugeben und unter Rühren so lange anbraten, bis alles austretende Wasser verdunstet ist. Schließlich die Kräuter unterrühren und alles mit Salz und Pfeffer würzen, warm stellen.

3 Für die Omeletts die Eier in einer Schüssel mit dem Schneebesen kräftig aufschlagen, mit Salz und Pfeffer würzen. Die restliche Butter in einer sehr großen Pfanne erhitzen und die Eier hineingeben. Vorsichtig mit dem Kochlöffel rühren, bis die Eier zu stocken beginnen.

4 Ist die Eimasse wachsweich, die Pilze darauf verteilen. Dann die Pfanne leicht schräg halten und das Omelett vorsichtig vom Pfannenboden lösen, einrollen und auf eine vorgewärmte Servierplatte gleiten lassen. Dazu Pellkartoffeln oder gebutterte Bauernbrotscheiben servieren.

Zubereitungszeit: 30 Minuten

Die Pilze für das Omelett müssen nicht unbedingt vom Feldberg stammen, es schmeckt auch mit Zuchtpilzen wie Egerlingen und Austernpilzen.

Hinter den Kulissen *des Restaurants »Schwarzwaldstube« im Hotel »Traube Tonbach« agiert ein 3-Sterne-Koch, der schon als kleiner Junge wusste, dass sein Beruf etwas mit der Herstellung und der Zubereitung von Lebensmitteln zu tun haben wird: Harald Wohlfahrt.*

»Ich hatte das Glück, schon mit 24 Jahren Küchenchef hier im Haus zu werden«, erzählte Harald Wohlfahrt am Rande der Dreharbeiten. Seit fast 20 Jahren gehört er zur Elite der deutschen Köche.

Rehmedaillons mit Waldpilzkruste

Für 4 Personen

Waldpilzkruste
- *1 Schalotte*
- *je 150 g Steinpilze und Pfifferlinge*
- *50 g Butter*
- *1 EL fein gehackte Petersilie*
- *Salz, Pfeffer*
- *50 g Weißbrot*

Rehmedaillons
- *12 Rehmedaillons, je 50 g*
- *Salz, Pfeffer*
- *40 ml geschmacksneutrales Speiseöl*
- *3 Wacholderbeeren*
- *1 Thymianzweig*
- *1 kleiner Rosmarinzweig*

Sauce
- *50 ml Madeira*
- *50 ml roter Portwein*
- *50 ml kräftiger Rotwein*
- *200 ml Reh- oder Wildfond aus dem Glas*
- *50 g Butter*
- *10–20 grüne Pfefferkörner*
- *10 ml Cognac*
- *Salz, Pfeffer aus der Mühle*

1 Für die Waldpilzkruste die Schalotte schälen und fein würfeln. Pilze putzen, ebenfalls würfeln. 30 Gramm Butter in einer Pfanne erhitzen, bis sie schaumig ist. Die Schalotte darin glasig dünsten. Pilze zugeben, 2 Minuten mitdünsten. Petersilie unterrühren, alles mit Salz und Pfeffer würzen.

2 Ofen auf 150 °C vorheizen. Die Rehmedaillons beidseitig mit Salz und Pfeffer bestreuen und im heißen Öl mit den zerdrückten Wacholderbeeren und den Kräuterzweigen von jeder Seite 2 Minuten braten. Die Medaillons aus der Pfanne nehmen, 10 Minuten im Ofen ruhen lassen. Die Pfanne mit dem Bratfett beiseite stellen.

3 Nach der Ruhezeit die Rehmedaillons mit der Waldpilzmischung 1/2 Zentimeter dick belegen. Weißbrot fein zerkrümeln, über die Medaillons streuen, restliche Butter in Flöckchen darauf setzen. Ofen auf 230 °C

Schwarzwälder Küche mit besonderer Note von Harald Wohlfahrt: Rehmedaillons mit Waldpilzkruste und Rotkohl in Pfeffersauce.

einschalten. Rehmedaillons vor dem Servieren 5 Minuten im Ofen erhitzen, anschließend die Kruste unter dem Grill bräunen.

3 Für die Sauce das Bratfett aus der Pfanne gießen. Bratsatz mit Madeira, Portwein und Rotwein aufkochen und vom Pfannenboden lösen. Alles offen auf 1 Esslöffel Flüssigkeit einkochen. Fond zugeben und kochen, bis die Saucenbasis etwas eingekocht und leicht angedickt ist. Butter in Würfeln einrühren und die Sauce durch ein Sieb passieren. Mit grünem Pfeffer, Cognac, Salz, Pfeffer abschmecken, zu den Rehmedaillons servieren.

Zubereitungszeit: 1 Stunde

»Forelle Gärtnerin Art« *oder »Forelle blau« zählen genauso zur klassischen Schwarzwaldküche wie Wildgerichte.*

Rotkohl

Für 4 Personen

- *200 g Rotkohl, 25 g Zucker*
- *je 250 ml Orangensaft und kräftiger Rotwein*
- *125 ml roter Portwein*
- *1 Gewürzbeutel (mit 5 Wacholderbeeren, 1 Lorbeerblatt, 2 Gewürznelken, 10 weißen Pfefferkörnern und 1 Zimtstange)*
- *60 g Schalotten, 50 g Gänseschmalz*
- *Salz, Pfeffer aus der Mühle*
- *20 g brauner Würfelzucker*

1 Rotkohl waschen, in feine Streifen schneiden. Zucker in einer Kasserolle karamelisieren, mit Orangensaft, Port- und Rotwein ablöschen. Gewürzbeutel zugeben und kochen, bis sich der Karamel gelöst hat. Die heiße Marinade über den Rotkohl gießen. Zugedeckt 24 Stunden ziehen lassen. Den Kohl abtropfen lassen, die Flüssigkeit auffangen und mit dem Gewürzbeutel sirupartig einkochen. Gewürzbeutel entfernen, Sirup beiseite stellen. Ofen auf 200 °C vorheizen.

2 Schalotten schälen und fein würfeln. Das Gänseschmalz erhitzen und die Schalottenwürfel darin glasig dünsten. Rotkohl zugeben, mit Salz, Pfeffer und braunem Zucker würzen. Den Rotkohl mit Alufolie abdecken und im Ofen in 1 Stunde garen. Anschließend mit dem nochmals erhitzten Sirup mischen, mit Salz und Pfeffer abschmecken.

Zubereitungszeit: 30 Minuten

Sellerietaschen

Für 4 Personen

- *400 g Sellerie einer sehr großen Knolle*
- *Salz, 100 ml Milch*
- *je 50 g Schlagsahne und Butter*
- *2 EL steif geschlagene Sahne*
- *Salz, Pfeffer aus der Mühle*
- *1 Prise geriebene Muskatnuss*
- *1 Eiweiß, 2 EL Mehl, 1 Ei*
- *50 g fein geriebenes Weißbrot*

1 Sellerie in 12 etwa 3 Millimeter dicke Scheiben schneiden, Kreise mit einem Durchmesser von 6 Zentimeter ausstechen, 5 Minuten blanchieren, in Eiswasser abkühlen.

2 Restlichen Sellerie klein würfeln, in Milch und Sahne weich kochen, pürieren, durch ein Sieb passieren. Die geschlagene Sahne und 25 Gramm Butter unterziehen. Mit Salz, Pfeffer und Muskat abschmecken.

3 Selleriescheiben mit Eiweiß bestreichen, jeweils etwas Selleriepüree in die Mitte geben, zu Halbmonden zusammenschlagen. In Mehl, in Ei, in den Brotkrümeln wenden. In der übrigen Butter goldbraun braten.

Zubereitungszeit: 1 Stunde

Zu den Rehmedaillons mit Waldpilzkruste serviert Harald Wohlfahrt Rotkohl, Sellerietaschen und Pilzsäckchen. Bei den Pilzsäckchen handelt es sich um Blätter aus Frühlingsrollenteig, die mit einer Pilz-Zwiebel-Mischung gefüllt sind und anschließend frittiert werden.

Schwarzwald, Forellen *und das Parkhotel »Wehrle« gehören irgendwie zusammen. Dieser Tradition fühlt sich Ralf Weiß als Chefkoch verpflichtet und dabei fallen ihm immer wieder neue Variationen für die Zubereitung ein.*

1608 prangte in Triberg ein goldenes Wirtshausschild mit dem Namen »Zum goldenen Ochsen«. Doch das Gold des Ochsen blätterte während des Dreißigjährigen Krieges ab, und Gold wurde so rar, dass man das schöne Wirtshaussymbol fortan mit Mennige vor der Verrostung bewahrte. So wurde aus dem güldenen ein »Roter Ochse«.

Geeiste Schwarzwälder Preiselbeertörtchen

Für 8–10 Personen

Preiselbeermus
- *500 g frische Preiselbeeren*
- *300 g Zucker*
- *1/2 Zimtstange*
- *6 zarte Tannenspitzen*
- *Schale von 1/2 unbehandelten Zitrone*
- *100 ml trockener Rotwein*
- *2 gestrichene EL Speisestärke*
- *Kirschwasser*
- *1/2 brauner Biskuitboden*
- *Kirschwasser*

Parfait
- *6 Eigelbe*
- *180 g Zucker*
- *1/4 l heiße Milch*
- *ausgeschabtes Mark von 1 Vanilleschote*
- *350 g geschlagene Sahne*

Außerdem
- *Schokoladensplitter*
- *saure Sahne*
- *einige Minzeblättchen*

1 Für das Preiselbeermus die Beeren waschen. Mit Zucker, Zimtstange, Tannenspitzen und Zitronenschale vermischen, zugedeckt über Nacht im Kühlschrank ziehen lassen.

2 Am nächsten Tag die Preiselbeermischung mit dem Wein aufkochen und 10 Minuten bei schwacher Hitze kochen lassen. Die Speisestärke in etwas kaltem Wasser auflösen und die Preiselbeeren damit andicken. Die Gewürze aus dem Kompott entfernen, 6 Esslöffel Preiselbeeren für die Garnitur aufbewahren. Die restlichen Beeren pürieren, nach Geschmack mit Kirschwasser parfümieren, abkühlen lassen.

3 Den Biskuitboden in 2 bis 3 etwa 1 Zentimeter dünne Schichten schneiden und mit Kirschwasser bepinseln. Dann Kreise von 8 Zentimeter Durchmesser ausschneiden und in Törtchen- oder kleine Soufflèförmchen setzen.

Geeistes Schwarzwälder Preiselbeertörtchen ist nicht nur ein kulinarischer, sondern auch ein optischer Genuss.

4 Für das Parfait Eigelbe und Zucker cremig schlagen. In einen Topf geben, heiße Milch mit Vanillemark unterrühren. Unter ständigem Rühren erhitzen, bis die Masse andickt, nicht aufkochen. Durch ein Sieb passieren, auf Eis kaltrühren. Schlagsahne unterziehen. Parfaitmasse halbieren, unter eine Hälfte 150 Gramm Preiselbeermus rühren.

5 Biskuitböden abwechselnd mit beiden Parfaitmassen mit dem Spritzbeutel und Lochtülle füllen, jede Schicht einzeln 10 Minuten anfrieren lassen. Törtchen obenauf mit Preiselbeermus und saurer Sahne verzieren, 3 Stunden ins Gefriergerät stellen.

6 Preiselbeertörtchen aus den Formen stürzen, mit den Biskuitböden nach unten auf Teller setzen. Mit Schokoladensplittern, Sahnetupfern, Preiselbeeren und Minzeblättchen garnieren.

Zubereitungszeit: 1 1/2 Stunden
Gefrierzeit: 3 Stunden

Schwarzwälder Kirschtorte

Für 1 Torte

Mürbeteigboden
- *125 g Mehl*
- *1 Messerspitze Backpulver, 50 g Zucker*
- *1 Päckchen Vanillezucker*
- *1 Prise Salz*
- *100 g weiche Butter, Butter für die Form*

Biskuitteig
- *4 Eier, 100 g Zucker*
- *1 Päckchen Vanillezucker*
- *75 g Mehl*
- *je 30 g Speisestärke und Kakao*
- *gut 1 Messerspitze Zimtpulver*
- *1/2 TL Backpulver*

Füllung
- *750 g Sauerkirschen, entsteint*
- *100 g Zucker, 30 g Speisestärke*
- *4 EL Kirschwasser, 500 g Sahne*
- *50 g Puderzucker*
- *1 Päckchen Vanillezucker*
- *3 Päckchen Sahnesteif*
- *50 g Johannisbeer- oder Himbeerkonfitüre*
- *50 g Raspelschokolade*

1 Backofen auf 180 °C vorheizen. Für den Mürbeteig Mehl und Backpulver in eine Schüssel sieben. Zucker, Vanillezucker, Salz und Butter hinzufügen, mit den Knethaken des elektrischen Handmixers durcharbeiten und zu einem glatten Teig verkneten. Eine Springform mit 28 Zentimeter Durchmesser einfetten. Teig ausrollen und hineinlegen. Den Teig etwa 15 Minuten backen, erkalten lassen und auf eine Tortenplatte legen.

2 Für den Biskuitteig den Ofen auf 160 bis 180 °C vorheizen. Eier mit 2 Esslöffeln heißem Wasser schaumig schlagen. Zucker und Vanillezucker hineinrühren, weitere 2 Minuten aufschlagen. Mehl mit Speisestärke, Kakao, Zimt, Backpulver mischen, die Hälfte davon auf die Eiercreme sieben, unterrühren, dann die restliche Mehlmischung unterarbeiten. Eine Springform mit 28 Zentimeter Durchmesser einfetten, mit Backpapier auslegen. Teig hineinfüllen, 25 bis 30 Minuten backen. Aus der Form lösen und erkalten lassen.

3 Kirschen mit 75 Gramm Zucker mischen, 1/2 Stunde Saft ziehen lassen. Einmal aufkochen, abtropfen und erkalten lassen. 1/8 Liter Saft abmessen, eventuell mit Wasser auffüllen. Speisestärke mit 4 Esslöffel Saft anrühren, übrigen Saft aufkochen. Speisestärke unter Rühren in den Saft geben, aufkochen lassen, Kirschen unterrühren, abkühlen lassen. Kirschfüllung mit dem restlichen Zucker und Kirschwasser abschmecken. Die Torte wie rechts beschrieben fertigstellen.

Frische, saftige Kirschen *schmecken für die Schwarzwälder Kirschtorte am besten, doch kann man auch Schattenmorellen aus dem Glas verwenden.*

Für die Schwarzwälder Kirschtorte die Sahne mit Puderzucker, Vanillezucker und Sahnesteif steif schlagen. Mürbeteigboden mit Konfitüre bestreichen, mit der Hälfte der Kirschmasse und mit einem Drittel der Sahne belegen. Biskuitboden durchschneiden, eine Hälfte auf die Sahne legen, andrücken, mit den restlichen Kirschen belegen. Die Hälfte der restlichen Sahne darauf streichen, oberen Boden darauf setzen. Die Torte mit der restlichen Sahne bestreichen und mit der Raspelschokolade bestreuen.

Unterschiedlichste holzgeschnitzte *Masken verleihen der alemannischen Fasnet ihr einmaliges Gesicht.*

Die alemannische Fastnacht *hat mit dem pompösen Kölner Karneval oder dem neckischen Münchener Fasching nur die Jahreszeit gemeinsam: die fünfte, die närrische eben.*

Richtig wild und deftig geht es immer noch in Elzach zu, einem ansonsten harmlos-hübschen Schwarzwaldstädtchen nördlich von Freiburg. Von Fastnachtssonntag bis Fastnachtsdienstag toben dort die »Schuddige« wie leibhaftige rote Feuerteufel durch die engen Gassen. Sie tragen furchterregende schwarze Masken, fauchen, brüllen und zwicken die Mädchen mit ellenlangen Holzscheren.

Ein wichtiger Einfluss der Habsburger ist geblieben: die Fastnachtsbräuche im Schwarzwald. Sie wurzeln in der katholisch-habsburgischen Tradition dieser Landschaft, und so auch die Narrengerichte in vielen Orten. Jedes Jahr aufs Neue – und lange vor Dreikönig – erfasst die Aktiven der rund 400 Narrenzünfte im Schwarzwald das vererbte Fieber: »'S goht dogege!« Die Fastnacht rückt näher, vielerorts auch Fasnet oder Fasend genannt. Die Fasnet ist ein »wildes Spiel gegen den Tod«, gegen den Winter und alle Dämonen. Der Lärm der Rätschen, Peitschen, Schnurren und Karbatschen soll sie in die Flucht schlagen. Jede Stadt und fast jedes Dorf zwischen Donau, Bodensee und Rhein hat eigene Kostüme und »Larven« (Masken), kennt andere närrische Sitten und Gebräuche. »Häs« heißen hier die Narrenkleider. Und auch die Fasnet hat ganz unterschiedliche Gesichter! Schreckliche holzgeschnitzte Fratzen oder freundlich-glatte Barocklarven. Es gibt Blätzles-, Fleckles- oder Spättlesgewänder, die in vielen langen Winterabenden zusammengenäht wurden. In manchen Orten werden haushohe Narrenbäume erstellt und überall die Rathäuser gestürmt. Ein alemannisches Sprichwort öffnet der närrischen Obrigkeit das Tor: »D'Narre sin au Lüt – un mengmol g'scheiter wie d'andere.«

Das großartige Narrenfest beginnt stets am »schmutzigen« oder »schmotzigen« Donnerstag – ein anderes Wort für den »Mardi Gras« der Franzosen. In Wolfach und an anderen Orten des Kinzigtals ziehen dann ganze Gemeinden mitten in der Nacht in »Hemdglonkerumzügen«, in Nachthemden, umher. Am helllichten Tag verwandeln sich brave Bürger plötzlich in zottlige Fabeltiere, in springlebendige Hansele in bunten Rautenkleidern oder in Hexen und Teufel mit schrecklichen Fratzen. Die Hexen setzen in gewaltigen Sprüngen übers lodernde Feuer, immer wieder wird ihr forderndes »Narri« von den Zuschauern mit einem tausendkehligen »Narro« erwidert.

Der Schwarzwald ist eine Landschaft, in der düstere, komische, märchenhafte, mystische und mythische Geschichten entstehen: An langen Winterabenden saß man in der Spinnstube beisammen, am Spinnrad oder am »Schniidesel«, auf dem für Haus, Stall und Tenne Dachschindeln zu schneiden waren. Dann hörte man gern, was gute und böse phantastische Wesen trieben.
Da gab es die »Erdmännlein«, Zwerge, die halfen, wo immer es Not tat. Grausame Menschen wie Ritter Rupprecht von Bärenfels hassen solche Helfer. »Unglücklich war seine Schwester, die er zur Ehe mit Ritter Bruno von Steinegg zwingen wollte. Als sie floh und von ihrem Bruder und dem erbosten Ritter verfolgt wurde, wiesen Erdmännlein ihr den Weg zu ihrer geheimen Höhle. Auf dem schmalen Felspfad kamen die Verfolger näher, doch sie wurden von herabstürzenden Felsbrocken erschlagen.« Das geheime Versteck war die Tropfsteinhöhle in Hasel im südlichen Schwarzwald. Natürlich gab es auch gute Erdweiblein, aber meist wird von den bösen Frauen berichtet: Wetter-, Kräuter-, Viehhexen trieben allenthalben im Schwarzwald ihr böses Handwerk. Das Entsetzliche an diesen Sagen ist, dass sie auf Aussagen beruhen, die von »Hexen« unter der Folter erpresst und in unzähligen Gerichtsprotokollen festgehalten wurden.

Am Spinnrad wollte man es ja schön schaurig, aber es sollte auch zu Herzen gehen das wusste auch der romantische Dichter Wilhelm Hauff. Sein Märchen »Das kalte Herz« rührt seit anderthalb Jahrhunderten Generationen von Kindern wie Erwachsenen. Das gute Glasmännlein stammt aus einer Umgebung, in der es Glashütten gab, von denen man heute noch einige besichtigen kann. Der böse Holländer-Michel, ein »riesengroßer, breitschultriger Kerl in der Kleidung der Flößer« gehört dorthin, wo die großen Holzstämme für die Schiffsbauer geschlagen und bis nach Holland geflößt wurden, wie das Flößer-Museum in Schiltach zeigt. Natürlich geht es auch nicht ohne Kohlemeiler. Der arme Kohlenbrenner Peter Munk lebt in so einem tannenumstandenen Dorf, wo man schwer arbeiten musste, um die Familie zu ernähren.

Der Wald war seit jeher die Verdienstquelle der Bauern im Schwarzwald, und ohne ihren Holzreichtum hätte sich diese Region nicht entwickeln können. Schon für den Eigenbedarf an Bau- und Brennholz benötigte ein Hof etliche Morgen Wald, für den Bau eines Hofes beispielsweise rund 250 Stämme. Das Dach wurde mit Schindeln gedeckt, alleine davon brauchte man mehrere zehntausend Stück. Sie wurden im Winter auf dem heimischen Schniidesel, einer einfachen Schnitzbank, geschnefelt. Hier entstanden auch viele Geräte aus Holz: Stiele für Schaufeln, Hacken und Äxte sowie Stangen, Gabeln und Rechen zur Heuernte.
Weil jeweils nur einer den Hof im Anerbengebiet des Schwarzwalds bekommen konnte, wurden viele der weichenden Erben Taglöhner, hatten eine kleine Nebenerwerbslandwirtschaft und lebten von der Heimarbeit. Im »Taglöhnerhüsli« wurde die Stube kurzerhand zur Werkstatt. Hier sägten und schnitzten die Bewohner Spindeln und Rädchen, bauten Gehäuse und bemalten Zifferblätter für die Schwarzwälderuhren. Die ersten Uhren waren komplett aus Holz gefertigt. Später kamen Glasgewichte und metallene Zahnkränze hinzu. Vor 150 Jahren waren allein in Neustadt und Triberg 718 selbstständige Uhrmacher tätig. Die bemalten, rechteckigen Lackschilderuhren wanderten auf den Rücken der Uhrenträger in die ganze Welt.

In kalten, langen Winterabenden *entstanden in den wohlig warmen Schwarzwaldstuben märchenhafte, mythische Geschichten von den Erdmännlein.*

Unweit von Baiersbronn *schrieb Wilhelm Hauff sein Märchen »Das kalte Herz«, in dem der arme Peter Munk dem Holländer-Michel sein Herz gegen einen Stein tauscht. Hier im Bild ein Plakatentwurf aus dem Jahr 1923.*

Der Imker *schleudert den »Honigtau« behutsam aus den Waben und ins Glas kommt ein reines Naturprodukt.*

»Süßes macht nicht dick, es formt.« Dieser wunderbar weise und tröstliche Ausspruch stammt vom Gengenbacher Konditor Hans Discher. Er ist berühmt für seine Obsttorten und die mit Zibärtle (Wildpflaume) gefüllten Pralinen.

Die süssen Seiten des Schwarzwalds

Ob zu feinen Konfitüren veredelte Waldbeeren, würziger Tannenhonig oder weltberühmte Tortenspezialitäten, der Schwarzwald hat Naschkatzen einiges zu bieten. Allem voran die Schwarzwälder Kirschtorte.

Der süße Schwarzwald – das sind auch die Früchte des Waldes, all die Himbeeren, Brombeeren und Heidelbeeren am Wege. Seit vielen Generationen wird daraus eine geschmackvolle Konfitüre gekocht. Die meisten deutschen Luxushotels – von Baiersbronn bis Berlin – stellen seit Jahren

Dick fließt der Schwarzwäler Tannenhonig, *er ist dunkelbraun, beinahe schwarz. Das leicht harzige Tannenaroma schmeckt herrlich würzig und mild.*

Konfitüre auf den Frühstückstisch, die aus Schönau im oberen Wiesental stammt. Die Schwarzwälder Erfolgsstory wurde aus der Not geboren: Wenn das Haushaltsgeld knapp wurde, brachten die armen Bauersfrauen ihre frisch gesammelten Waldbeeren in den kleinen Kolonialwarenladen von

Dick mit Sahne bestrichen *und verziert – so schmeckt die Schwarzwälder Kirschtorte.*

Alfred Faller. Der Kaufmann kochte daraus Konfitüren. Heute wird dort noch immer in vier kleinen Kupferkesseln nach Opas Rezepten Konfitüre im Minuten-Schongang gekocht.
Vor finsteren Urzeiten, als die Konfitüre noch nicht erfunden und der Schwarzwald richtig schwarz war, erschien Honig den Alemannen so kostbar wie Gold. Oft mussten sie sich mit Bären um die süße Beute balgen. Schon vor tausend Jahren machten sich die Waldbewohner – mit Hilfe der Mönche – die Bienenvölker dienstbar. Die Klöster hatten einen enormen Bedarf an Wachskerzen, was der Bienenzucht sehr zu-

gute kam. Auf den meisten Schwarzwaldhöfen bekamen die Bienen einen Stammplatz, der Sonne zugewandt. Die alemannischen Bienenkörbe wurden von den hochangesehenen »Immenschniedern« gepflegt.

In die Mitte der Torte *müssen großzügig Schokoraspel gestreut werden.*

Sie schnitten, meist um den Josefstag, den 19. März, einen Teil der Waben aus den Strohkugeln. Eine kleine Süßreserve lässt man den Bienen.

Frische entsteinte Sauerkirschen *oder Schattenmorellen aus dem Glas kommen für die Torte der Torten in Frage.*

Die Historiker mögen entscheiden, ob die im Schwarzwald besonders hoch entwickelte Kunst der Konditoren nun dem Einfluss der Habsburgerzeit zu verdanken ist oder eher auf die Raffinesse der Straßburger Zuckerbäcker von nebenan zurückgeht. Jedenfalls wetteifern die Konditoren und Cafes zwischen Hochrhein und Neckar heute um die Gunst der Leckermäuler. Unzählige Spezialitäten aus Schokolade, Nuss und Mandelkern, die dann Tannenzäpfle, Staufener Nüsse, Freiburger Bobbele, Triberger Schwarzwaldkirschen oder sonstwie heißen mögen, entstehen in ihren Backstuben. Und ein guter Schuss Kirsch, Himbeergeist, Williams, Zwetschge oder Topinambur gibt Pralinen und Gebäck erst das unwiderstehlich feine Geschmäckle.

Ein heller Mürbeteig *und ein dunkler Biskuitboden gehören zur echten Schwarzwälder Kirschtorte.*

Es gibt die Mär, dass die Kirschtorte einst ein persischer Eunuch, Chefkoch in einem Harem, für seinen Herrn und Meister kreiert haben soll. Er wollte den Damen seines Herrn vollere Formen verleihen und ihn damit erfreuen. Wo genau und von wem die Schwarzwälder Kirschtorte nun wirklich erfunden wurde, darüber wird auf den Kaffeeterrassen an Titisee und Mummelsee nicht lange debattiert. Die kalorienmächtige Weltberühmtheit ist nun mal seit rund 100 Jahren im Schwarzwald zu Hause.
In Todtnau, Oberkirch, Enzklösterle und anderen Urlaubsorten werden den Feriengästen sogar hilfreiche Kirschtortenkurse angeboten.

Aus Beeren des Waldes *wird eine vorzügliche Konfitüre gekocht.*

Der Kirschwassergehalt einer »Schwarzwälder Kirsch« muss so hoch sein, dass er geschmacklich deutlich wahrnehmbar ist.
So haben es jedenfalls 1985 die Richter der Koblenzer Oberlandesgerichts in ihrem Urteil festgelegt.
Der Jugendschutz spielt dabei keine Rolle. Kinder halten sich sowieso lieber an die Kirschenplotzer, Zwetschgenkuchen und Eisbecher.

Bei den Schwarzwaldhöfen *passt alles zusammen: Form und Funktion, Baustil und Baumaterial. Die Wälderhöfe sind ganz aus Holz gemacht: Vom Fundamentbalken bis zum Schindeldach. Unter dem Steildach, das zur Stirnseite einen Walm trägt, haben die Menschen, das Vieh und die Vorräte Platz.*

Am Bollenhut lässt sich vieles erkennen: Mit roten Bollen schmückten sich unverheiratete Frauen, mit schwarzen verheiratete, und je höher der Hof im Schwarzwald gelegen war, um so höher war auch der Hut. Auf den jährlichen Bauernmärkten, zu dem die Bewohner aus ihren entlegenen Orten zusammenkamen, konnten die Burschen an der Farbe des Kopfschmucks sofort erkennen, welches Mädchen noch zu haben war.

Die Volkstrachten wären im Schwarzwald Mitte des letzten Jahrhunderts beinahe ausgestorben. Aber dann haben sich Städter dafür interessiert, Volkskundler und auch Heimatpfleger, und so kamen die Trachten in ihrer bunten Vielfalt erst zur vollen Entfaltung. Sie geben in ihrer jeweiligen Eigenart Auskunft über soziale und regionale Herkunft der Trägerin, ihre Konfession und ihren Familienstand. Das kostbare »Schäppel« war meist der Braut vorbehalten. Der Bollenhut – ein Strohhut mit Bändern und aufgenähten Wollbommeln, die auch Rosen symbolisieren – ist geradezu zum Wahrzeichen der Schwarzwälder Tracht geworden. Traditionell ist er allerdings nur im evangelischen Gutachtal zu Hause.

Deutschlands höchste Wasserfälle hört man schon von weitem toben, wenn man auf dem Waldweg oberhalb von Triberg spazieren geht. Aus 1050 Meter Höhe stürzen die Wassermassen der Gutach 162 Meter tief über sieben Fallstufen aus Granitgestein, bevor sie das Flussbett erreichen. Besonders im Frühjahr nach der Schneeschmelze ist dies ein imposantes Naturschauspiel. Man kann am Rand der Fälle auf gesichertem Weg hoch- und runterklettern; auch hölzerne Stege führen über die Gischt. Das Rauschen ist ohrenbetäubend, aber man spürt sofort, wie das hochschäumende Wasser die Luft erfrischt und ionisiert. Triberg war 1884 übrigens die erste Stadt mit elektrischer Straßenbeleuchtung, wofür die Kraft der Wasserfälle genutzt wurde.
In Tribergs Schwarzwaldmuseum wird ein Modell der ersten deutschen Gebirgsbahn, die Schwarzwaldbahn, ausgestellt. Die Bahn verbindet seit 1873 Offenburg mit Singen am Hohentwiel, führt durch 40 Tunnel und über 142 Brücken und hält auch in Triberg. Sie gehörte zu den Geburtshelfern des

Am berühmt-berüchtigten Bollenhut *kommt man im evangelischen Kinzig- und Gutachtal nicht vorbei. Die Frauen von Gutach, Kirnbach und Reichenbach holen das gute Stück allerdings nur an besonderen Festtagen aus der Truhe.*

neuzeitlichen Fremdenverkehrs im Schwarzwald und ist noch heute eine so bequeme wie reizvolle Art, das Mittelgebirge zu überqueren. Am aufregendsten ist die Strecke zwischen Haslach und St. Georgen.

Es gibt viele Wege, auf denen man den Schwarzwald zu Fuß erkunden kann. Die 276 Kilometer von Pforzheim nach Basel, der so genannte Westweg, machen schließlich nur etwas mehr als ein Prozent des vom Schwarzwaldverein erschlossenen und betreuten Wegenetzes aus. Wer den Weg in seinen elf Etappen gegangen ist, wobei der Rucksack vorweggefahren wird, hat erlebt, was der Dichter J.G. Seume so ausdrückte: »Ich bin der Meinung, dass alles besser gehen würde, wenn man mehr ginge.«
Die Wälder und Wiesen des Schwarzwalds liefern Wild, Pilze und Beeren, wenn auch nicht mehr so reichlich wie einst. Durch tief eingeschnittene Täler fließen klare, forellenreiche Bäche. Diese an das Schlaraffenland erinnernden Bedingungen haben eine für Deutschland einmalige Esskultur gefördert. Nirgends gibt es so viele mit Sternen, Mützen und Gabeln ausgezeichnete Restaurants. In Baiersbronn liegen gar hochdekorierte Restaurants dicht nebeneinander: die »Traube« in Tonbach und das »Bareiss« in Mitteltal. Hier wurde 1774 ein für die Weintrinker wichtiger Mann geboren: Ferdinand Öchsle, Erfinder der Senkwaage. Seither wird der Zuckergehalt der Trauben, das Mostgewicht, in Grad Öchsle gemessen.
Bleiben wir beim Trinken: Chrisliwässerli heißt der berühmte, aus den aromatischen dunklen Schwarzwälder Kirschen gebrannte Obstler. Allein 20 000 kleine Hausbrennereien soll es im Schwarzwald geben. Sie verarbeiten Kirschen, Mirabellen, Äpfel und Birnen für den Hausgebrauch und verkaufen mitunter auch etwas davon. Wer eine besondere Spezialität probieren möchte, sollte nach Rossler oder Topi fragen, einem hochprozentigen Schnaps aus Topinambur, einem kartoffelähnlichen Knollengewächs. Die besten Brände gibt es im Achertal am Fuß der Hornisgrinde, mit 1164 Metern ist das der höchste Berg des Nordschwarzwalds.

Egal, wo man sich aufhält, im Alemannischen oder im Schwäbischen, einer Esstradition sollte sich der Besucher gleichwohl bedingungslos hingeben: dem Vesper. Eigentlich stammt das Wort Vesper aus dem griechischen Wort »Hespera«, zu deutsch Abend. Heute nimmt man im Schwarzwald allerdings zu allen Tageszeiten ein Vesper ein. Dazu gehören ein Brettchen und ein scharfes Messer ohne Sägeschliff, denn sonst würde es den Schinken zerreißen. Außer Schinken oder Speck kommen noch je eine dicke Scheibe Schwarzwurst und Leberwurst sowie eine Scheibe Lyonerwurst dazu. Senf, Gurken, hausgemachte Butter und ein dunkles, selbst gemachtes Krustenbrot dürfen ebenfalls nicht fehlen. Natürlich gehört zu einem Vesper auch ein Viertele Most und ein Schnaps – vor und nach dem Essen wohlbemerkt.
Noch ein Wort zum Schwarzwälder Schinken. Zwei Dinge zeichnen ihn aus: die Art zu Würzen und die Zeit des Reifens. Der rohe Schinken wird mit Salz eingerieben und zum Ziehen drei Wochen in ein geschlossenes Gefäß gelegt. Dann wird er zum so genannten Durchbrennen auf einen Rost gelegt, damit sich das Salz gleichmäßig im Fleisch verteilen kann. Anschließend wird der Schinken über einer individuell unterschiedlichen Mischung aus Buchenholz, Tannen-, Fichten- und Föhrenreisig, Beeren und Sägemehl viele Monate geräuchert. Dadurch erhält er sein typisches Aroma und die feste trockene Konsistenz.

Chrisliwässerli oder Kirschwasser *sollte, so heißt die alte Bauernregel, möglichst nicht vor dem zweiten Frühstück genossen werden. Diese Einschränkung machen die Schwarzwälder auch bei dem Quetsch, den gebrannten Zwetschgen.*

Eine kalte Mahlzeit *zwischen den Mahlzeiten, bei der sich ursprünglich die Bauern und ihr Gesinde nach der Arbeit stärkten und die Zeit zum Abendbrot überbrückten, war das Vesper. Je nach Region wird das Ganze noch von einem Rahmkäse oder einem Bibbeleskäs (angemachter Quark) gekrönt.*

Schwarzwald

Hotels und Restaurants

▮ Hotel Talmühle in Sasbachwalden: Siehe Seite 18.

Talstraße 36, 77887 Sasbachwalden; Telefon 0 78 41/10 01, Fax 0 78 41/54 04

Das Hotel »Talmühle« *in Sasbachwalden.*

▮ Schwarzwaldstube im Hotel Traube in Tonbach: Siehe Seite 20.

Tonbachstraße 237, 72270 Tonbach; Telefon 0 74 42/49 26 65, Fax 0 74 42/49 26 92

▮ Parkhotel Wehrle in Triberg: Siehe Seite 22

Gartenstraße 24, 78098 Triberg; Telefon 0 77 22/8 60 20, Fax 0 77 22/86 02 90

Im Parkhotel »Wehrle« *in Triberg hat sich schon Ernest Hemingway in jungen Jahren Forellen schmecken lassen.*

▮ Zum alde Gott in Neuweier: Im Rebland liegt eines der Gourmet-Restaurants von Baden-Baden. Probieren Sie die Hausspezialitäten, wie Gänseleber in Weißherbstgelee.

Do sowie Fr vormittags Ruhetag Weinstraße 10, 76530 Baden-Baden/ Neuweier; Telefon 0 72 23/55 13

▮ Alte Post in Nagold: Das 300 Jahre alte Fachwerkgebäude ist eines der schönsten Gasthäuser dieser Gegend. Auch die schwäbisch regionale und gehobene französische Küche in den beiden Restaurants ist empfehlenswert.

Mo Ruhetag Bahnhofstraße 2, 72202 Nagold; Telefon 0 74 52/8 45 00

▮ Parkhotel Adler in Hinterzarten: Dieses Haus gehört zu den besten Hotels in Süddeutschland. Im rustikalen Lokal werden regionale Spezialitäten, wie Schäufele, im Hauptrestaurant internationale Gerichte serviert. 78 Zimmer.

Adlerplatz 3, 79856 Hinterzarten; Telefon 0 76 52/12 70, Fax 0 76 52/12 77 17

Essen und Trinken *in einer Puppenstube – das bietet das Hotel »Grüne Bettlad« in Bühl.*

▮ Die grüne Bettlad in Bühl: Ein außergewöhnliches Erlebnis wird Ihnen hier geboten: Essen und trinken in einer Puppenstube. Mittlere bis obere Preisklasse; 6 Zimmer.

So und Mo Ruhetag Blumenstraße 4, 77815 Bühl; Telefon 0 72 23/9 31 30, Fax 0 72 23/93 13 10

▮ Adler in Lahr: Otto Fehrenbacher, ein Schüler von Häberlin, steht hier in der Küche und entsprechend fällt die Speisekarte aus. Die Küche ist badisch mit französicher Note. 25 Zimmer.

Di Ruhetag Reichenbacher Hauptstraße 18, 77933 Lahr-Reichenbach; Telefon 0 78 21/90 63 90, Fax 0 78 21/9 06 39 33

▮ Brenners Parkhotel in Baden-Baden: Das Hotel bietet Luxus im Stil der Belle Époque. Es gibt sogar eine eigene Bäderabteilung. Speisen können Sie in einem der beiden erstklassigen Restaurants. 100 Zimmer, davon 12 Suiten und 18 Juniorsuiten.

Schillerstraße 4–6, 76530 Baden-Baden; Telefon 0 72 21/90 00, Fax 0 72 21/3 87 72

▮ Zum Warteck in Freudenstadt: Das beste Lokal im Ort ist auch interessant für Weinliebhaber; 13 Zimmer.

Di Ruhetag Stuttgarter Straße 14, 72250 Freudenstadt; Tel. 0 74 41/9 19 20, Fax 0 74 41/91 92 93

▮ Bier und Speck in Freiburg: Der Name sagt schon alles. Genießen Sie in der Weinstube oder im Garten.

Münsterplatz 18–20, 79098 Freiburg; Telefon 07 61/3 43 67

▮ Gasthof zum Adler im Glottertal: Ein Spitzenrestaurant. Fragen Sie nach den Spezialitäten der Saison, wie Ziegenlamm, Fasan, Hirsch, Spargel. Der Fisch kommt vom Bodensee; 12 Zimmer.

Talstraße 11, 79286 Glottertal; Telefon 0 76 84/10 81, Fax 0 76 84/10 83

▮ Hotel Oberkirchs Weinstuben in Freiburg: Eine ideale Kombination: In der Weinstube den Rebensaft kosten und danach sich in gemütlichen Zimmern süßen Träumen hinzugeben; 26 Zimmer.

So Ruhetag Münsterplatz 22, 79098 Freiburg; Telefon 07 61/3 10 11, Fax 0 7 61/3 10 31

Sehenswürdigkeiten

St. Blasien: Die Benediktinerabtei gehörte einst zu den führenden Klöstern. Heute ist hier eine Jesuitenschule. Besichtigung nach Vereinbarung. Ein Erlebnis sind die Klosterkonzerte.
Auskunft: Touristeninformation St. Blasien Postfach 1140, 79829 St. Blasien; Telefon 0 76 72/4 14 30, Fax 0 76 72/4138

Franziskaner-Museum in Villingen: In der Kapelle des einstigen Franziskanerklosters sind Fundstücke aus der Vor- und Frühgeschichte Villingens ausgestellt. U.a. wie Fürsten zur Späthallzeit bestattet wurden.
Öffnungszeiten: Di–Fr 10.00–12.00 Uhr, Di, Do–Sa 14.00 Uhr–17.00 Uhr; Mi 14.00–20.00 Uhr; Sonn- und Feiertage 10.00–17.00 Uhr
Riedstraße, 78050 Villingen; Telefon 0 77 21/82 23 52

Münster Unserer Lieben Frau in Villingen: Innen sind die spätgotische Steinkanzel, der neugotische Hochaltar und das Chorgestühl aus der Renaissance sowie ein Kruzifix aus der Zeit um 1340 besonders sehenswert.
Münsterplatz, 78050 Villingen

Ein Bummel *über den Freiburger Marktplatz darf bei einem Schwarzwaldbesuch nicht fehlen.*

Freiburger Münster: Bischofskirche (seit 1821) mit Glasfenstern aus dem 13., 14. und 16. Jahrhundert; Hochaltar von H. Baldung, gen. Grien (1512–16).

Schwarzwälder Freilichtmuseum bei Gutach: Im Mittelpunkt steht der Vogtsbauernhof (1570), der älteste erhaltene Bauernhof in Gutach. Schauen Sie sich auch den Hippenseppenhof aus dem Jahr 1599, die Hofkapelle und den Holzkohlenmeiler mit Sägemühle an.

Schwarzwälder Trachtenmuseum bei Gutach, im alten Kapuzinerkloster von Haslach.
Öffnungszeiten: 21. März–Oktober: Mo–So 8.30–18.00 Uhr
Auskunft: Telefon 0 78 31/2 30

Schmuckmuseum in Pforzheim: Im Stadtgarten von Pforzheim liegt das Reuchlinhaus, in dem das Schmuckmuseum untergebracht ist. Hier sehen Sie Schmuck in allen Variationen.
Öffnungszeiten: Di–So 10.00–17.00 Uhr
Jahnstraße 42, 75175 Pforzheim; Telefon: 0 72 31/39 21 26

Trompetenmuseum in Bad Säckingen: Die wertvollsten Trompeten aus der ganzen Welt sind hier ausgestellt.
Öffnungszeiten: Di, Do, So 14.00–17.00 Uhr
Schloss Schönau, 79713 Bad Säckingen; Telefon 0 77 61/22 17

Kloster Hirsau: Unterhalb des Ottenbronner Berges wurde das Benediktinerkloster errichtet, die ersten Gebäude stammen aus der Zeit um 830. Sie waren nicht sehr stabil und mussten 1059 neu aufgebaut werden. Mit Abt Wilhelm von St. Emmeram/Regensburg (1069) gewann das Kloster an Einfluss: Von hier ging die Hirsauer Reform aus.
Hirsau-Calw

Casino in Baden-Baden: Die älteste und schönste Spielbank Deutschlands, erbaut 1838 von dem Franzosen Bénazet. Herrliche Deckenmalerei.
Öffnungszeiten: 14.00–2.00 Uhr Roulette, Black Jack und Punta Banco; bis 5.30 Uhr Bakkarat.
Besichtigung: im Sommer 10.00–12.00 Uhr; im Winter 9.45–11.45 Uhr
Werderstraße, 76530 Baden-Baden; Telefon 0 72 21/2 10 60

Altensteig bei Freudenstadt: Auf einem Hügel über der Nagold können Sie einen Spaziergang durch das Mittelalter machen. Das Schloss aus dem 11. Jahrhundert hat eine 30 Meter hohe Schildmauer und die Stadtkirche interessante Grabmäler und Fresken (Barock).
72213 Altensteig

Verschiedenes

Spaziergang durch Schiltach: Viele kennen den Ort aus dem Fernsehen: Hier wurde ein Teil der »Schwarzwaldklinik« gedreht. Der Mittelpunkt der malerischen Altstadt, die unter Denkmalschutz steht, ist das Rathaus, ein eindrucksvoller Renaissancebau. Die schmalen Gassen sind teilweise noch gepflastert. Von der Burg sind nur noch Reste übrig geblieben. Schauen Sie sich das originelle Apothekenmuseum, das Flößermuseum und die Schüttesäge an.

Lohnenswert ist ein Besuch *im Apothekermuseum in Schiltach.*

Auskunft: Touristeninformation 0 78 36/6 48 oder 5 80 (Stadtverwaltung) 77761 Schiltach

Wutachtal bei Bonndorf: In der unberührten Natur können Sie noch den seltenen Eisvogel sehen. Außerdem tummeln sich hier 600 verschiedene Schmetterlingsarten. Die Wutach findet ihren Weg durch die Schlucht mit den bis zu 50 Meter hohen Kalksteinfelsen.

Höllental bei Kirchzarten: Mit der Bahn fahren Sie durch neun Tunnel und über einen 222 Meter langen Viadukt.

Mummelsee: Nicht weit entfernt von Sasbachwalden liegt dieser See, tief im Wald. Hier ist das Reich der Seeweible, von denen behauptet wird, dass sie bei der Hausarbeit helfen.

Der Mummelsee *nicht weit von Sasbachwalden.*

Kandel im Südschwarzwald: Auf dem Berggipfel soll sich der Tanzplatz der Hexen aus dem Breisgau befinden. Traumhafer Blick in die Rheinebene und ins Glottertal.

Kienzler-Schmiede in Kirchzarten: In der 200 Jahre alten Hammerschmiede können Sie zwei große Wasserräder, alte Geräte und den großen Hammer sehen.

Öffnungszeiten: 15. Mai–15. September: Di und Do 16.00–18.00 Uhr und nach Vereinbarung
Dietenbachstraße, 79199 Kirchzarten; Telefon 0 76 61/393-50

Kultur im Kloster in Alpirsbach: Das einzige Kino in einer historischen Klosteranlage, der ehemaligen Benediktinerabtei, finden Sie in Alpirsbach: »Subiaco«, benannt nach der Höhle bei Rom, in der Benedikt von Nursia einst lebte. In der Anlage finden täglich Besichtigungen statt. In der Klosterkirche können Sie Sinfonie-, Orgel- und Bläserkonzerte hören, im Sommer werden Konzerte im Kreuzgang aufgeführt.

Auskunft: Touristeninformation Alpirsbach
Programminformation: 0 74 44/43 06
Hauptstraße 20, 72275 Alpirsbach; Telefon 0 74 44/9 51 62 81, Fax 0 74 44/9 51 62 83

Deutsches Uhrenmuseum in Furtwangen: Hier können Sie die Entwicklung der Schwarzwalduhr mitverfolgen sowie eine Reihe von wertvollen Uhren bewundern.

Öffnungszeiten: April–Oktober: täglich 9.00–18.00 Uhr; November–März: täglich 10.00–17.00 Uhr
Gerwigstraße 11, 78120 Furtwangen; Telefon 0 77 23/92 01 17

Alles über Schwarzwalduhren *erfährt man im Deutschen Uhrenmuseum in Furtwangen.*

Veranstaltungen

Jazz in Villingen: Im April findet das bekannte Jazz-Festival statt.

Erntedank- und Weinfest in Sasbachwalden: Traditionell findet am ersten Wochenende im Oktober dieses große Fest statt.

Auskunft: Kurverwaltung Sasbachwalden
Talstraße 51, 77887 Sasbachwalden; Telefon 0 78 41/10 35, 1 94 33, Fax 0 78 41/2 36 82

Kinzi-Flosshafenfest in Wolfach im August.

77709 Wolfach

Breisgauer Weinfest in Emmendingen im August.

79312 Emmendingen

Donaueschinger Musiktage: Für Liebhaber der neuen Musik ist Donaueschingen im Oktober eine Reise wert.

Auskunft: Fremdenverkehrsamt
Karlstraße 58, 78166 Donaueschingen; Telefon 07 71/85 72 21, Fax 07 71/85 72 28

Einkaufen

Glaswaren in Wolfach: Dorotheenhütte mit Glasmuseum. Auch günstige Angebote zweiter Wahl.

Öffnungszeiten: täglich 9.00–17.30 Uhr
Glashüttenweg, 77709 Wolfach; Telefon 0 78 34/8 39 80

Hübsche Glaswaren *gibt es in der Dorotheenhütte in Wolfach zu kaufen.*

Wein: Karl Heinz Johner

Gartenstraße 20, 79235 Bischoffingen; Telefon 0 76 62/60 41; nach telefonischer Vereinbarung

Wein: Hartmut Schlumberger

Öffnungszeiten: Mo–Fr 8.00–12.00 Uhr, 14.00–18.00 Uhr; Sa 9.00–12.00 Uhr, 14.00–16.00 Uhr
Weinstraße 19, 79295 Laufen; Telefon 0 76 34/89 92

Wer durch diese Region mit den idyllischen Tälern der Jagst, Tauber und Kocher reist, wird eingefangen von der Atmosphäre der Romantik, so wie wir sie aus Spitzwegs Bildern kennen, und die sich in biedermeierlichen Residenzen, stolzen Burgen und fürstlichen Schlössern offenbart.

HOHENLOHE

Viele Vorfahren bedeutender Dichter wie Schiller, Goethe, Hölderlin, Mörike, Hauff, Wieland, Uhland, Hegel oder Clemens von Brentano, aber auch Ahnen von Karl Liebknecht, Otto von Bismarck oder Charles de Gaulle entstammen dem Hohenloher Land. Das gilt natürlich auch für die fürstlichen Familien der Region, die direkt oder auf Umwegen mit allen Standesgenossen in Europa verwandt sind.

In Hohenlohe, dem Schlösser- und Burgenland, *ist kaum ein Bergrücken ohne Adelssitz. Viele Burgsiedlungen wuchsen zu Residenzstädten wie Kirchberg heran.*

Das Stammwappen *von Hohenlohe.*

Verziehen haben es im Grunde die Hohenloher Napoleon nie, dass sie 1806 dem Königreich Württemberg zugeschlagen und damit schwäbisch wurden. Denn sie sind schon immer mit Leib und Seele Franken gewesen. Die Hohenloher bestehen auf ihrer eigenen Kultur, Geschichte und ihrem Brauchtum. Vor tausend Jahren entsprach die Gebietsaufteilung ungefähr der heutigen Kreiskarte. Wenige Adlige mit hohenlohischer Geburtsurkunde hatten das Sagen. Doch das änderte sich im Laufe der Jahrhunderte: Ein Flickerlteppich von Fürstentümern, Grafschaften und Rittergütern entstand durch die Erbteilung. Napoleon hat dem, wie bekannt, ein Ende gesetzt. Erhalten geblieben sind für die Nachwelt jedoch eine Vielzahl von Adelssitzen.

Die Menschen hier sind irgendwie alle miteinander verschwägert oder versippt. Und es trifft ein jeder, der jemanden sucht, auf jemanden, der mindestens jemanden kennt, der den- oder diejenigen kennen müsste, der gesucht wird.

Auf die Frage, wer und wie denn die Hohenloher seien, hört man meist die Antwort: »Do geid's halt sodde un sodde. Awer mear sodde wia sodde!« Was übersetzt heißt: »Ja, da gibt's eben solche und solche, aber eigentlich mehr solche.« Dieser fein-umständliche Umgang miteinander erspart vieles – vor allem Ärger.

Hohenloher sind als schlitzohrig bekannt. Das hat nichts damit zu tun, dass man früher den Verbrechern die Ohren einkerbte, sondern bezieht sich auf die fränkische Lebensart, den Mitmenschen liebevoll auf den Arm zu nehmen. Es kann passieren, dass ein Hohenloher abwartet, bis ein starker Sturm kommt. Dann wirft er seinem Nachbarn heimlich ein paar Ziegel auf den Hof und schaut genüsslich zu, wie der tagelang um sein Haus streicht und verzweifelt nach dem Loch in seinem Dach sucht.

Wer den Hohenloher näher kennen lernen will, der kommt an dem geistvollen Beobachter seiner Zeit, Hofrat Carl Julius Weber nicht vorbei. Sein vierbändiges Werk »Deutschland oder Briefe eines in Deutschland reisenden Deutschen« vermittelt interessante Erkenntnisse über Deutschland. Man begegnet Weber in Langenburg, wo ihm zu Ehren im Rathaus ein Gedenkzimmer eingerichtet wurde. Anfang des 19. Jahrhunderts schrieb er so unheroische Sachen wie, dass es zu den traurigsten Widersprüchen des menschlichen Verstandes gehöre, dass Krieg führen mit das geachtetste Handwerk sei, weshalb die Monarchen doch ihre Streitigkeiten bitte selber, und zwar im Duell, austragen möchten. Typisch für den satirischen Spötter war sein eigener, aber verwehrter Grabspruch: »Hier ruhen meine Gebeine. Ich wollt, es wären Deine!« Auf dem Friedhof in Kupferzell kann ihm dafür jeder einen anderen letzten Wunsch erfüllen. Weber wollte, dass seine Friedhofgäste keine Blumen auf sein Grab legen, sondern in Ruhe ein gute Zigarre rauchen und über das Unrecht der Welt nachdenken sollten.

In Langenburg im »Cafe Bauer« trifft man auf eine typisch Hohenloher Spezialität: die Wibele. Im Jahre 1763 erfand der Zuckerbäcker Wibel die winzigen Biskuits, die er »Geduldszeltlich« nannte, weil er so viel Geduld zu ihrer Fertigung brauchte. Das Backwerk ist gerade einmal 22 Millimeter lang und 12 Millimeter breit. Es besteht aus Eiweiß, Pulverzucker, Mehl und einem Gewürzgeheimnis. Neben den Hohenloher Fürsten lieferte der Hofkonditor die Wibele an fast alle europäischen Kaiser, Könige und Großherzöge. Heute sind die kleinen, nach Vanille duftenden Leckereien in aller Munde und in den Taschen kinderlieber Großmütter.

Langenburg lädt ein zum Verweilen. Es wirkt schon beeindruckend, wenn man die Stadt auf dem langgezogenen Bergsporn liegen sieht. Bei der Stadterhebung 1226 hatten gewiss die durchlauchten Herren derer zu Hohenlohe-Langenburg die Finger im Spiel. Sonst wäre ihre Residenz Langenburg kein Stadtschloss, sondern eine Dorfburg. Beeindruckend ist das Schloss Langenburg, das in der Blüte der Renaissance entstanden ist. Besonders im Schlossinnenhof kann man seiner Phantasie freien Lauf lassen. Man muss sich das Bauwerk nämlich farbig vorstellen. Früher waren Wände, Arkaden und Giebel farbig bemalt gewesen, doch diese Farben sind wohl schon zur Barockzeit nicht mehr erneuert worden. 1963, mitten im Winter, löste ein Kaminbrand ein verheerendes Feuer aus, bei dem fast die Hälfte der Schlossanlage abbrannte. Es war einer der besonders harten und kalten Winter. Die Wasserleitungen waren großenteils zugefroren, und so musste das Löschwasser aus der ebenfalls vereisten Jagst entnommen und den Berg hinauf zum Schloss gebracht werden. Mit viel Aufwand wurden die Brandschäden von damals restauriert, wodurch der Besucher heute beim Anblick des Schlosses nichts mehr davon ahnt.

Vom Rosengarten neben der Schlosszufahrt hat man eine herrliche Aussicht ins liebliche Tal der Jagst. Hohenlohe blieb größtenteils von Kriegswirren verschont. So ist viel von dem übrig geblieben, was Eduard Mörike gesehen und erlebt hat, als er durch die Täler und über die Hochebenen wanderte. »Idyllisch, voll Poesie«, nannte der Dichter dieses Fleckchen Erde, das ihm eine »besonders zärtlich ausgeformte Hand voll Deutschland« war. Besonders im Frühjahr kann man dies spüren, denn dann liegt über dieser Landschaft eine ganz eigene Stimmung.

Im Hohenloher Freilandmuseum *wird Leben und Arbeiten vergangener Zeiten lebendig.*

Der Toreingang von Langenburg *lädt ein zu einem romantischen Spaziergang durch die 750 Jahre alte Stadt. Vor allem die bis zum Tor reichende Hauptstraße ist eine Reise in die Vergangenheit. Wer mag, kann eine Pause einlegen, um die berühmten Wibele im »Cafe Bauer« zu kosten.*

Als Weinfreund und -kenner *entpuppte sich Hubert Retzbach, Chefkoch in der Zirbelstube im Hotel »Victoria« in Bad Mergentheim.*

Ein Sterne-Koch in Bad Mergentheim, einem Kurort, der bekannt ist für seine Diäten, verdirbt so manchem Kur- und Diätarzt den Erfolg.

Geräucherter Waller mit Roter Bete und Blumenkohlröschen

Für 4 Personen

- *300 g kleine Knollen Rote Bete*
- *2 EL Weinessig, Salz*
- *1/4 TL Kümmel*
- *1/2 EL Balsamico-Essig*
- *1 EL Traubenkernöl*
- *100 g Meerrettichwurzel*
- *100 g Crème fraîche*
- *Saft von 1/2 Zitrone*
- *160 g Blumenkohl, 1 EL Öl*
- *300 g geräuchertes Wallerfilet*

1 Die Rote Bete waschen, in einem Topf mit Wasser bedeckt mit dem Weinessig, etwas Salz und dem Kümmel weich kochen, abgießen und kurz abschrecken. Die Knollen schälen und in Rauten schneiden. Aus Balsamico-Essig, dem Traubenkernöl und Salz eine Marinade rühren und diese vorsichtig unter die noch warme Rote Bete mischen, eventuell mit Salz und Essig abschmecken und warm halten.

2 Meerrettich waschen, schälen, fein reiben, in ein Küchentuch geben und kräftig auspressen, dabei den Saft auffangen. Den Saft mit Crème fraîche verrühren, mit Salz und Zitronensaft abschmecken.

3 Blumenkohl waschen, putzen und in nicht zu kleine Röschen teilen. Diese in Scheiben schneiden, so dass pro Portion etwa 5 Scheiben entstehen, und trockentupfen. Das Öl in einer Pfanne erhitzen und die Blumenkohlscheiben darin beidseitig goldgelb braten, mit etwas Salz bestreuen und warm stellen. Waller in Scheiben schneiden, im 180 °C heißen Backofen kurz erwärmen. Mit der warmen Roten Bete, der Meerrettichsauce und dem Blumenkohl auf Tellern anrichten.

Zubereitungszeit: 1 Stunde
Kochzeit: 1 Stunde

Es ist eine Freude, Hubert Retzbach zuzusehen, mit welch handwerklichem Geschick er den köstlichen Waller zubereitet.

Geräuchertes Wallerfilet

Für 4 Personen

Marinade

- *1/2 Bund Dill, 1 Bund glatte Petersilie*
- *1 TL Zucker, 1 TL Salz*
- *4 zerdrückte Wacholderbeeren*
- *2 Wallerfilets, etwa 400 g*

Räuchern

- *1–2 gehäufte EL Räuchermehl aus dem Anglerfachgeschäft*
- *4–5 zerdrückte Wacholderbeeren*
- *etwas weiche Butter*

1 Kräuter abbrausen, trockenschütteln und die Blättchen fein hacken. Mit Zucker, Salz und Wacholderbeeren vermischen. Wallerfilet waschen und mit der Kräutermischung bestreichen. Fisch in Klarsichtfolie wickeln und 3 Tage im Kühlschrank marinieren.

2 Fürs Räuchern entweder einen professionellen Räucherofen nach Geräteanleitung vorbereiten. Wer kein solches Gerät besitzt, kann sich folgendermaßen helfen: einen Wok oder einen nicht emaillierten, stark hitzeleitenden Topf verwenden. Aus Kaninchendraht einen etwa 10 Zentimeter hohen Einsatz mit Topfdurchmesser zurechtschneiden und -biegen. Topfboden und Rand mit Alufolie auslegen, Räuchermehl und leicht angedrückte Wacholderbeeren auf der Alufolie verteilen. Den Drahteinsatz darüber setzen und mit der Butter bepinseln.

3 Fischfilets auf den Draht legen, Topf schließen und auf die Herdplatte stellen. Stark erhitzen, bis das Räuchermehl zu schwelen beginnt. Topf vom Herd nehmen und zugedeckt 30 Minuten stehen lassen. Fischfilets herausnehmen, Kräuter entfernen.

Zubereitungszeit: 30 Minuten
Marinierzeit: 3 Tage
Räuchern: 30 Minuten

Grünkernsuppe mit Markklösschen

Für 4 Personen

Klößchen

- *100 g Rindermark*
- *100 g entrindetes Weißbrot*
- *2 mittelgroße Eier*
- *Salz, Pfeffer aus der Mühle*
- *1 Prise geriebene Muskatnuss*
- *1 EL fein gehackte Petersilie*
- *Mehl zum Bestäuben*

Suppe

- *120 g Suppengemüse*
- *40 g Butter, 100 g Grünkerngrieß*
- *1 l Fleischbrühe*
- *Salz, weißer Pfeffer aus der Mühle*
- *1 Prise geriebene Muskatnuss*

1 Rindermark mit Weißbrot und Eiern zu einer homogenen Masse vermengen. Durch die feine Scheibe des Fleischwolfs drehen. Mit Salz, Pfeffer und Muskat würzen, Petersilie zugeben, alles gut durchkneten. Zugedeckt 2 Stunden kalt stellen.

2 Suppengemüse waschen, putzen und klein würfeln. Die Butter in einem großen Topf erhitzen, Grieß darin unter Rühren leicht anrösten. Gemüsewürfel zugeben, ebenfalls anrösten. Brühe zugießen und alles gut verrühren. Die Suppe zugedeckt 30 Minuten bei schwacher Hitze kochen lassen, mit Salz, Pfeffer und Muskat abschmecken.

3 Klößchenteig in 4 Portionen teilen, mit Mehl bestäuben, jeweils zu einer 1 1/2 Zentimeter dicken Rolle formen, 1 Zentimeter lange Stücke davon abschneiden und daraus mit bemehlten Händen Klößchen formen. Diese in reichlich kochendem Salzwasser aufkochen lassen, dann etwa 3 Minuten ziehen lassen. Klößchen in die Suppe geben.

Zubereitungszeit: 45 Minuten
Ruhezeit: 2 Stunden

An Götz von Berlichingen, *dem Ritter mit der eisernen Hand, kommt in Hohenlohe keiner vorbei.*

Auf den Höhen, besonders in der Gegend des Baulandes, einer Muschelkalklandschaft zwischen Odenwald, Jagst, Neckar und Tauber, trifft man heute wieder auf weite Felder mit Dinkel, der auch Schwabenkorn genannt wird. Früher wurde Dinkel in riesigen Mengen angebaut und diente als Basis der heimischen Küche. Nach einer Zeit des Vergessens erlebt diese Weizenart eine Renaissance. Besonders beliebt ist der gedarrte Dinkel: Grünkern.

Das Schloss Friedrichsruhe *zählt zu den schönsten und nobelsten Park- und Schlosshotels in Deutschland, ein Verdienst des Hoteliers und Sternekochs Lothar Eiermann. Zwischendurch hat er immer mal Zeit für einen Plausch mit dem Fürsten zu Hohenlohe-Oehringen in der Schlossküche.*

In einer Diskussion stellte der Fürst zu Hohenlohe-Oehringen dem Sternekoch die Gewissensfrage, ob er überhaupt noch in der Lage sei, einen Rostbraten auf Hausfrauenart zuzubereiten. Sichtlich irritiert, aber mit dem Brustton der Überzeugung kam die Antwort: »Ich kann, und Sie dürfen sich gerne jederzeit davon überzeugen!«

Den geschmorten Fasan »Friedrichsruhe« sollten sich Feinschmecker nicht entgehen lassen.

Geschmorter Fasan »Friedrichsruhe«

Für 2 Personen

Glace

- *250 g Fasanenknochen*
- *2 EL Butter*
- *3–4 Tomaten*
- *80 g Mirepoix, gewürfeltes Suppengemüse*
- *1/4 l roter Burgunder*
- *Salz, schwarzer Pfeffer aus der Mühle*

Fasan

- *1 küchenfertiger Fasan*
- *Salz, schwarzer Pfeffer aus der Mühle*
- *3 EL Maiskeimöl*

Sauce

- *150 g Schalotten*
- *1 Apfel*
- *2 EL Butter*
- *1 Lorbeerblatt*
- *2 Wacholderbeeren*
- *einige Pfefferkörner*
- *1/8 l trockener Weißwein*
- *2 cl Calvados*
- *1/8 l Hühnerbrühe*
- *1 EL Crème fraîche*
- *125 g Schlagsahne*
- *Salz, weißer Pfeffer aus der Mühle*

1 Für die Glace die Fasanenknochen klein hacken. Die Butter in einem schweren Topf erhitzen und die Knochen darin unter Rühren scharf anbraten. Die Tomaten waschen und würfeln, mit den Mirepoix zu den Knochen geben und ebenfalls anbraten. Burgunder und so viel Wasser angießen, dass Knochen und Gemüse bedeckt sind.

2 Alles zugedeckt 1 Stunde bei mittlerer Hitze kochen lassen, dann durch ein feines Tuch in einen weiteren schweren Topf passieren. Die Glace offen auf ein Zehntel einkochen, dabei zwischendurch das Fett abgießen. Mit Salz und Pfeffer abschmecken.

3 Den Fasan kalt waschen, mit Küchenpapier trockentupfen und mit Salz und Pfeffer einreiben. Das Öl in einer großen Sauteuse erhitzen und den Fasan darin rundum anbraten, dann herausnehmen und das Fett entfernen. Den Backofen auf 180 °C vorheizen.

4 Für die Sauce die Schalotten schälen und in Würfel schneiden. Den Apfel schälen und in Scheiben schneiden. Die Butter in der Sauteuse zerlassen und erst die Schalottenwürfel darin glasig braten, dann die Apfelscheiben. Lorbeerblatt, Wacholderbeeren und Pfefferkörner zugeben und kurz mit anbraten. Alles mit dem Weißwein und dem Calvados ablöschen, Hühnerbrühe, Crème fraîche und Sahne zugeben. Mit Salz und Pfeffer würzen. Den Fasan in die Sauce geben und ohne Deckel im Backofen 25 Minuten schmoren.

5 Zum Servieren die Fasanenbrust und das Fasanenfilet auslösen und in Tranchen schneiden. Die Sauce auf vorgewärmte Teller geben. Die Glace mit dem Löffel spiralförmig von innen nach außen darüber träufeln und mit der Gabel rasch von innen mehrmals nach außen ziehen, so dass ein Fasanenfeder-Muster entsteht.
Dazu gedünsteten Brokkoli, glasierte Äpfel und Rösti aus rohen Kartoffeln servieren.

Zubereitungszeit: 2 Stunden

Gerichte mit Wildgeflügel *stehen in der Region Hohenlohe hoch im Kurs.*

Hohenloher Taube

Für 4 Personen

- *4 küchenfertige Tauben (je 350 g)*
- *Salz*
- *Pfeffer aus der Mühle*
- *3 EL Öl*
- *2 Schalotten*
- *1 Zwiebel*
- *1 Möhre*
- *80 g Staudensellerie*
- *3 EL Butter*
- *1 Lorbeerblatt*
- *1 Thymianzweig*
- *8 Wacholderbeeren*
- *etwas Zitronensaft*

1 Die Tauben innen mit Salz und Pfeffer einreiben und in einer Pfanne im heißen Öl in etwa 10 Minuten rundum goldbraun braten, aus der Pfanne nehmen. Die Schalotten, die Zwiebel und die Möhre schälen, den Staudensellerie waschen und putzen und das gesamte Gemüse in kleine Würfel schneiden.

2 Das Bratfett von den Tauben abgießen und die Butter in der Pfanne aufschäumen lassen. Das Gemüse und die Gewürze hineingeben und unter Rühren 10 Minuten andünsten. Die Tauben auf das Gemüse setzen und erhitzen. Alles mit Salz und Pfeffer würzen und zum Warmhalten auf eine vorgewärmte Servierplatte geben.

3 Den Bratsatz in der Pfanne mit etwas Wasser lösen und einkochen lassen. Diesen Vorgang noch zwei- bis dreimal wiederholen. Anschließend den Bratfond durch ein Sieb passieren und mit etwas Zitronensaft, Salz und Pfeffer abschmecken. Die Tauben mit dem Gemüse und der Sauce auf in Butter gedünsteten Waldpilzen servieren. Dazu kleine Kartoffelknödel reichen.

Zubereitungszeit: 45 Minuten

Das Rezept »Hohenloher Taube« stammt von Hubert Retzbach und bietet sich ebenso als alternativer Hauptgang zum geschmorten Fasan »Friedrichsruhe« an.

In der hochmodernen Küche *des Hotels »Hohenlohe« in Schwäbisch Hall bereitet Chefkoch Helmut Pfitzenmaier regionaltypische Küche zu.*

Souverän zauberte Helmut Pfitzenmaier aus regionalen Produkten eine köstliche Dessertvielfalt. »Ich bin ein Verfechter der ehrlichen Küche. Bei mir soll alles naturbelassen schmecken und gesund sein. Mit meinen 40 Jahren habe ich mich sowieso von allem Ungesunden verabschiedet.« Nahm einen Schluck von seinem Vitamindrink und tauchte in die Fluten des Solebads.

Ein verlockendes Dessert aus zarten Pfannküchle, Quitten und Zwetschgen entsteht in der Küche von Helmut Pfitzenmaier.

Haselnuss-Pfannküchle mit Quittenkompott

Für 8 Personen

Quittenkompott
- *1 große Quitte*
- *2 EL Butter*
- *50 g Quittengelee*
- *2 EL Limettensaft*
- *2 EL Quittenlikör, ersatzweise Amaretto*

Haselnuss-Pfannküchle
- *80 g gemahlene Haselnüsse*
- *80 g Grünkernmehl*
- *4 Eier*
- *1/8 l Milch*
- *1 gehäufter EL Zucker*
- *1 EL Nusslikör oder Amaretto*
- *1 Prise Salz*
- *30 g Butter*
- *4 EL Nussöl zum Backen*
- *Puderzucker zum Bestäuben*

1 Für das Kompott die Quitte schälen, das Kerngehäuse entfernen und die Frucht klein würfeln. Die Butter in einem kleinen Topf erhitzen und die Quittenwürfel darin mit dem Quittengelee und dem Limettensaft weich dünsten, mit dem Likör abschmecken und warm stellen.

2 Für die Pfannküchle aus den Nüssen, dem Mehl, den Eiern, der Milch, dem Zucker, dem Likör und Salz einen glatten Teig rühren. Die Butter schmelzen und zum Schluss unter den Teig ziehen.

3 In einer kleinen Pfanne 1 Esslöffel Nussöl erhitzen. Ein Viertel des Pfannkuchenteiges hineingeben und durch Schwenken in der Pfanne verteilen. Den Pfannkuchen auf beiden Seiten goldgelb backen, aus der Pfanne nehmen und warm stellen. Die restlichen Pfannkuchen im übrigen Öl backen und warm stellen. Pfannküchle mit dem warmen Quittenkompott füllen und mit Puderzucker bestäuben.

Zubereitungszeit: 30 Minuten

Zwetschgenterrine

Für 8 Personen

- *400 g entsteinte reife Zwetschgen, ersatzweise Pflaumen*
- *2 EL Butter*
- *50 g Gelierzucker*
- *je 1 Prise Zimt- und Nelkenpulver*
- *1–2 EL Zitronensaft*
- *4 Blatt weiße Gelatine*
- *1 EL Zwetschgenwasser*
- *200 g Marzipanrohmasse*
- *80 g Puderzucker*
- *Butter für die Form*

1 Die Zwetschgen je nach Größe in Hälften oder Viertel schneiden. Die Butter mit dem Gelierzucker in einem Topf erhitzen und die Zwetschgen darin kurz glasieren. Mit Zimt- und Nelkenpulver sowie mit Zitronensaft abschmecken. Die Gelatine kurz in reichlich kaltem Wasser einweichen.

2 Die Gelatine tropfnass zu den heißen Zwetschgen geben und unter Rühren darin auflösen. Vom Herd nehmen und das dicke Zwetschgenkompott mit Zwetschgenwasser verfeinern.

3 Die Marzipanrohmasse mit dem Puderzucker gründlich verkneten und dünn ausrollen. Eine Terrinenform ausfetten und damit auskleiden, dabei etwas Marzipan zum Belegen übrig lassen. Die Zwetschgenmasse hineinfüllen. Diese mit dem restlichen Marzipan belegen. Die Terrine mit Klarsichtfolie abgedeckt im Kühlschrank 4 Stunden fest werden lassen. Vor dem Servieren kurz in heißes Wasser tauchen, auf eine Platte stürzen und in Scheiben schneiden.

Zubereitungszeit: 30 Minuten

Im Herbst *sind sie aktuell: Quitten, die zu Gelee und Kompott verarbeitet werden können.*

Maroneneis-Gugelhupf

Für 8 Personen

- *1 EL Butter*
- *70 g Zucker*
- *50 g gegarte, geschälte und gehackte Maronen*
- *2 frische Eier*
- *1 Prise Salz*
- *1 EL Nusslikör oder Amaretto*
- *200 g steif geschlagene Sahne*
- *etwas Holundermark für die Garnitur*

1 Die Butter in einer Pfanne schmelzen, 20 Gramm Zucker zugeben und leicht karamelisieren, dann die gehackten Maronenstücke unterrühren, bis sie gleichmäßig mit Karamel überzogen sind. Die Maronen vom Herd nehmen und abkühlen lassen.

2 Eier, restlichen Zucker und die Prise Salz in einer Metallschüssel über dem 70 °C heißen Wasserbad cremig aufschlagen, vom Wasserbad nehmen. Die glasierten Maronenstückchen in die Parfaitmasse geben und auf einem Wasserbad mit Eiswürfeln kaltrühren. Mit dem Nusslikör abschmecken.

3 Die Sahne steif schlagen und unter die Parfaitmasse heben. Die Masse in eine kleine Gugelhupfform füllen. Diese mit Klarsichtfolie abdecken und 8 Stunden im Tiefkühlfach gefrieren lassen.

4 Zum Servieren etwas Holundermark auf Dessertteller geben. Gugelhupf stürzen, in Scheiben schneiden und darauf anrichten. Mit den warmen Haselnuss-Pfannküchle und der Zwetschgenterrine servieren.

Zubereitungszeit: 30 Minuten
Gefrierzeit: 8 Stunden

Die Komponenten der Dessert-Komposition von Helmut Pfitzenmaier schmecken auch als einzelne kleine Desserts vorzüglich.

Das prächtige Württemberger Wappen *über dem Portal des Schlosses ist ein Zeugnis der Geschichte: Um den Mergentheimern zu zeigen, wer Herr im Lande ist, ließ der württembergische König sein großmächtiges Wappen über dem Portal des ehemaligen Deutschordensschlosses anbringen.*

Die Burg Jagsthausen *ist der Geburtsort des Ritters Götz von Berlichingen. Jedes Jahr im Sommer finden hier die Jagsthausener Burgfestspiele statt.*

Töpferwaren *werden überall in Hohenlohe angeboten. Im Bild eine Auswahl der Töpferei Heckmann in Schwäbisch Hall.*

In Bad Mergentheim fallen einem bei einem Rundgang durch das malerische Städtchen zwei Dinge auf: ein schwarz-weißes Kreuz an fast jedem zweiten Haus und ein prächtiges württemberger Wappen über dem Portal des Schlosses. Beides sind Zeugnisse der Hohenloher Geschichte.

Jahrhundertelang bestimmte der Deutsche Orden das Bild von Mergentheim. Im Jahr 1190, der dritte Kreuzzug im Heiligen Land war im vollen Gang, entstand auf Initiative von Kaufleuten aus Lübeck und Bremen während der Belagerung von Akkon die Hospitalbruderschaft »Hospital St. Mariens vom Deutschen Haus in Jerusalem« zur Pflege deutscher Pilger und Ritter. Kurze Zeit später wurde diese Bruderschaft zum geistlichen Ritterorden erhoben, dessen strenge Regeln und straffe Strukturen den Zusammenhalt der Ritter in der Gemeinschaft gewährleisteten. In Anerkennung der Verdienste des Ritterordens wurde ihm in Ostpreußen ein Ordensstaat zugesprochen. Jetzt kommen die Hohenloher wieder ins Spiel. 1219 stiftete das Haus Hohenlohe dem Orden eine Burg in Mergentheim. Das traf sich gut, denn als die Ritter von Ostpreußen vertrieben wurden, übersiedelten sie 1525 nach Mergentheim und erhoben es zu ihrer Residenz. Nun begann die Stadt zu blühen. Es war wieder Napoleon, der allem ein Ende bereitete. Der Deutsche Orden flüchtete 1809 nach Wien, und geblieben war der württembergische König.

Eduard Mörike nahm für zehn Jahre Quartier in Mergentheim. In diesen Jahren schrieb er die »Idylle vom Bodensee«. Bereits zu Mörikes Zeit hatte sich das Städtchen zum Bad gemausert und die alte Herrlichkeit wiedergebracht. Die Quellen waren schon vor 5000 Jahren bekannt. Aber der Zufall wollte es, dass der Schäfer Franz Gehrig 1826 im heutigen Kurpark seine Herde grasen ließ und die Tiere einen starken Drang nach Salz verspürten. Daraufhin fand er die Quellplätze, aus denen das mineral- und salzhaltige Heilwasser aus den Buntsandsteinschichten emporstieg.

Der Schäfer verkaufte seine Herde und wurde der erste Brunnenmeister der Stadt. Doch der Kurbetrieb wollte nicht so recht gedeihen und die Stelle des Brunnenmeisters wurde gestrichen. Gehring stand mit leeren Händen da und fristete sein Dasein bis zum Lebensende als Taglöhner. Die Quelle aber wurde zur Goldgrube, denn die Bittersalze haben der Stadt einen großen Ruf als Badebetrieb beschert.

Wer denkt schon bei dem Lied »Ein Heller und ein Batzen« an Hohenlohe. Der Heller wurde in Schwäbisch Hall geprägt und galt als die am weitesten verbreitete Silbermünze des Mittelalters. Auch der Batzen entstammt der Haller Präge. Das war zur Zeit, als das fränkische Hall den Staufern gehörte und zur Reichsstadt erhoben wurde. Das »Schwäbisch« fügten die Staufer hinzu, um sich damit von den fränkischen Würzburgern abzugrenzen. Dieser Umstand führte dazu, dass die Hohenloher die Schwäbisch Haller nie so recht ernst nahmen. Die Salzquelle, schon von den Kelten entdeckt, ist der Ursprung für den Reichtum von Schwäbisch Hall. Salz, das »weiße Gold des Mittelalters«, war selten und teuer, war es doch nicht nur Gewürz, sondern auch Konservierungsmittel. Der Haller Salzhandel ging bis in das Elsass, und auf dem Rückweg wurde Wein in die Stadt an der Kocher mitgebracht. Die Kellereingänge mit ihren »Hälsen« zeugen in Hall noch heute davon. Der historische Stadtkern von Hall ist nahezu unverändert. Die prächtigen Bürgerhäuser, die romanisch/gotische Michaelskirche und das barocke Rathaus geben dem Marktplatz ein ganz besonderes Gepräge. Sieben Jahrhunderte sind an diesem Marktplatz vereint. Um Hall zu entdecken sollte man sich viel Zeit nehmen. »Wehe der Nachkommenschaft, die Dich verkennt!«, so lautet der letzte Satz in Goethes Drama »Götz von Berlichingen«. Auch er war ein Hohenloher, der Ritter mit der eisernen Hand. Die Ersatzhand brauchte der 24-jährige Haudegen dringend, nachdem ihm seine eigene Hand 1504 bei Landshut weggeschossen wurde. Um auf den Spuren von Götz zu wandeln, muss man nur mit der Schmalspurbahn »Helene« durch das Jagsttal dampfen. Jede Haltestation ist lebendige Götz-Geschichte: Möckmühl, wo er für die falsche Seite kämpfte und sich gegen den Kaiser stellte. In Olnhausen lebte der kunstreiche Schmied, der die erste eiserne Hand konstruierte. Dann Jagsthausen, wo Götz geboren wurde und heute im Hof der Götzenburg die bekannten Burgfestspiele stattfinden. Im Kloster Schöntal sind alle ritterschaftlichen Berlichinger begraben. Gestorben ist Götz im Alter von 83 Jahren auf seiner Burg Hornberg am Neckar. Krautheim ist die nächste Station. Hier errang ein Zitat Götzens Ruhm, das die Schwaben als schwäbischen Gruß annektiert haben. Goethe hat dieses »LMAA« in einen anderen Zusammenhang gebracht. Tatsächlich entfuhr Götz dieser Ausspruch, als sich ein kurmainzischer Amtmann darüber beschwerte, dass Götz in schlechter Rittermanier aus Rache einige Bauernhäuser in dem damaligen Crautheim anzündete.

Wer das Wasserschloss Neuenstein besucht, wird nicht enttäuscht. Was viele Baumeister der Renaissance und des Barock für dieses Schloss geplant hatten, wurde von einem preußischen Burgenbaumeister zu Beginn dieses Jahrhunderts vollendet. Erst nach dem 2. Weltkrieg wurde viel Mobiliar aus anderen hohenlohischen Schlössern hierher gebracht und wird seither in einem Museum zur Schau gestellt. In den oberen Stockwerken lebt heute wieder die Familie des Fürsten zu Hohenlohe-Oehringen.

Auf der größten Kirchentreppe Deutschlands, *die sich gleich einer Himmelsleiter mit ihren 54 Stufen von der aufragenden Kirche St. Michael herabsenkt, wird seit 1925 von Juni bis August Freilichttheater gespielt, berühmt wurden die Spiele durch Hugo von Hofmannsthals »Jedermann«.*

Zu den fürstlichen Erwerbszweigen *des Hauses Hohenlohe-Oehringen gehört natürlich auch ein Weingut. In Verrenberg wachsen an den Talhängen die süffigen Trollinger, Lemberger und Spätburgunder. Und in der fürstlichen Hausbrennerei reifen abgelagerte Branntweine aus Wildkirsche, Quitte oder Gewürzluike, einem typischen Straßenobst-Apfel.*

Wiederentdeckt *und von Feinschmeckern hoch geschätzt, grast das schwarz-weiß gescheckte Schwäbisch-Hällische Schwein auf den Wiesen in Hohenlohe.*

Preis=Urkunde
der Württ. Landwirtschaftskammer.

Herrn F. Eberhard, Hellmanshofen
wurde für 1 Zuchtsau in Klasse IV
anläßlich der 1. Landesschweineschau
für das schwäbisch-häll. Schwein in
Crailsheim, am 19. September 1925
ein IIIb Preis
zuerkannt.

Im September 1925 *wurde die 1. Landesschweineschau zusammen mit 100 Ebern und Sauen in Crailsheim abgehalten.*

Ochs und Schwein aus Hohenlohe

Fröhlich tummeln sich Ochs und Schwein auf Wiesen und Weiden in Hohenlohe. Besonders die alten Rassen, wie das Fränkisch-Hohenlohische Fleckvieh und das Schwäbisch-Hällische Hausschwein werden hier artgerecht aufgezogen und überzeugen jeden Feinschmecker durch ihr zartes, saftiges Fleisch.

Landwirtschaft prägt das Bild von Hohenlohe. Zu den Haupterwerbsquellen dieser Region zählt die Viehzucht. Besonders die Ochsen aus Hohenlohe brachten es schon früh zu internationalem Ruhm. Seit dem 18. Jahrhundert wurden hier traditionell Mastochsen gezüchtet und damals schon bis nach Paris gebracht. Nur fünf Stunden am Tag war das Vieh auf den Straßen unterwegs, die restliche Zeit des Tages verbrachte es grasend und wiederkäuend auf den saftigen Weiden am Wegesrand. So waren die Tiere wochenlang unterwegs zu den französischen Metzgern, wo man sich auf diese wohlgenährten, ausgeruhten »Bœufs d'Hohenlohe« als besondere Spezialität freute. Noch heute kennt jeder Rinderzüchter in Europa das Fränkisch-Hohenlohische Fleckvieh, das sich durch eine hohe Milchleistung und durch hervorragende Fleischqualität auszeichnet. Bis zu 20 000 Mark werden auf den Versteigerungen für einen exzellenten Bullen geboten. Die Bullenzüchter, hier besser bekannt als Hummeles-Züchter, sind anerkannte, ehrwürdige Leute, und im Wirtshaus gilt deren Wort noch viel. Es hat sogar Zeiten gegeben, in denen mancher regierende Hohenloher Fürst bei den Hummeles-Züchtern schwer verschuldet war.

Ein Stück bäuerlicher Kulturgeschichte in Hohenlohe stellt das Schwäbisch-Hällische Schwein dar. Die heute bekannten Sattelschweinrassen haben allesamt denselben Ursprung: Sie kamen im 18. Jahrhundert von China nach England. König Wilhelm I. von Württemberg beschaffte sich »zur Hebung der Schweinezucht« einige »Chinesenschweine«. Die Zuchtergebnisse waren ideal. Als genügsam und zahm wurden sie beschrieben und »dass es den Boden nicht umwühlt. Es liefert ferner gutes Fleisch, vorzüglich im Geschmack«. Diese Schweine wurden auf mehrere königliche Domänen zur weiteren Zucht verteilt. Das Schwäbisch-Hällische Landschwein erhielt schließlich seinen Namen durch die Tatsache, dass es sich im damaligen Württembergischen Königreich in der Region um Schwäbisch Hall am besten verbreitete.

Im Jahre 1925 wurde erstmals eine Züchtervereinigung für das Schwäbisch-Hällische Landschwein gegründet und als Zuchtziel wurde festgelegt: »... ein mittelfrühes, verhältnismäßig großwüchsiges Schwein von großer Fruchtbarkeit und mit guter Futterverwertung, das sich zur Herstellung von Frisch- und Dauerwaren eignet.«

In den sechziger Jahren geriet diese Schweinerasse in Vergessenheit. Schon im Laufe der fünfziger Jahre begannen Auseinandersetzungen über eine Umzüchtung dieser Rasse im Blick auf das deutsche, veredelte Landschwein. Es entwickelte sich ein Kampf zwischen »Schwarz« und »Weiß«, der zu Recht auch als »Schweinekrieg« bezeichnet wird. Schließlich unterlag das schwarzgescheckte Schwäbisch-Hällische Schwein dem weißen und im Winter 1968/69 starb der letzte gekörte Schwäbisch-Hällische Eber durch Metzgerhand. Das Schwäbisch-Hällische Landschwein war fast ausgestorben, ehe sich Anfang der achziger Jahre ein paar Landwirte auf die gute Fleischqualität dieser alten Landrasse besannen. Mittlerweile erfreut sich das Borstenvieh mit seinen beiden schwarzen Körperenden einer großen Beliebtheit und man sieht es wieder häufiger auf den Weiden der Region.

Die Qualitätsphilosophie der Züchter unterliegt strengen Regeln. Eine davon ist die artgerechte Haltung, die den Schweinen in Ställen mit Stroheinstreu oder beim Weidegang viel Licht und Luft verschafft. Auf dem Speiseplan für das Borstenvieh stehen nur Futtergetreide mit vitaminisiertem Futterkalk sowie Erbsen- und Bohnenschrot. Jedes Tier ist tätowiert und registriert und unterliegt einer strengen Kontrolle vom Wurf bis zum Schlachthaus.

Natürlich gehört ein stressfreier Transport zum Schlachthof ebenfalls zu den Richtlinien. 30 Prozent der Fleischproduktion wandern direkt in die Kochtöpfe der Gastronomie, während 70 Prozent über Fleischer-Fachgeschäfte verkauft wird. Ein Qualitätsmerkmal des Schwäbisch-Hällischen Landschweines ist die feine Fleischfaser, die sich durch langsames Wachstum und urtypisches Futter entwickelt.

»Man kann das Fleisch wieder saftig braten«, versichert Chefkoch Helmut Pfitzenmaier. Er beobachtet, dass Schweinefleisch seit einiger Zeit wieder salonfähig geworden ist. Auch wenn immer mehr Vegetarisches, Fisch und Geflügel geordert werden, kann das zu Braten, Rouladen oder Schnitzeln verarbeitete Fleisch vom Hohenloher Rind und Schwäbisch-Hällischen Schwein mithalten.

Das Schwäbisch-Hällische *Landschwein gilt seit jeher als besonders fruchtbar. Den Sauen werden, im Vergleich zu anderen Schweinerassen, ausgesprochen gute Muttereigenschaften zugesprochen.*

»Mohrenköpfe« *werden die großen und kleinen Schweine der Schwäbisch-Hällischen Rasse scherzhaft genannt. Die Rasse verdankt übrigens ihren Namen der Tatsache, dass sie sich im früheren Württembergischen Königreich um Schwäbisch Hall am besten verbreitete.*

Das Fleisch der hier beschriebenen Schweinerasse wird auf Grund seiner Zartheit und Saftigkeit sowie seines Geschmacks von Kennern hoch geschätzt.

Gourmettipps
Schöne Aussicht
Ausflugstipps aus dem Inhalt
N
Tauber-
bischofsheim
Tauber
Romantische
Straße
Bauland
Boxberg
Zirbelstube
Romantische
Straße
Bad Mergentheim
Weikersheim
Schloss
Weikersheim
Osterburken
Schwäbische
Weinstraße
Wasserschloss
Neuenstein
Krautheim
Schwäbische
Dichterstraße
435 m
Niederstetten
Dörzbach
Schwäbische
Weinstraße
Kloster
Schöntal
Schwäbische
Dichterstraße
Jagst
Schmalspurbahn
»Helene«
Bartenstein
Möckmühl
Olnhausen
Schöntal
Ingelfingen
Götzenburg
Hohenloher Ebene
Jagsthausen
Kocher
Künzelsau
Blaufelden
Forchtenberg
Burgen-
straße
Zweiflingen
Langenburg
Friedrichsruhe
Schwäbische
Weinstraße
Kupferzell
Burgen-
straße
Jagst
0
5 km
Braunsbach
Kirchberg
Burgen-
straße
Verren-
berg
Öhringen
Waldenburg
Kocher
Autobahnkreuz
Weinsberg
Burgen-
straße
Waldenburger Berge
Hotel
Hohenlohe
Schwäbisch Hall
Crailsheim
Vellberg
81
290
19
6
14

HOHENLOHE

Hotels und Restaurants

▮ Hotel Victoria in Bad Mergentheim: Siehe Seite 38.
Poststraße 2, 97980 Bad Mergentheim; Telefon 0 79 31/59 30, Fax 0 79 31/59 35 00

▮ Wald-und Schlosshotel Friedrichsruhe: Siehe Seite 40.
74639 Friedrichsruhe; Telefon 0 79 41/60 87-0, Fax 0 79 41/6 14 68

Das Wald- und Schlosshotel »Friedrichsruhe« *zählt zu den schönsten Landhotels in Deutschland.*

▮ Hotel Hohenlohe in Schwäbisch Hall: Siehe Seite 42.
Weilertor 14, 74523 Schwäbisch Hall; Telefon 07 91/7 58 70, Fax 07 91/75 87 84

▮ Schlosscafé im Rosengarten in Langenburg: Von der Terrasse haben Sie einen wunderbaren Blick auf das Jagsttal. Kuchen aus eigener Konditorei.
Mo Ruhetag, außer in der Sommersaison
74595 Langenburg; Telefon 0 79 05/2 38, Fax 0 79 05/53 99

▮ Kloster-Café Schöntal: Kuchen und Eis aus eigener Herstellung. Im Sommer steht die Terrasse zur Verfügung.
Mo Ruhetag
Kloster Schöntal, Klosterhof 15, 74214 Schöntal; Telefon 0 79 43/6 08, Fax 0 79 43/94 10 97

▮ Gasthof Metzgerei zum Löwen in Braunsbach: Schwäbische Spezialitäten, gutbürgerliche Küche; hauseigene Metzgerei; 12 Zimmer.
Di Ruhetag
Marktplatz 4, 74542 Braunsbach; Telefon 0 79 06, Fax 0 79 06/91 05 30

▮ Hotel Schloss Döttingen in Braunsbach-Döttingen: Schwäbische, internationale, aber auch vegetarische Gerichte. Konferenzräume, Fitnessraum, Solarium und Sauna; 88 Zimmer.
74542 Braunsbach-Döttingen; Telefon 0 79 06/1 01-0, Fax 0 79 06/1 01 10

▮ Höhenrestaurant Waldenburg: Gutbürgerliche und schwäbische Küche. Tagungsraum und Kegelbahn.
Öffnungszeiten: täglich außer Do 11.00–14.00 Uhr und ab 18.00 Uhr
Hauptstraße 86, 74638 Waldenburg; Telefon 0 79 42/94 10 60

Im denkmalgeschützten Haus *verbindet der Landgasthof »Pflug« in Schwäbisch Hall Alt und Neu geschickt miteinander.*

▮ Landgasthof Pflug in Schwäbisch Hall: Ein engagiertes Team bietet Ihnen erstklassigen Service. Tagungsmöglichkeiten und Partyservice.
Weckriedener Straße 2, 74523 Schwäbisch Hall; Telefon 07 91/9 31 23-0, Fax 07 91/9 31 23–45

▮ Landgasthof-Restaurant zur Krone in Krautheim: Internationale sowie regionale Küche; eigene Hausschlachtung; Weinproben ab 10 Personen; Schlemmerwochenende; Aktivwochenende; Rittermahl ab 15 Personen.
Di Ruhetag
König-Albrecht-Straße 3, 74238 Krautheim; Telefon 0 62 94/3 62, Fax 0 62 94/16 23

In bester Aussichtslage über dem Kocher *liegt das Ringhotel »Hohenlohe« in Schwäbisch Hall.*

Sehenswürdigkeiten

▮ Deutschordensmuseum in Bad Mergentheim: Im ehemaligen Residenzschloss der Hoch- und Deutschmeister.
Öffnungszeiten: Di–So 10.00–17.00 Uhr; Mo geschlossen
Schloss 16, 97980 Bad Mergentheim; Telefon 0 79 31/5 22 12, Fax 0 79 31/5 26 69

▮ Stuppach bei Bad Mergentheim: In der katholischen Pfarrkirche befindet sich die berühmte Altartafel »Maria mit Kind« von Matthias Grünewald.

▮ Kloster Schöntal: Gehört, nicht nur wegen des Grabes von Götz von Berlichingen, zu den Hauptsehenswürdigkeiten in Hohenlohe.
Auskunft: Bildungshaus Kloster Schöntal
Führungen: April–Oktober 11.00 Uhr, 14.00 Uhr und 16.00 Uhr; November–März: 11.00 Uhr und 14.00 Uhr
74214 Schöntal; Telefon 0 79 43/8 94–0

Burg Jagsthausen: Hier wurde 1480 Götz von Berlichingen geboren. Das Museum ist täglich geöffnet. Alljährlich von Juni bis August Burgfestspiele.

Auskunft: Verkehrsverein, 74249 Jagsthausen

Kirchberg an der Jagst: Das Schloss der Fürsten von Hohenlohe-Kirchberg (heute Alten-und Pflegeheim) hat drei Schlosshöfe und im Rittersaal schöne Wand- und Deckenmalereien. Die alte Lateinschule aus dem Jahr 1748 ist heute ein Museum.

Auskunft: Touristeninformation 74592 Kirchberg an der Jagst; Telefon 0 79 54/98 01-18, Fax 0 79 54/98 01 19

Einen Besuch wert *ist das Kloster Schöntal, das an der Jagst gelegen ist.*

Burg Amlishagen in Gerabronn-Amlishagen: Die Burg ist auf einem Felsen, der steil nach drei Seiten abfällt, erbaut worden.

74582 Gerabronn-Amlishagen; Führung: Familie Bürger, Telefon 0 79 52/61 41

Burgruine Hohenkressberg in Kreßberg: Die Burg war Sitz der Herren von Kreßberg, ging dann in den Besitz des Adelsgeschlechts von Knöringen über. 1648 brannte die Burg ab. Im 18. Jahrhundert baute man an diese Stelle eine Wallfahrtskapelle.

Altes Schloss und **gotische Stadtkirche** in Gaildorf: prächtige Rennaissancedecke im Wurmbrandsaal des Schlosses. In der gotischen Stadtkirche sind die Grabdenkmäler der »Schenken von Limpurg« aus dem 16. und 17. Jahrhundert beachtenswert.

Auskunft: Stadtverwaltung 74402 Gaildorf; Telefon 0 79 71/2 53-144

Schlossmuseum Langenburg (bis Ostern 1999 geschlossen)

Auskunft: Telefon 079 05/ 26 47 45 95

Deutsches Automuseum Langenburg

Öffnungszeiten: Karfreitag–Mitte Oktober täglich 10.00–17.00 Uhr; ab Mitte Oktober nur an Sonn- und Feiertagen (außer 25./26.12. und 1.1.) 13.00–17.00 Uhr 74595 Langenburg; Telefon 0 79 05/2 64

Im ehemaligen Marstall *des Schlosses Langenburg werden ca. 70 bis 80 Autoveteranen sowie Renn- und Sportfahrzeuge gezeigt.*

Wallfahrtskapelle St. Anna in Mulfingen: Aus der Riemenschneider Schule stammt der geschnitzte Flügelaltar aus dem Jahr 1517.

Auskunft: Pfarrer Holl; 74673 Mulfingen; Telefon 0 79 38/99 00 40

Hohenloher Freilandmuseum in Schwäbisch Hall/Wackershofen: Hier können Sie sehen, wie man in Hohenlohe früher gelebt und gearbeitet hat. Lohnend ist die Besichtigung der »Gröninger Hammerschmiede«.

Museumsdorf Wackershofen Telefon 07 91/97 10 10

Hohenlohe-Museum im Schloss Neuenstein: Mobiliar und Kunstwerke aus den letzten Jahrhunderten machen das Fürstenleben deutlich.

St. Michaelskirche in Schwäbisch Hall: Turm aus dem 12. Jahrhundert; Chor und Langhaus wurden im 15. und 16. Jahrhundert errichtet.

Nicht weit von Schwäbisch Hall *liegt das Museumsdorf Wackershofen, das zum Hohenloher Freilandmuseum gehört.*

Verschiedenes

Heuholzer Weinlehrpfad: Auf 3 Kilometern Länge können Sie anhand von Orientierungstafeln Informationen über den Weinbau erhalten.

Auskunft: WG Heuholz Weinproben nach Voranmeldung 74629 Heuholz; Telefon 0 79 49/94 00 33

Dampfzugfahrten durch das Kochertal

Auskunft: Dampfbahn Kochertal e.V. Mitte Januar–Ostern geschlossen Postfach 1141, 74429 Sulzbach-Laufen; Telefon und Fax 0 71 83/87 00 oder 0 79 71/9 11 33

Hermann Lenz-Haus in Künzelsau: Lesungen, Kleinkunst und Jazz.

Auskunft: Telefon 0 79 40/9 21 90 (über VHS); 74654 Künzelsau

▮ FERKELMARKT IN BLAUFELDEN: Jeden Mittwoch von Mai bis Oktober (ab 8.00 Uhr) und von November bis April (ab 9.00 Uhr) können Sie für etwa eine Stunde zuschauen, wie Ferkel und Fleckvieh gehandelt wird.

▮ SPAZIERGANG DURCH FORCHTENBERG: Fachwerkhäuser und Stadtmauern mit Stadttoren ergeben ein malerisches, mittelalterliches Bild.

Auskunft: Herr Menz, Telefon 0 79 47/4 02

In Forchtenberg *im ehemaligen Haus der Bildhauer- und Baumeisterfamilie Kern wurde ein Museum mit ihren vielen Werken eingerichtet.*

▮ KERN-HAUS in Forchtenberg: Im Haus der Künstlerfamilie Kern können Sie Werke des Bildhauers bewundern und mehr über die Geschichte von Forchtenberg erfahren. Übrigens war der Vater der Geschwister Scholl (Weiße Rose) Bürgermeister in Forchtenberg.

Auskunft: Bürgermeisteramt Forchtenberg 74670 Forchtenberg; Telefon 0 79 47/9 11 10

▮ STAUFERTURM in Waldenburg: Höchster Aussichtspunkt im Hohenloher Land mit einmaligem Blick.

Öffnungszeiten: März–Oktober 9.00 Uhr bis zur Abenddämmerung

VERANSTALTUNGEN

▮ SCHWÄBISCH HALL: Historisches Kuchen- und Brunnenfest der Salzsieder an Pfingsten; Jakobimarkt im Juli; Internationales Vorderladerschießen Anfang September; Backofenfest im Freilandmuseum im September.

Auskunft: Städtisches Fremdenverkehrsamt Am Markt 9, 74523 Schwäbisch Hall; Telefon 07 91/75 12 46, Fax 07 91/75 13 75

▮ MUSWIESE in Rot am See: Das Fest hat eine 1000-jährige Geschichte. Die Muswiese ist das wichtigste bäuerliche Fest im Hohenloher Land und findet immer im Oktober statt.

Auskunft: Bürgermeisteramt 74585 Rot am See; Telefon: 0 79 55/38 10

▮ JAGSTTALER VOLKSFEST in Krautheim: am dritten Wochenende im Oktober.

Die typisch schwäbisch-hällischen Schweine *kann man im Freilandmuseum in Ruhe betrachten.*

▮ KLEPSAUER WEINFEST: im Juli.

Auskunft: Bürgermeisteramt 74238 Krautheim; Telefon 0 62 94/9 80

▮ SOMMER-FREILICHTSPIELE in Künzelsau: Im Burggraben von Schloss Stetten finden jedes Jahr im Juli/August die Festspiele statt.

Information: Künzelsauer Burgfestspiele Schloss Stetten e.V.; Telefon 0 79 40/37 42, Fax 0 79 40/1 26–1 60

EINKAUFEN

▮ WEINPROBEN in Dörzbach

WG Jagsttal eG., Herr Teuke 74677 Dörzbach; Telefon 0 79 37/91 11–0

▮ SIEGLOCHSCHE WEINKELLEREI in Künzelsau

Zeppelinstraße 35, 74653 Künzelsau; Telefon 07 9 40/14 02 74

▮ SCHLOSSKELLEREI UND WEINGUT Fürst zu Hohenlohe-Oehringen

Im Schloss, 74613 Öhringen; Telefon 0 79 41/94 91-0, Fax 0 79 41/3 73 49

Auserlesene Weine *lagern im Weinkeller des Schlosses Oehringen.*

▮ KÄSEREI in Bühlerzell-Geifertshofen

Käserei-Laden (8.00–12.00 Uhr und 14.00–18.00 Uhr)
Besichtigung Käserei: täglich außer So Bachstraße 2, 74426 Bühlerzell-Geifertshofen; Telefon 0 79 74/91 00 21, Fax 0 79 74/91 00 23

▮ TÖPFEREI Renate und Hans Heckmann in Schwäbisch Hall: Handgearbeitete Geschirre in Feinsteinzeug, frei gedrehte und aufgebaute Gefäßunikate, Pflanzengefäße, Kachelöfen und Kamine, Keramik am Bau. Verkauf und Ausstellung in der Werkstatt zu den üblichen Ladenöffnungszeiten.

Neumäuerstraße 54, 74523 Schwäbisch Hall; Telefon 07 91/8 90 41, Fax 07 91/89 05 1

■ *»Über allen Gipfeln ist Ruh, in allen Wipfeln spürest du kaum einen Hauch …« Diese bekannte Zeile aus Goethes »Wanderers Nachtlied« stimmt uns ein auf eine mitteldeutsche Region: den Thüringer Wald.* ■

THÜRINGER WALD

Wanderer *können die Schönheiten des Thüringer Waldes auf dem Rennsteig, dem ältesten Höhenweg Deutschlands, erkunden. Unübersehbar ist er durch ein »R« gekennzeichnet.*

Blick auf Hörschel: *Hier beginnt der Rennsteigweg im Osten. Er führt über den gesamten Gebirgskamm des Thüringer Waldes bis zur geschichtsträchtigen Wartburg in Erfurt.*

Kurz vor Oberhof weist ein Schild zum »Rennsteiggarten«, der auf einem sieben Hektar großen Areal am Südhang des Pfanntalkopfes angelegt wurde. Das Mikroklima, das hier einer Höhenlage von etwa 2 000 Meter entspricht, ermöglicht eine Hochgebirgsflora von 4 000 Arten aus fast allen Regionen der Erde.

Die geologische Besonderheit des Thüringer Waldes liegt in seinem kammartigen Aufbau. Auf dem Kamm des bis zu 20 Kilometer breiten und 80 Kilometer langen Mittelgebirges verläuft einer der berühmtesten, auf jeden Fall ältesten, Wanderwege Deutschlands, der Rennsteig. Er war schon immer Gau- und Sprachgrenze, war Rechts-, Jagd- und bischöfliche Grenze, und er trennte Thüringen von Franken. Sein 168 Kilometer langer Weg ist seit 1990 wieder zu seiner ursprünglichen Länge zusammengefügt und endet nicht mehr an Todesstreifen und Elektrozäunen. Von der Werra bis zur Saale kann der Wanderer, begleitet von Steinen und Stelen mit dem traditionellen »R«, durch dichte Forste oder Waldwiesen, über steile Berge oder sanfte Erhebungen der Natur nahe sein. Bestimmt klingt in ihm dann die heimliche Hymne der Thüringer, das bekannte Rennsteiglied, nach: »… Diesen Weg auf den Höh'n bin ich oft gegangen, Vöglein sangen Lieder. Bin ich weit in der Welt, habe ich Verlangen, Thüringer Wald nach dir.« Herbert Roth, der Volkssänger aus Suhl, hatte dieses Lied 1951 komponiert und getextet, sehr zum Unwohlsein der DDR-Chefideologen. In ihren Ohren war der Text zu idyllisch und von Heimattümelei geprägt. Die politische Führung wollte eher ein realistisches, vom sozialistischen Aufbau gezeichnetes Heimatbild und nicht solch einfache Wahrheiten.

Rund um den Großen Inselsberg entstanden bereits im 19. Jahrhundert viele Kurorte wie zum Beispiel Bad Liebenstein, das ein Modebad für fürstliche Prominenz wurde. Von Goethe bis Einstein, von Bismarck bis Walter Ulbricht kurte hier alles, was Rang und Namen hatte. In dem größten und ältesten Thüringer Heilbad verspürt man heute noch den Hauch der guten alten Zeit. Und das ganz besonders im Schloss Altenstein. Die Sommerresidenz der Herzöge von Sachsen-Meiningen besitzt einen der schönsten romantischen Landschaftsparks. Natürlich brauchte auch Bad

Liebenstein, seit 1948 als Volksheilbad etabliert, eine kräftige Finanzspritze durch den Aufbau Ost, um die Blessuren sozialistischen Wirkens weitestgehend auszukurieren.

Einige Kilometer weiter von Bad Liebenstein sollte nach dem Willen der DDR-Oberen eine andere Sommerfrische zum Kurort der Arbeiterklasse aufsteigen: Friedrichroda. Dieses Städtchen wurde zum größten Binnen-Urlaubsort mit einer Kapazität für mehr als 100.000 Gäste ausgebaut, und das bei nur 6.000 Einwohnern! Aber das war einmal. Heute versucht man als bescheidener Kneippkurort einen neuen Anfang.
Im benachbarten Tabarz trifft der Besucher noch die alten Villen aus der Gründerzeit. Aus irgendeinem Grund ist dieser Ort von den Aktivitäten des FDGB-Feriendienstes (Freier deutscher Gewerkschaftsbund) verschont geblieben. Die Erholungsurlauber sind dankbar und genießen das Wandergebiet um den Großen Inselsberg, von dessen Gipfel man bei gutem Wetter die Wartburg und den Brocken sehen kann. In Tabarz endet die Thüringer Waldbahn, Deutschlands schönste Überlandbahn, wie sie im Prospekt genannt wird. Seit 1929 verbindet sie in nur einer Stunde Fahrt Gotha mit dem 20 Kilometer entfernten Thüringer Wald.

Bad Liebenstein *ist einer der ältesten Kurorte Thüringens. Ein Prospekt aus den dreißiger Jahren, im Hintergrund das Palais Weimar.*

Mitten im Thüringer Wald zeugt auf dem Marktplatz von Suhl das Standbild des »Waffenschmieds« von der Bedeutung des Handwerks in der Stadt. Schon früh wurde in der Gegend Eisenerz abgebaut und verarbeitet, was neben Schlossern die Büchsenmacher aus Nürnberg und Augsburg anzog. Das Handwerk blühte, denn Kriege gab es leider genug in ganz Europa. Als »Waffenschmiede Europas« deckte Suhl von 1550 bis 1634 den Waffenbedarf fast komplett ab. 1595 wurden beispielsweise 27 000 Gewehre hergestellt. Noch zu DDR-Zeiten war Suhl die bedeutendste Produktionsstätte von Handfeuerwaffen. Jetzt stehen Jagd- und Sportwaffen im Vordergrund. Alles Qualitätserzeugnisse, denn gelernt ist eben gelernt. Die Industrialisierung von Suhl zog eine politisch aktive Arbeiterschaft nach sich, die beim Kapp-Putsch 1920 Widerstand leistete. Aus Überzeugung wurde im Stadtpark ein Ehrenmahl für Rosa Luxemburg und Karl Liebknecht errichtet. Später erhielt Suhl den Beinamen »rote Stadt im grünen Wald«.
Aufmerksame Besucher dieser Stadt werden feststellen, dass in Suhl auf engstem Raum verschiedene gesellschaftshistorische Epochen repräsentiert sind: das Waffenmuseum ist in einem denkmalgeschützten Fachwerkhaus untergebracht, das Haus »Philharmonie« in stalinistischem Baustil und die unübersehbaren Hochhäuser in sozialistischer Plattenbauweise erbaut. Abgerundet wird das Stadtbild durch ein modernes Kongresszentrum.

Rosa Luxemburg und Karl Liebknecht, *Anführer des linksrevolutionären Spartakusbundes, kämpften 1918 für einen sozialistischen Staat gegen den Parlamentarismus. Die Suhler Bürger errichteten 1920 als erste in Deutschland ein Ehrenmal für die beiden Revolutionäre.*

Im 19. Jahrhundert entstanden rund um den Inselsberg zahlreiche Kurorte, die während sämtlicher politischer Epochen als solche genutzt wurden.

Auf der Veste Wachsenburg *in Holzhausen haben es sich das Ehepaar Alexandra und Detlef Wagner zur Aufgabe gemacht, die alte Ritterküche mit regionalen Produkten neu zu interpretieren.*

Ein besonderer kulinarischer Gag im Restaurant der Veste ist der Ritterschmaus, der auf Bestellung im Burgkeller abgehalten wird.

Wachsenburger Blutwurststrudel

Für 6–8 Personen

- *1 kg rohe geschälte, mehlig kochende Kartoffeln*
- *500 g heiße, gegarte und gepellte mehlig kochende Kartoffeln*
- *Salz, weißer Pfeffer aus der Mühle*

Füllung

- *100 g durchwachsener Bauchspeck*
- *1 Dose mildes Sauerkraut (875 g)*
- *1 Prise Zucker*
- *400 g Blutwurst am Stück*
- *gerebelter Majoran*
- *1–2 EL Speiseöl*

1 Für die Kloßmasse die Kartoffeln fein reiben und in einem Tuch gut ausdrücken. Dabei den Saft auffangen, damit sich die Stärke absetzen kann. Kartoffelmasse mit Salz und Pfeffer würzen, Stärke ohne Saft dazugeben und unterrühren. Die noch heißen gekochten Kartoffeln durch die Kartoffelpresse drücken und mit 80 bis 100 Milliliter heißem Wasser zu einem nicht zu festen Brei verrühren.

2 Den Kartoffelbrei unter die rohen Kartoffeln rühren. Alles aufkochen lassen, dabei kräftig rühren. Kartoffelteig leicht abkühlen lassen, auf Frischhaltefolie 1 Zentimeter dick ausrollen oder aufstreichen. Den Speck würfeln. Backofen auf 180 °C vorheizen.

3 Das Sauerkraut mit Zucker und Speck aufkochen lassen. Das Kraut auf dem Kartoffelteig verteilen, dabei rundum einen Rand von 2 Zentimetern frei lassen.

4 Blutwurst pellen, in 1 Zentimeter große Würfel schneiden. Auf dem Kraut verteilen, Majoran nach Geschmack darüberstreuen. Die beiden Teigenden über die Füllung schlagen und leicht andrücken. Den Strudel auf ein mit Backpapier belegtes Blech geben, mit Öl bepinseln. In der Mitte des Ofens in 40 bis 45 Minuten goldbraun backen.

Zubereitungszeit: 50 Minuten

Der Wachsenburger Blutwurststrudel aus der Küche von Alexandra und Detlef Wagner repräsentiert thüringische Regionalküche vom Feinsten.

Schnippelsuppe

Für 4 Personen

- *500 g vorwiegend fest kochende Kartoffeln*
- *100 g Knollensellerie*
- *100 g Lauch*
- *1 Möhre*
- *1 kleine Kohlrabiknolle*
- *100 g Spinat*
- *1 Hand voll Löwenzahn*
- *1 Hand voll Brennnesseln*
- *Salz*
- *250 g durchwachsener Räucherspeck*
- *4 EL gehackte Petersilie*

1 Die Kartoffeln schälen und in Würfel schneiden. Sellerie, Lauch, Möhre und Kohlrabi waschen, putzen, schälen und ebenfalls würfeln. Spinat, Löwenzahn und Brennnesseln abbrausen, schadhafte Blätter entfernen und das Gemüse grob hacken.

2 Das Gemüse in einen großen Topf geben und mit leicht gesalzenem Wasser bedeckt 20 Minuten zugedeckt kochen. Das weich gekochte Gemüse durch ein feines Sieb passieren.

3 Den Speck ohne Schwarte in kleine Würfel schneiden und in einer beschichteten Pfanne ohne Fett kross ausbraten. Den Speck mit dem ausgelassenen Fett in die Suppe geben und alles nötigenfalls noch mit Salz abschmecken. Die Suppe mit Petersilie bestreut servieren. Dazu gibt es ein dunkles Bier und ein großes Stück frisch gebackenen Zwiebelkuchen.

Zubereitungszeit: 45 Minuten

Thüringer Rostbrätel

Für 4 Personen

- *800 g dickes Schweinefleisch vom Kamm*
- *Salz*
- *Pfeffer aus der Mühle*
- *1/4 l Köstritzer Bier*
- *50 g Schweineschmalz*

1 Das Schweinefleisch kalt abspülen, mit Küchenpapier trockentupfen und in 4 gleich große Portionen teilen. Die Fleischstücke kräftig mit Salz und Pfeffer würzen und mit etwas Bier bestreichen.

2 Das Schmalz in einer großen, möglichst gusseisernen Pfanne erhitzen. Die Fleischstücke darin unter häufigem Wenden knusprig braten. Dabei immer wieder mit Bier bestreichen. Anschließend aus der Pfanne nehmen, das Fett abtropfen lassen und das Fleisch mit scharfem Senf und dunklem Brot servieren.

Zubereitungszeit: 20 Minuten

Variante: Köstlich schmeckt Rostbrätel auch mit reichlich Zwiebeln.
Dafür das Fleisch mit 2 in Ringe geschnittenen Zwiebeln in 1/2 Liter hellem Bier 24 Stunden marinieren. 400 Gramm Zwiebeln schälen und in Ringe schneiden und in wenig Mehl wälzen. Das Fleisch aus der Marinade nehmen, trockentupfen und in der Pfanne von jeder Seite 3 Minuten braten. Zwiebelringe zufügen und gut 4 Minuten mitbraten.
Das Fleisch mit den Zwiebeln servieren.

Frische, saftige *Löwenzahnblätter können, je nach Jahreszeit, Bestandteil der Schnippelsuppe sein.*

Das Leib- und Magengericht der Thüringer neben den Klößen sind die Rostbrätel. Entstanden ist diese Art der Steakzubereitung auf den Gartenfesten der Thüringer. Dort wurden die Rostbrätel mit den Rostbratwürsten zusammen auf dem Holzofengrill gegrillt.

Im Jagdhotel »Gabelbach« *bei Ilmenau steht Chefkoch Jens Kleiber, ein waschechter Thüringer, am Herd.*

Weil man nicht früh genug damit beginnen kann, den guten Geschmack zu üben, führt Jens Kleiber immer wieder Geschmacksschulungen bei Kindern in seiner Küche durch.

Bei den Dreharbeiten glänzte Jens Kleiber durch die Zubereitung seiner mit Backpflaumen gefüllten Spanferkelkeule.

Mit Backpflaumen gefüllte Spanferkelkeule in »Köstritzer Schwarzbiersauce«

Für 4 Personen

- *800 g Spanferkelkeule, ausgelöst und ohne Knochen gewogen*
- *200 g entsteinte, ungeschwefelte Backpflaumen*
- *Salz, schwarzer Pfeffer aus der Mühle*
- *50 g Bratfett*
- *je 50 g Zwiebeln, Sellerie, Lauch und Möhren, in Würfel geschnitten*
- *2 geschälte, gehackte Knoblauchzehen*
- *2 Lorbeerblätter, 5 Wacholderbeeren*
- *je 1 Pimentkorn und 1 Gewürznelke*
- *30 g Tomatenmark*
- *1/2 l Fleischbrühe*
- *400 ml Köstritzer Schwarzbier oder ein anderes Dunkelbier*

1 Den Backofen auf 220 °C vorheizen. Die Spanferkelkeule mit den Backpflaumen füllen und die obere Schwarte diagonal einschneiden. Die Keule rundum mit Salz und Pfeffer einreiben. Das Fett in einem Bräter stark erhitzen und die Spanferkelkeule darin rundum anbraten. Dann die Gemüsewürfel, Knoblauch und die Gewürze sowie eventuell übrig gebliebene Backpflaumen dazugeben und alles 30 Minuten in der Mitte des Ofens weiterbraten.

2 Das Tomatenmark anschließend in den Bräter geben und kurz anrösten. Alles mit Fleischbrühe und Schwarzbier ablöschen und bei 180 °C 1 weitere Stunde in der Mitte des Ofens schmoren, dabei die Keule hin und wieder mit der Sauce begießen.

3 Zum Schluss die Spanferkelkeule aus dem Bräter nehmen und die Sauce durch ein feines Sieb gießen, mit Salz und Pfeffer abschmecken. Die Keule in Scheiben schneiden und mit reichlich Sauce und Thüringer Klößen auf vorgewärmten Tellern anrichten.

Zubereitungszeit: 1 Stunde

Thüringer Klösse

Für 4 Personen
- *1 1/2 kg rohe geschälte, mehlig kochende Kartoffeln*
- *2 EL Kartoffelstärke*
- *Salz*
- *150 g Weißbrotwürfel*
- *80 g Butter*

1 Für die Klöße zwei Drittel der rohen Kartoffeln fein reiben und in einem Tuch gut auspressen, bis die Masse ganz trocken ist. Die restlichen Kartoffeln in wenig Salzwasser zu einem sehr dicken Brei kochen, dabei ständig rühren.

2 Die ausgepressten Kartoffeln mit der Kartoffelstärke und etwas Salz in eine Schüssel geben und portionsweise mit dem kochenden Kartoffelbrei übergießen. Dann alles kräftig durchrühren, bis sich die ganze Masse gut verbindet und schön dick geworden ist.

3 Die Weißbrotwürfel in der Butter goldbraun rösten. Aus dem Kartoffelteig 10 bis 12 Klöße formen, in jeden Kloß einige Weißbrotwürfel geben. Die Klöße in siedendem Wasser in etwa 20 Minuten gar ziehen lassen.

4 Wer mag, kann zuvor eine Garprobe machen: Dafür einen kleinen Kloß im Wasser gar ziehen lassen. Ist er zu weich, noch etwas Stärke unter die Kloßmasse rühren.

Zubereitungszeit: 2 Stunden

Thüringer Blutwurst mit sauren Linsen

Für 4 Personen
- *350 g Linsen*
- *2 Lauchstangen*
- *1 Petersilienwurzel*
- *1 Stück Knollensellerie*
- *2 Möhren*
- *Salz*
- *2–3 EL Weinessig*
- *100 g durchwachsener Speck*
- *2 mittelgroße Zwiebeln*
- *300 g frische Blutwurst*

1 Die Linsen am Vorabend mit reichlich kaltem Wasser bedeckt einweichen. Das Gemüse waschen, putzen und in kleine Würfel schneiden. Die Linsen mit dem Einweichwasser und dem Gemüse in einen großen Topf geben und bei schwacher Hitze in etwa 40 Minuten garen.

2 Das Linsengemüse mit Salz und Essig kräftig würzen. Den Speck ohne Schwarte in Würfel schneiden und in einer trockenen Pfanne auslassen. Die Zwiebeln schälen und in kleine Würfel schneiden, zum Speck in die Pfanne geben und knusprig braten. Die Speck- und Zwiebelwürfel über die Linsen geben.

3 Die Blutwurst im restlichen Speckfett kurz rundum anbraten und mit Salzkartoffeln zu den Linsen servieren.
Als Getränk schmeckt ein Köstritzer Schwarzbier am besten zu diesem deftigen Gericht.

Zubereitungszeit: 30 Minuten
Kochzeit: 40 Minuten
Einweichzeit: 24 Stunden

In den dreißiger Jahren *war die Bergstraße unterhalb des Hotels »Gabelbach« Austragungsort der bekannten Gabelbach-Bergrennen, das 1928 von Rudolf Caracciola gewonnen wurde.*

Der gestiegene Wohlstand in Deutschland um die Wende des 20. Jahrhunderts und besonders die Zunahme des Fremdenverkehrs ließen im Thüringer Wald mehrere Hotelbauten entstehen. Dazu gehört auch das Berg- und Jagdhotel »Gabelbach« in der Nähe von Ilmenau.

Im »Patrizier« in Schmalkalden *war die Position eines Sternekochs vakant. Das war die Chance für einen Aufsteiger wie Chefkoch Roberto Sömmer. Schnell hat er bewiesen, dass er die Genießer im Feinschmecker-Restaurant zufrieden stellen kann.*

Ein Blick in die Dessert-Karte des Stadthotels »Patrizier« lässt erkennen, dass hier viel Liebe und Können investiert wird. Schließlich sind die »süßen« Dinge des Lebens eine große Leidenschaft von Roberto Sömmer. Deshalb kann es auch schon mal vorkommen, dass ihn seine Gäste in einem Straßencafe bei Kaffee und Kuchen entdecken.

Geeiste Frischkäseschnittchen

Für 8–10 Personen

Teig
- *100 g Zucker*
- *8 Eigelbe*
- *5 Eiweiß*
- *100 g Mehl*
- *40 g flüssige, abgekühlte Butter*

Creme
- *4 Eigelbe*
- *200 g Zucker*
- *500 g möglichst ungesalzener Doppelrahm-Frischkäse*
- *60 cl Rum*
- *100 g steif geschlagene Sahne*
- *Amaretto zum Beträufeln*
- *500 g Obst nach Saison, gewaschen, geputzt und je nach Größe in Stücke geschnitten*

1 Den Backofen auf 200 °C vorheizen. Für den Teig den Zucker, Eigelbe und etwas kaltes Wasser weiß und schaumig schlagen. Das Eiweiß sehr steif schlagen und mit dem Mehl unter die Eigelbmasse heben. Zuletzt die Butter unterziehen.

2 Den Teig etwa 1 Zentimeter dick auf ein mit Backpapier ausgelegtes Blech streichen und in der Mitte des Ofens in 7 bis 8 Minuten backen. Anschließend den Teig auf die Arbeitsplatte stürzen, mit dem Backpapier auf der Oberseite abkühlen lassen.

3 Für die Füllung die Eigelbe mit dem Zucker cremig schlagen. Frischkäse und Rum unterrühren. Zum Schluss die geschlagene Sahne unterheben.

4 Zum Auslegen einer rechteckigen Kuchenform (20 x 30 Zentimeter) den Teig ohne Backpapier in 3 bis 4 passende Platten schneiden. Eine Teigplatte auf den Boden der Form legen und mit etwas Amaretto beträufeln. Mit einer Schicht der Creme und mit Früchten belegen, dann die nächste

Eine gelungene Kombination von Frischkäse, Sahne und saisonalem Obst sind die geeisten Frischkäseschnittchen von Roberto Sömmer.

Teigplatte auflegen und mit Amaretto beträufeln. So abwechselnd Biskuitteig, Creme und Früchte in die Form schichten, bis der Rand der Form erreicht ist. Das Dessert etwa 6 Stunden im Eisfach gefrieren lassen, dann den geeisten Frischkäsekuchen in Scheiben schneiden und mit frischen Früchten garniert servieren.

Zubereitungszeit: 1 Stunde 15 Minuten

Blühender Klatschmohn.

Mohnkuchen mit Rahmguss

Für etwa 20 Stücke

Teig
- *300 g Mehl*
- *20 g frische Hefe*
- *100 g Zucker*
- *1/8 l lauwarme Milch*
- *150 g flüssige, abgekühlte Butter*
- *1 Ei*
- *1 gute Prise Salz*

Belag
- *1/2 l Milch*
- *125 g Butter, 150 g Zucker*
- *2 EL Hartweizengrieß*
- *1 Prise Salz*
- *500 g frisch gemahlener Mohn*
- *je 125 g Sultaninen und gehackte Mandeln*

Für den Guss
- *1/2 Päckchen Vanillepudding-Pulver*
- *1/4 l Milch, 50 g Butter*
- *3 EL Zucker, 3 Eier*

1 Für den Teig das Mehl in eine Schüssel sieben und in die Mitte eine Vertiefung drücken. Hefe mit 1 Teelöffel Zucker in der Milch verrühren, in die Vertiefung gießen und mit etwas Mehl vom Rand bestreuen. Zugedeckt an einem warmen Ort 20 Minuten gehen lassen. Restlichen Zucker, Butter, Ei und Salz zugeben und den Teig kräftig kneten. Zugedeckt 1 Stunde gehen lassen.

2 Für den Belag die Milch mit der Butter und dem Zucker erhitzen, Grieß, Salz und Mohn einrühren und alles bei mäßiger Hitze unter ständigem Rühren 5 Minuten ausquellen lassen. Sultaninen und Mandeln unterrühren und die Masse lauwarm abkühlen lassen. Backofen auf 180 °C vorheizen, das Backblech mit Butter einfetten.

3 Den Hefeteig gut 5 Minuten kräftig mit den Händen kneten und schlagen, bis der Teig Blasen wirft. Auf der bemehlten Arbeitsfläche in Blechgröße ausrollen und das Backbleck damit belegen.

4 Die Mohnmasse auf den Teig streichen und alles zugedeckt etwa 15 Minuten gehen lassen. Für den Guss das Puddingpulver in etwas kalter Milch verrühren. Die restliche Milch mit der Butter und dem Zucker aufkochen, die Puddingpulvermischung einrühren und alles unter ständigem Rühren aufkochen lassen, dann vom Herd nehmen und abkühlen lassen. Zwischendurch immer wieder umrühren, damit sich keine Haut auf dem Pudding bildet.

5 Die Eier trennen, Eigelbe unter den Pudding rühren. Eiweiß sehr steif schlagen und vorsichtig unter den Pudding heben. Puddingmasse auf die Mohnmasse streichen und den Kuchen in der Mitte des Ofens 45 Minuten backen. Wird die Oberfläche des Kuchens zu dunkel, mit Pergamentpapier oder Alufolie abdecken. Den Kuchen abkühlen lassen und frisch servieren.

Zubereitungszeit: 1 Stunde
Ruhezeit: 2 Stunden
Backzeit: 45 Minuten

Wer nun die besseren Kuchen backt – die Thüringer oder die Sachsen – ist eher eine Sympathiefrage. Fest steht, dass Hefekuchen vom Blech in Thüringen üppig belegt und absolut köstlich sind.

Selbst Goethe gefiel es auf der Wartburg, wo er als Weimarer Minister im Auftrag des Herzogs Carl August nach dem Rechten sah. Mit dem Herzog feierte Goethe auf der Wartburg, die damals ziemlich verfallen war, so manches Gelage. Im 19. Jahrhundert erhielt sie neuromanische und neugotische Zubauten – so wie wir sie heute kennen.

Die Wartburg ist ein Ort für Dichter und Denker. *Hier lebte der Minnesänger Walther von der Vogelweide,*

Winteridylle *im Thüringer Wald.*

Das Landschaftsbild des Thüringer Waldes ist vielschichtig – Plateaus wechseln mit Waldhängen, Tälern, Schluchten, Felsen und Wasserstürzen, Bächen, Talsperren und Wiesen. Im Frühling, Sommer und Herbst bietet der Thüringer Wald traumhafte Bedingungen für Wanderer und Naturliebhaber, im Winter für Skifahrer und Rodler. Um die Jahrhundertwende begann Oberhofs Bedeutung als Wintersportort. Schließlich liegt Oberhof auf knapp 1000 Meter Höhe und galt lange als schneesicheres Gebiet. Als der Grönlandforscher Fridtjof Nansen den »Wäldlern« ein Paar Skier schenkte, waren sie noch skeptisch, ob diese Bretter die Welt bedeuten könnten. 1905 waren sie dann davon überzeugt, denn ein norwegischer Skilehrer hatte es vorgemacht, wie man den Wintersport in Schwung bringt. Die Liebe der Oberhofer galt dennoch dem Rodeln, auch darf sich der Ort als die Wiege des deutschen Bobsports bezeichnen. So ist es nur logisch, dass sich Oberhof zum Leistungsstützpunkt der deutschen Rennrodler und Bobfahrer entwickelte. Die 1995 in Oberhof eröffnete Wintersportausstellung informiert auf einer Fläche von 300 Quadratmetern über 100 Jahre Thüringer Wintersport.

Martin Luther nannte Eisenach »meine liebe Stadt«. Er kam als Fünfzehnjähriger in die Stadt, um an der Lateinschule weiterzulernen. Wie damals üblich, wohnte Luther in der Schule und verdiente sich sein Zubrot als Kurrendesänger. Diese zogen von Kirche zu Kirche sowie vor die Bürgerhäuser und baten »um Brot um Gottes Willen«. Martins wohlklingende Stimme sorgte alsbald für eine Verbesserung seiner Wohn-

Wolfram von Eschenbach arbeitete am »Parzival« und Wagner ließ sich zum »Tannhäuser« inspirieren.

Das Lutherdenkmal *in Eisenach.*

und Lebensbedingungen. Frau Ursula Cotta nahm ihn in ihre Familie auf. Durch das geistige und religiöse Umfeld der begüterten Familie Cotta wurde er in seiner inneren Entwicklung wesentlich geprägt.

Zwanzig für Luther bewegte und das Christentum entscheidende Jahre vergingen, bevor er als ein von vielen Christen geliebter, von Papst und Kaiser geächteter Mann an die Stätte seiner Kindheit zurückkehrte. Martin Luther hatte es gewagt die Glaubwürdigkeit der von der Kirche gelehrten Dogmen in Zweifel zu ziehen. Daraufhin belegte der Papst 1521 Luther mit einem Bann.

In Worms konnte auch Kaiser Karl V. einen Widerruf nicht erpressen. Damit wurde über Martin Luther die Reichsacht verhängt. Sein Gönner und Landesherr, Friedrich der Weise, sorgte dafür, dass er sich den Häschern mit Erfolg entziehen konnte. Durch einen vorgetäuschten Überfall wurde Luther festgenommen und auf die Wartburg gebracht. Ein Zimmer in der Vogtei wurde für elf Monate sein Wohn-, Schlaf- und Arbeitsraum. Nach Wochen strenger Klausur tauschte Martin Luther die Mönchskutte mit Ritterwams, Schwert und Barett. So verkleidet stellte ihn sein Beschützer Burghauptmann von Berlepsch, der auf der Wartburg weilenden Ritterschaft als Junker Jörg vor.

Die Zeit auf der Wartburg zählte nicht zu der glücklichsten in Luthers Leben. Er zog sich zurück und übersetzte das Neue Testament in eine volkstümliche, allen verständliche deutsche Sprache. In nur zehn Wochen hatte er die Lutherbibel und damit die Grundlage für die neuhochdeutsche Schriftsprache geschaffen.

Im Bann der Wartburg *und des Thüringer Waldes erschuf Wagner viele seiner Opern. Dies brachten Ende des letzten Jahrhunderts Bildpostkarten zum Ausdruck, in denen verschiedene Gestalten aus Wagners Opern dargestellt wurden.*

Rohe Kartoffelklöße, *auch grüne Klöße genannt, zählen zu den Lieblingsbeilagen der Thüringer. Ganz wichtig ist, dass sie in viel Sauce schwimmen!*

Mehlig soll sie sein, die Kartoffel für die Klöße, und viel Stärke enthalten. Wichtig bei der Zubereitung der Thüringischen Kloßspezialität ist auch das kräftige Ausdrücken der rohen, geriebenen Knollen. Den Saft sollte man dabei tunlichst auffangen, denn schon nach kurzer Zeit setzt sich darin die Stärke ab, die für die Zubereitung der Klöße unentbehrlich ist.

Würste und Klösse aus Thüringen

Nicht nur frisch gegrillte und kräuterduftende Rostbratwürste, auch die Kartoffel, getarnt als lockerer Kloß, beherrscht den Speiseplan im Thüringer Wald.

In seinen »Reisebildern« beobachtete Heinrich Heine: »Die Thüringer essen um des Genießens willen und denken nicht an den kommenden Tag.«
Und so gibt es auch heute noch kaum einen Anlass, zu dem nicht Thüringens beliebteste Spezialität auf den Rost gelegt wird: die

Schweine- und Kalbfleisch *ist die Basis für die Königin unter den Würsten: die Thüringer Bratwurst.*

Bratwurst. Wichtig ist bei ihrer Zubereitung das mehrmalige Wenden durch Rollen mit der flachen Hand und das Begießen mit Bier. Die Pelle sollte leicht aufgeplatzt sein, damit der Holzkohlenduft so richtig gut ins Brät ziehen kann. Mit reichlich Mostrich (am besten »Born-Senf«) wird die heiße Bratwurst in eine aufgeschnittene längliche Semmel gelegt und gegessen. Dabei steht man meist im Kreise der anderen Genießer, vornübergebeugt, damit man keine Fettspritzer abbekommt. Die Rostbratwurst ist »so gut wie etwas Warmes«, man überlädt sich

Auf die Würze *kommt es an – bei der Thüringer Bratwurst und allen anderen Würsten aus Thüringen.*

nicht den Magen und kann auch noch eine mehr essen, wenn man eigentlich schon satt ist.
In alten thüringischen Kochbüchern aus der Zeit vor 150 bis 200 Jahren sind aber noch viele andere Bratwurstgerichte außer der auf dem Rost gebratenen beschrieben. Saure Bratwürste etwa, in Zitrone bereitet, wurden in Weißbier gekocht, dabei immer geschäumt und dann auf beiden Seiten in Butter braun gebraten. Man nannte sie »Stolzer Heinrich«. Neben der Bratwurst ist der Feldgieker – eine magere, luftgetrocknete Schweinswurst

– ein regionaler Gaumenkitzel. Die Rezeptur hat sich seit 1613 kaum geändert, noch bis vor kurzem nahmen die Bauern die Wurst zur Vesper mit aufs Feld. Der Name leitet sich von ihrer Konservierungsmethode ab. Im Winter wurde sie ungeräuchert zur

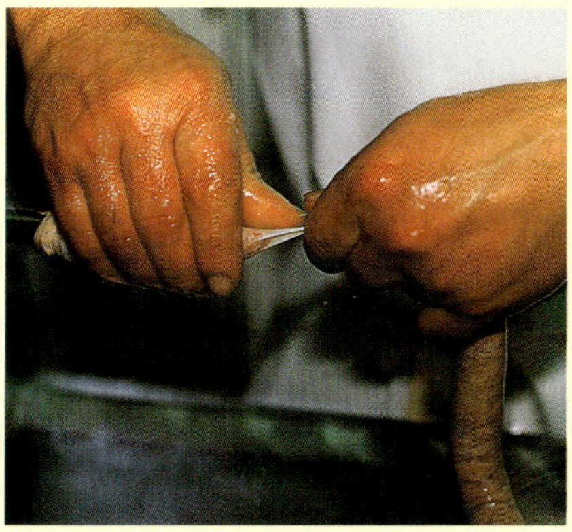

Herrlich duftende *Rostbratwürste, der Kenner isst sie in der Semmel mit reichlich Senf direkt aus der Hand, sollte man sich auf keinen Fall entgehen lassen.*

Trocknung in die Scheune gehängt und konnte somit »ins Feld gieken«.
Natürlich gibt es auch noch Knackwürste, Leber- und Blutwürste mit unverwechselbarem Geschmack. Die Metzger bereiten sie mit einer feinen Mischung aus Majoran, Liebstöckel, Kümmel und Koriander, aber auch mit Thymian, Ingwer, Macisblüte und Zwiebeln zu. Die genaue Zusammensetzung wird als Geheimnis gehütet. Ihre Rezepturen erfährt man ebenso wenig wie die der Nürnberger Lebküchler oder der Pulsnitzer Pfefferküchler.
Es muss nicht immer Wurst sein: die Thüringer legen auch irgendein anderes Fleisch auf ihren geliebten Grill. Zum Beispiel »Rostbrätchen«, ein marinierter Schweinekamm, gut mit Bier abgelöscht. Und beim Ablöschen steigt bei schönem Wetter in zahlreichen Gärten und auf vielen Balkonen der »Thüringer Weihrauch« in den Himmel. Bei kulinarischen Streifzügen durch Thüringen stellt sich immer wieder eine zweite Spezialität in den Weg: der Kartoffelkloß.

Gut 30 verschiedene Zubereitungsarten soll es davon geben. Die begehrten Klöße heißen »Hütes«, »Hebes« und mal »Knolle«. Kartoffelklöße haben eine verbriefte 200-jährige Tradition. Natürlich müssen sie mit knusprig gerösteten Brotstücken gefüllt sein.

Bei der Frage, welche Kartoffelsorte am geeignetsten ist, gerät der Thüringer ins Philosophieren. Zum Kloß gehört die Soß –

Regelmäßiges *Rollen und ein Platzen der Bratwurstpelle garantiert einen knusprigen, würzigen Erfolg.*

nicht nur des Reimes wegen. Specksauce – wunderbar im Geschmack, Sauerbraten, Rippchen, Rinderbraten, alles tunkenreiche Gerichte. Nicht zu vergessen das Kalbfleisch mit Stachelbeersauce.

Die »Ordnung für das Fleischerhandwerk zu Weimar, Jena und Buttstädt« aus dem Jahre 1613 verlangte schon damals eine ausgewogene Mischung von Schweine-, Rind- und Kalbfleisch und die Zugabe von reichlich Majoran und Kümmel. Nur so konnte und kann die unvergleichliche Qualität der Thüringer Rostbratwurst garantiert werden. Beim Braten muss die Wurst dann unbedingt an mehreren Stellen aufplatzen, damit sie den Duft des Holzkohlenfeuers auch aufnehmen kann.

In der Kirche von Arnstadt *wirkte Johann Sebastian Bach als Organist. Später wurde die Kirche nach ihm benannt.*

Sonneberg *war einst die Spielzeugmetropole in Deutschland. Doch verloren die kollektiv produzierten Spielwaren im Sozialismus ihre Marktanteile. Mittlerweile ist die Produktion wieder im Aufschwung und Spielzeug aus Sonneberg erobert sich langsam seinen Ruhm zurück. Empfehlenswert ist ein Streifzug durch die Welt des Spielzeugs im Spielzeugmuseum Sonneberg.*

Zu jeder Burg gehört auch etwas Legendäres. Im Fall der Wartburg ist das die heilige Elisabeth mit der Geschichte vom »Rosenwunder«: Elisabeth hatte unterhalb der Wartburg ein Armenhospital errichten lassen. Dass sie sich auch noch der übrig gebliebenen Speisen am Hofe bediente, um die Mittellosen und Kranken zu verköstigen, stieß auf heftigen Widerstand. Eines Tages war sie von der Hofgesellschaft beobachtet worden, wie sie etwas heruntertrug. Als sie aufgefordert wurde, zu zeigen, was sie unter ihrem Gewand verbarg, griff sie zu einer Notlüge. Sie behauptete, dass sie Rosen unter ihrem Mantel hätte. Es half nichts, sie musste den Mantel öffnen. Und siehe da, ihr Gebet wurde erhört, denn das Brot hatte sich tatsächlich in Rosen verwandelt.

In Arnstadt, der ältesten Stadt der ehemaligen DDR, lebten zwischen 1620 und 1792 zahlreiche Angehörige der Musikerfamilie Bach als Stadt- und Ratsmusikanten, Organisten und Kantoren. Der berühmteste unter ihnen, Johann Sebastian Bach, war Organist in der später nach ihm benannten Kirche. Wegen mancherlei Händel mit den Stadtvätern, und beispielsweise auch, weil er gerne den Jungfern der Stadt nachstellte, verließ er 1707 die Stadt in Ungnade, um sich in Leipzig als Thomaskantor zu betätigen. Der einstige Friedhof mit den Gräbern von über 20 Familienmitgliedern, das Denkmal »Der junge Bach«, aber auch die 29 Musikanten in der weltberühmten Puppensammlung »Mon Plaisir« der Gräfin von Schwarzburg-Arnstadt erinnern an den Arnstädter Clan der Bachfamilie. Vermutlich im Hotel »Goldene Sonne« sollen regelmäßig die Bachschen »Familientage« stattgefunden haben. Dabei muss der gemeinsame, lustvolle Gesang üblich gewesen sein. Bach-Biograph Forkel dazu: »Sie sangen ... Volkslieder, teils posierlichem, teils von schlüpfrigen Inhalt, zugleich miteinander aus dem Stehgreif, so dass zwar die verschiedenen extemporierten Stimmen eine Art Harmonie ausmachten, die Texte aber in jeder Stimme anderen Inhalts waren.«

Schmalkalden erlangte seine Berühmtheit durch scharfe Klingen und scharfe Worte. Reiche Erzvorkommen, Bergbau und eisenverarbeitende Industrie verhalfen der Stadt zur wirtschaftlichen Blüte. Im ausgehenden Mittelalter waren in der Stadt bereits 225 Werkstätten und 31 Eisenhämmer in Betrieb. Damals waren Schmalkalder Werkzeuge und Kleineisenwaren Markenartikel. In dieser Zeit erhoben sich sechs Fürsten und 14 Reichsstädte, die sich zum Schmalkadischen Bund zusammengeschlossen hatten, gegen Kaiser Karl V., der Luthers neue Lehre verbieten ließ. Zu diesem Anlass verfasste Luther eine Bekenntnisschrift mit dem Titel: »Schmalkaldische Artikel«. Der daraus

Das Denkmal Johann Sebastian Bachs *erinnert an die Bedeutung der Bach-Familie für die Stadt Arnstadt.*

entstandene Religionskrieg hätte beinahe das »Aus« für Schmalkalden bedeutet, denn der »Ort der üblen Ketzerei« sollte dem Erdboden gleich gemacht werden. Es war der letzte hennebergische Graf, der eine Schonung für seine Stadt erwirkte. Glücklicherweise, denn so ist uns heute ein einzigartiges Fachwerkensemble mit einem ansehnlichen Renaissanceschloss erhalten geblieben.

Im Thüringer Wald haben sich viele Orte auf ein bestimmtes Handwerk konzentriert. Da gibt es die Büchsenmacher in Suhl und die Glasbläser in Lauscha – 1597 wurde die erste Glashütte in Lauscha errichtet –, die Porzellanmacher in Sitzendorf oder die Spielzeugmacher in Sonneberg. Aber auch Gräfenroda hat seine handwerkliche Spezialität: Gartenzwerge. Die wurden vor 120 Jahren hier erfunden. Seitdem ziert so mancher Zwerg frohen Mutes, lächelnd und selbstverständlich mit roter Zipfelmütze deutsche Vorgärten.

Schon Goethe liebte die Aussicht *vom Kickelhahn über den Thüringer Wald. Die Natur bot ihm Erholung von seinen Amtsgeschäften.*

Was wäre der Thüringer Wald ohne Goethe? Fast jeder Ort beteuert: »Goethe war auch schon hier!« Tatsache ist, dass er sich längere Zeit in Ilmenau aufgehalten hat. Zu dieser Zeit verdiente sich der Dichterfürst seinen Unterhalt als Minister des in Weimar ansässigen Herzogs Carl August. In dessen Auftrag sollte Goethe als Leiter der Ilmenauer Steuerkommission mit der Misswirtschaft des Stadtrates aufräumen. Wie man weiß, sind Steuerreformen langwierig und anstrengend. Ausgleich und Erholung fand er bei der bereits verheirateten, geistvollen und sieben Jahre älteren Charlotte von Stein. Um sie zu treffen, nahm er gerne die Mühe von zwei Reitstunden oder viereinhalb Wanderstunden auf sich. Heute kann man 18 Kilometer lang auf Goethes Spuren wandern, es muss nur der Markierung »G« des Goethe-Wanderweges in Ilmenau gefolgt werden. Nicht weit entfernt vom Aussichtspunkt Helenenruh liegt der Hermannstein mit Höhle. Herrliche Stunden verbrachte Goethe hier mit seiner Charlotte, völlig entrückt von dieser Welt. An seinem Lieblingsplatz in der Jagdhütte auf dem Kickelhahn schrieb er jenes berühmte »Wanderers Nachtlied« an die Bretterwand der Hütte. Fein säuberlich datiert: 6.9.1780.

Einige Aufnahmen zu unserer TV-Serie sind auch auf dem berühmten Kickelhahn entstanden, unweit des Jagdschlosses Gabelbach. Ich hatte Glück, vor der alten Jagdhütte einen wunderschönen Sonnenuntergang über dem Thüringer Wald zu erleben. Dabei kam mir wieder ein passendes Goethezitat in den Sinn: »Die Sonne ist unter. Es ist eben die Gegend, von der ich Ihnen die aufsteigenden Nebel zeichnete, jetzt ist sie so rein und ruhig und so uninteressant als eine große schöne Seele, wenn sie sich am wohlsten befindet.«

Auf gutem Posten *stehen die »Drei Gleichen«, drei mittelalterliche Höhenburgen, die schon von fern auf der Autobahn zwischen Erfurt und Gotha auszumachen sind. Sie sollen ihren Namen im Jahre 1231 erhalten haben, als alle drei in einer Nacht vom Blitz getroffen wie Fackeln brannten. Die Veste Wachsenburg ist im Vergleich zur Mühlburg oder der Wanderslebener Gleiche am besten erhalten.*

Immer wieder schmücken sie Vorgärten: *Bunte Gartenzwerge, die ihre Existenz den fleißigen Handwerkern in Gräfenroda verdanken.*

THÜRINGER WALD

Hotels und Restaurants

Veste Wachsenburg in Holzhausen: Siehe Seite 56.

Auf dem Burgberg, 99319 Holzhausen; Telefon 0 36 28/7 42 40, Fax 0 36 28/74 24 88

Berg- und Jagdhotel in Gabelbach: Siehe Seite 58.

Waldstraße 23 a, 03677 Illmenau; Telefon 0 36 77/20 25 55, Fax 0 36 77/89 31 06

Mitten in einem Park *befindet sich das Hotel Kavaliershaus in Friedrichroda.*

Patrizier in Schmalkalden: Siehe Seite 60.

Weidebrunngasse 9, 98574 Schmalkalden; Telefon 0 36 83/60 45 14, Fax 0 36 83/60 45 18

Auf der Wartburg-Hotel: In der Landgrafenstube werden Thüringer Spezialitäten serviert; 35 Zimmer. Spezielle Arrangements zur Wartburg-Konzertsaison.

Auf der Wartburg, 99817 Eisenach; Telefon 0 36 91/79 51 11, Fax 0 36 91/79 71 00

Gasthof Schlundhaus in Meiningen: Hervorragende Küche; 12 Zimmer.

Schlundgasse 4, 98617 Meiningen; Telefon 0 36 93/81 38 38, Fax 0 36 93/81 38 39

Zur Weiberwirtschaft in Suhl: Deftige Thüringer Kost.

Öffnungszeiten: täglich von 10.30–24.00 Uhr; So ab 11.00 Uhr Bahnhofstraße 1, 98527 Suhl; Telefon 0 36 81/72 15 18

Hotel Kavaliershaus im Schlosspark in Friedrichroda: Das Luxushotel liegt mitten in einem großen Park. Im Restaurant werden Spezialitäten, wie Wildbraten und Zuchtforelle, serviert; 19 Zimmer.

November geschlossen; Dezember–März wochentags nur Abendessen 99894 Friedrichroda; Telefon 0 36 23/30 42 53, Fax 0 36 23/30 42 51

In Meiningen *sollte man im alten Gasthof »Schlundhaus« einkehren.*

Turmcafé im Schloss Elisabethenburg in Meiningen: Das schönste Barock-Café Europas ist im Hessensaal der Burg (1652) untergebracht.

Öffnungszeiten: Mai–September täglich 12.00–18.00 Uhr; Oktober–April 12.00–17.00; Mo Ruhetag 98617 Meiningen

Schloss Landsberg in Meiningen: Das Schloss (1840) liegt auf einem Berghügel über dem Werratal: Café-Terrasse, Rittersaal, Burgschänke; 21 Zimmer.

Landsberger Straße 150 (4 Kilometer nordwestlich vom Zentrum), 98617 Meiningen; Telefon 0 36 93/4 40 90, Fax 0 36 93/44 09 44

Sehenswürdigkeiten

Tobiashammer in Ohrdruf

Öffnungszeiten: täglich 9.00–17.00 Uhr Suhler Straße 34, 98527 Suhl; Telefon 0 36 24/4 02 79

Kloster Vessra: Das ehemalige Prämonstratenser-Chorherrenstift (1131) wurde in das Hennebergische Museum und das Museum für regionale Geschichte umfunktioniert.

Öffnungszeiten: Mai–September 10.00–18.00 Uhr; Oktober–April 9.00–17.00 Uhr; Mo Ruhetag 98660 Kloster Veßra; Telefon 03 68 73/2 15 05

Ritterlich *wohnen und speisen kann man auf der Veste Wachsenburg.*

Waffen- und Heimatmuseum in Suhl

Öffnungszeiten: April–Oktober Di –Sa 9.00–17.00 Uhr; So 9.00–17 Uhr; im Winter 10.00–16.00 Uhr Friedrich-König-Straße, 19, 98527 Suhl; Telefon 0 36 81/72 06 98

Marienglashöhle in Friedrichroda: Eine der großen Gipskristallgrotten in Europa ist Anziehungspunkt für viele Besucher. Mit den Glaskristallen wurden früher Marienbilder geschmückt. Führungen täglich.

99894 Friedrichroda; Auskunft: Telefon 0 36 23/30 49 53

▪ WARTBURG in Eisenach: Mit 130 Metern Länge und 50 Metern Breite ist sie die größte Burg in Deutschland. Eine Hauptattraktion ist die Lutherstube.
Öffnungszeiten: März–Oktober 8.30–17.00 Uhr (letzte Führung); November–Februar 9.00–15.30 Uhr (letzte Führung); Informationszentrum Wartburg Am Schlossberg 2, 99817 Eisenach; Telefon 0 36 91/25 00

▪ GEORGENKIRCHE in Eisenach (1180): Sehenswert sind die Kreuzigungsgruppe, die Kanzel und die Grabsteine.
Marktplatz, 99817 Eisenach

Eisenach: *Blick auf das Stadtschloss, das 1703 bis 1756 erbaut wurde.*

▪ HEIMATMUSEUM in Ruhla: Trachten, eine alte Messerschmiede, Pfeifenmalerei und volkskundliche Gegenstände.
**Öffnungszeiten: Di–Fr 9.00–12.00, 13.00–16.00 Uhr; So 13.30–17.00 Uhr; Mo geschlossen
Obere Lindenstraße 30-31, 99842 Ruhla; Telefon 03 69 29/8 90 14**

▪ SCHMALKALDEN: Empfehlenswert ist ein Spaziergang durch die Altstadt.
Auskunft: Schmalkalden-Information Mohrengasse 1 a, 98574 Schmalkalden; Telefon 0 36 83/40 31 82

▪ HISTORISCHE BÜRGERHÄUSER in Suhl. Machen Sie einen Spaziergang vom Markt über den Steinweg und bewundern Sie die stattlichen Bürgerhäuser.

▪ KREUZKIRCHE in Suhl: Barockkirche aus dem Jahr 1739 mit harmonischer Hauptfassade und dem Doppelwappen von Sachsen und Henneberg.
Steinweg, 98527 Suhl

▪ REUTER-VILLA MIT RICHARD-WAGNER-SAMMLUNG in Eisenach: Nach Bayreuth finden Sie hier die größte Wagner-Bibliothek.
**Öffnungszeiten: täglich 10.00–17.00 Uhr, außer Mo
Reuterweg 2, 99817 Eisenach; Telefon 0 36 91/74 32 93**

▪ SCHLOSS ELISABETHENBURG in Meiningen: Theatermuseum; ausgezeichnete Kunstsammlung.
**Öffnungszeiten: Mai–September 10.00–18.00 Uhr; Oktober–April 9.00–17.00 Uhr; Mo. immer geschlossen
98617 Meiningen; Telefon 0 36 93/50 36 41**

Der Tobiashammer *war bis 1977 in Betrieb, dann wurde ein Museum daraus.*

▪ BAUMBACHMUSEUM in Meiningen: Das Fachwerkhaus war Alterssitz des Dichters Rudolf Baumbach. Heute Literaturmuseum für die Dichter des Meininger Raums.
**Öffnungszeiten: wie Schloss Elisabethenburg
Burggasse 4, 98617 Meiningen; Telefon 0 36 93/50 36 41**

VERANSTALTUNGEN

▪ KALTER MARKT in Römhild: Am letzten Donnerstag im Januar findet dieser volkstümliche Markt statt, bei dem die seit 300 Jahren bekannte Töpferkunst aus Thüringen im Mittelpunkt steht.

Die Lutherstube *auf der Wartburg ist fast unverändert erhalten geblieben.*

▪ THÜRINGER BACH-WOCHEN in Eisenach: Der in Thüringen geborene Johann Sebastian Bach und die große Bachfamilie stehen im Mittelpunkt dieses Festivals, das jährlich im Frühjahr stattfindet. Zwölf thüringer Städte haben sich für diesen Zweck zusammengeschlossen.
Auskunft: Thüringer Bachwochen e.V. Am Frauenplan 23, 99817 Eisenach; Telefon 0 36 91/7 93 40

▪ EISENACHER SOMMERGEWINN: Drei Wochen (Samstag) vor Ostern wird das größte Volksfest in Westthüringen, das auf eine alte Tradition aus der germanischen Zeit zuzrückführt, mit Umzug, Veranstaltungen im Festzelt und geschmückten Häusern gefeiert.

▪ SCHMALKALDENER STADTFEST: Ende August wird der Bartholomäusmarkt im Rahmen des Schmalkaldener Stadtfestes abgehalten. Das Hirschessen ist der Höhepunkt des Festes.

Verschiedenes

Rennsteig: Nach alter Überlieferung war der Rennsteig einst die Strecke, auf der die Kuriere geheime Botschaften beförderten. Der Weg erstreckt sich 168 Kilometer über die Kammhöhe des Thüringer Waldes von Hörschel (bei Eisenach) bis nach Blankenstein. Der Rennsteig gilt übrigens als Dialektgrenze zwischen Thüringen und Franken, und die Kammlinie ist die Wasserscheide zwischen Saale und Werra.
Auskunft: Fremdenverkehrsamt Oberhof; Telefon 03 68 42/2 21 44

Schloss *Elisabethenburg ist heute Sitz der staatlichen Museen Meiningen.*

Rennsteiggarten in Oberhof: Garten mit über 4000 Gebirgspflanzenarten; besonders attraktiv sind die Rhododendronsorten zur Blütezeit. Im Naturschutzgarten können Sie auch bedrohte Arten aus heimischen Gebieten sehen. Im Café Enzian gibt es Erfrischungen.
Öffnungszeiten: Mai–September täglich 9.00–18.00 Uhr; im Oktober 9.00–17.00 Uhr; November–April geschlossen 98558 Oberhof; Telefon 03 68 42/2 22 45

Drachenschlucht bei Eisenach: Zwischen 10 Meter hohen Felswänden, die mit Flechten, Farnen und unterschiedlichen Moosarten bewachsen sind, führt ein 1 Kilometer langer Weg.
Ausgangspunkt: Waldparkplatz Hohe Sonne an der B19, 4 Kilometer von Eisenach.

Goethe-Wanderweg in Illmenau: Von Ilmenau führt der 18,5 Kilometer lange Weg über Kickelhahn nach Stützerbach (Markierung »G«).

Zum Abschluss sollten Sie das **Stützerbacher Goethehaus** in der Sebastian-Kneipp-Straße 18 besichtigen.
Auskunft: Ilmenau-Information Lindenstraße 12, 98693 Ilmenau; Telefon 0 36 77/20 23 58 oder 6 21 32

Thüringer-Wald-Express: Ab Haltestelle Waldbahn in Tabarz kann man zwischen Mitte April und Ende Oktober eine Erlebnis-Rundfahrt oder Panorama-Rundfahrt unternehmen.
Auskunft: Lauchagrundstraße 1, 99891 Tabarz; Telefon 03 62 59/57 70

In der Oberhofer *Glasstube kann man beim Blasen der Glaswaren zuschauen.*

Zwergenpark in Trusetal: Auf einer 5000 Quadratmeter großen Fläche sind etwa 700 Gartenzwerge ausgestellt. Mit dem Zwergenexpress gelangt man in einem Tunnel sogar zu unterirdischen Spezien.
Auskunft: Fremdenverkehrsverein Trusetal, Liebensteiner Straße, 98596 Trusetal; Telefon 03 68 40/8 15 78, Fax 03 68 40/8248

Einkaufen

Erste Oberhofer Glasstube: Hier können Sie nicht nur einkaufen, sondern auch bei der Arbeit zusehen.
Öffnungszeiten: Mo–Fr 9.00–18.00 Uhr; Sa, So, Feiertage 10.00–17.00 Uhr Theodor-Neubauer-Straße 17 a, 98559 Oberhof; Telefon 03 68 42/2 10 95

Im Lutherhaus *in Schmalkalden hat Luther 1537 während einer Zusammenkunft des Schmalkaldischen Bundes gewohnt.*

Scholzens Wachsstübchen in Oberhof: Glückwunschkarten, Modeln, Wandschmuck sowie Uhren aus Wachs. In der Schauwerkstatt kann man bei der Herstellung der Handarbeiten zuschauen.
Öffnungszeiten: täglich 10.00–18.00 Uhr Im oberen Hof, Crawinkler Straße 1, 98559 Oberhof; Telefon 03 68 42/2 03 19

Schnitzer-Ecke in Oberhof
Öffnungszeiten: Mo–Sa 9.00–18.00 Uhr; So 10.00–17.00 Uhr Crawinkler Straße 4, 98559 Oberhof; Telefon 03 68 42/2 29 92

Thüringer Steinlädchen in Ruhla: Fossilien, Schmuck, Mineralien und historische Bergbaugeräte; außerdem Mineralienbestimmung, Schleifarbeiten, geführte Exkursionen.
Öffnungszeiten: nach telefonischer Vereinbarung Marienstraße 3, 99842 Ruhla; Telefon 03 69 29/8 09 75

▮ Der kleinste deutsche Flächenstaat wird im Norden und Osten von Rheinland-Pfalz, im Westen und Süden von Luxemburg und Frankreich begrenzt. Vor allem die Kohlengruben und Eisenhütten machten das Land zum Zankapfel zwischen Frankreich und Deutschland. ▮

SAARLAND

Ludwig XIV. *ließ im 17. Jahrhundert Saarlouis als Festungsstadt erbauen. Noch heute ist die lebensfrohe, französische Lebensweise zu spüren. Vor allem auch in Bezug auf die kulinarische Seite.*

Der »Alte Saarkran« *bei der Wilhelm-Heinrich-Brücke in Saarbrücken wurde 1865 abgetragen, aber auf Drängen vieler Saarbrücker Bürger wieder an seiner ursprünglichen Stelle plaziert.*

In der Völklinger Hütte *wurde seit 1873 Roheisen erzeugt. Mit der Übernahme der Anlagen durch die Gebrüder Röchling entwickelte sich die Hütte zu einem der wichtigsten Eisen- und Stahlproduzenten des Deutschen Reiches. Heute ist das Werk ein Museum der industriellen und sozialen Geschichte. Die surrealistische Kulisse der ehemaligen Gasgebläsehalle ist eine besondere Attraktion.*

In den letzten 200 Jahren wechselte das kleine Saarland insgesamt achtmal seine Nationalität. Preußen, Franzosen, Bayern und Pfälzer, alle wollten ein Stück von dem »Schwarzen Kuchen« abhaben. Nachdem das Saarland für kurze Zeit »ins Reich heimkehrte«, wurde es im Jahr 1959 aufgrund einer Volksabstimmung endgültig das elfte Bundesland der Bundesrepublik Deutschland. »Es Saarland is e Gärdsche mit em Schlot drin«, so der Saarbrücker Kabarettist Jürgen Albers. Doch heute hat das Saarland die Farbe gewechselt: Der schwarze Kohlenstaub hat sich gelegt und wird von frischem Grün überwuchert. Viele Kohlengruben wurden stillgelegt und Hochöfen gelöscht. Auf den Halden wächst jetzt junger Wald, und die ehemaligen Schlammweiher wurden zu erholsamen Idyllen rekultiviert. Dennoch, das schwarze Gold der Saar hat die Region seit 1822 geprägt. Damals erprobten die Bergleute links der Saar den Tiefbau, rund zehn Jahre bevor man im Ruhrgebiet so weit war. Doch wer mit dem Saarland nur Bergbau und Industrie verbindet, tut der Region unrecht: Immerhin bedecken Wald, Wiesen und Felder den größten Teil des Landes. Sie sind durchzogen von Kanälen, deren industrielle Bedeutung heute fast verschwunden ist. Der Warndt ist ein solches Waldgebiet. Verwarnt bedeutete: für das gemeine Volk verboten. Mittelalterliche Untertanen hatten also in dem herrschaftlichen Jagdrevier nichts zu suchen. Jagen war für den Landesfürsten Ludwig eine barocke Lustbarkeit, so ließ er sich in Karlsbrunn ein feudales Jagdschloss bauen. Der Holzreichtum des 5000 Hektar großen Waldgebietes wurde seit dem 17. Jahrhundert in den Glas- und Eisenhütten verfeuert. Noch heute werden die unterirdischen Kohlelager dieses Waldgebietes in einem Großbergwerk abgebaut.

Saarland, das ist auch ein Bilderbuch der deutschen Industriegeschichte. Von weitem sichtbar, prägt die bizarre Silhouette von Hochöfen und Schloten das Stadtbild von Völklingen. Jahrzehntelang blies das

Eisenhüttenwerk Ruß und Staub auf die Stadt. Seit 1995 ist die Völklinger Hütte als Kathedrale des Industriezeitalters das erste Industriedenkmal auf der Liste des UNESCO-Weltkulturerbes. Auf der Fahrt von Saarbrücken bis Dillingen beherrschen Fördertürme, Hüttenwerke und Kokereien das Bild der Landschaft.
Anders Saarlouis, das vom Dampf und Rauch der großen Zentralkokerei nur bei bestimmten Winden etwas abbekommt. Die alte Festungsstadt zeugt von der wechselvollen Geschichte des Grenzlandes und verbreitet ein frankophiles Lebensgefühl. Sie hat nicht nur einen französischen Namen – die Stadt hieß kurze Zeit Sarrelibre – sondern sie ist auch bis in die Grundmauern französisch. Kein Geringerer als der Sonnenkönig Ludwig XIV. gründete Saarlouis zum Schutz der im Frieden von Nimwegen 1678 erworbenen lothringischen Gebiete. Die Stadt ließ er nach Plänen seines Festungsbaumeisters Vauban erbauen, und lange Zeit diente die Stadt als Garnisonsstadt.
Im heutigen Saarlouis herrscht eine lockere, beschauliche Atmosphäre. In den historischen Kasematten und in der romantischen Altstadt reiht sich ein Wirtshausschild an das andere. Den Charme dieser Stadt genießt man am besten im Sommer in einem Straßencafé. Dann verschmelzen Vergangenheit und Gegenwart, französisches Flair und Weltoffenheit zu einer eigenwilligen Atmosphäre.

Gewiss hat Frankreich auch seine kulinarischen Spuren im Saarland hinterlassen. Die Küche ist jedoch bodenständig geblieben und die Kartoffel bildet eine ihrer Säulen. »Grumbeeren«, Lauch, Zwiebeln, Ei, Speck, Öl, Salz und Pfeffer – mehr braucht es nicht für einen »Schales« vom Backblech. Bereitet man das Ganze im Topf (»Dibbe«) zu, wobei die Masse durch das Umrühren feiner zerfasert wird, heißt es »Dibbelabbes«. »Kerschdscher« sind roh gebratene Kartoffeln, »Grumbeer-Kieschelscher« dagegen Reibekuchen. Als Sonntagsessen galten »Gefillde«, gefüllte Kartoffelklöße in Specksauce mit Kraut.
Fleisch wie Schweinebauch mit Sauce etwa oder die »Liooner« (Lyoner Fleischwurst) war rar. Die Fleischwurst wurde im 16. Jahrhundert in der Nähe von Leipzig erfunden. Da aber gekochtes Fleisch bekanntlich grau aussieht, kamen pfiffige Metzger aus Lyon auf die Idee, das Brät mit Safran zu färben. So erhielt die Lieblingswurst der Saarländer ihren Namen. Die Kartoffelkost wurde durch Gemüse, am liebsten Hülsenfrüchte, ergänzt. Die »Bibbelschesbohnesupp« bestand vornehmlich aus Schnittbohnen. Heute kommt dieses Gemüse aus der Lisdorfer Au, dem Gemüsegarten der Stadt Saarlouis.
Perl, die einzige Weinbaugemeinde des Saarlandes, liegt unmittelbar an der luxemburgisch-französisch-deutschen Grenze. Genau dort, wo die Mosel die beiden westlichen Nachbarn verlässt und durchs Moseltor hereinströmt. Was hier wächst, ist allerdings ein Mosel- und kein Saarwein. Damit stammt er aus Rheinland-Pfalz, denn die ganze Region wurde zum Weinbaugebiet »Mosel-Saar-Ruwer« zusammengefasst. Der Muschelkalkboden gibt den Moseltor-Weinen Würze, fruchtige Säure und verleiht ihnen Eleganz. Die Rebe der Region ist der Elbling. Aus ihr wird ein kräftiger, aber leichter Wein gekeltert, der auch als Winzersekt ausgebaut wird. Eine andere, eher elegante Weinsorte des Anbaugebiets ist der Auxerrois, ein Burgunderwein, der nach der Stadt Auxerre im Herzen von Burgund benannt wurde. Zu den edelsten Weinen der Obermosel zählt zweifellos der Graue Burgunder. Angesichts der Erntemengen wird an der Saar allerdings der Zapfhahn stärker beansprucht als der Korkenzieher.

Wenn der Winzer vom Weingut Petgen-Dahm *seine Weine kredenzt, muss man viel Zeit mitbringen. Die aufgetischten Spitzenerzeugnisse wie Auslesen, Beerenauslesen und Eisweine werden nicht nur einfach probiert, sie werden zelebriert. Und natürlich weiß der Senior des Weingutes zu jedem Tropfen eine humorvolle Anekdote zu erzählen.*

Im Saargau, *westlich von Merzig, wachsen die meisten Äpfel des Landes. Alte Sorten wie Engelsberger oder Winterrambour werden hier gepflegt. Sie hielten so gut, dass sie in Stroh gepackt in langen Güterwaggons bis nach Ostpreußen, ja bis Russland transportiert werden konnten.*

Michael Bettler, *ein unverfälschter Saarländer, ist Hausherr und Sternekoch der »Villa Fayence« in Wallerfangen.*

Für die Aufnahmen des ersten Ganges des Saarland-Menüs empfängt uns Michael Bettler mit einem Heiligenschein in Form einer Lyonerwurst. So sind die Saarländer! Typisch ist dann auch seine Lyonersuppe, die nicht nur eine Suppe, vielmehr ein Suppengemälde ist, versteckt unter einer Haube aus Blätterteig.

Lyonersuppe mit Blätterteighaube

Für 6 Personen

- *9–12 große blanchierte Wirsingblätter*
- *200 g Kalbfleischbrät*
- *2–3 EL Schlagsahne*
- *200 g Lyonerwurst am Ring*
- *Butter*
- *500 g Tiefkühl-Blätterteig (6 Scheiben)*
- *4 verquirlte Eigelbe*
- *6 TL Sesamsamen*

Suppe

- *1 l klare Rinderbrühe*
- *je 120 g gegarte und leicht gesalzene Würfel von Lauch, Sellerie, Rote Bete, Möhren und Kartoffeln*
- *3 EL gehackte Petersilie*
- *3 EL Schnittlauchröllchen*

1 Die Rippen der Wirsingblätter flachschneiden und die Blätter überlappend zu einem Quadrat von 30 mal 30 Zentimeter auf einem Küchentuch auslegen. Das Kalbfleischbrät im Blitzhacker zu einer feinen Masse verarbeiten und in einer Schüssel mit der Sahne verrühren. Diese Farce mit einem Spritzbeutel mit großer Lochtülle etwa 3 Zentimeter breit auf den ausgelegten Wirsing spritzen.

2 Die Haut der Lyonerwurst entfernen. Die Wurst längs in dicke Scheiben schneiden, dann in 3 Zentimeter breite Scheiben schneiden und auf die Farce legen.

3 Die restliche Farce auf die Wurstscheiben spritzen und glatt streichen, so dass die Wurst bedeckt ist. Jetzt die Wirsingblätter mit Hilfe des Küchentuchs fest aufrollen. Die Roulade halbieren.

4 Nun 2 etwa 25 Zentimeter lange Stücke Alufolie mit Butter einfetten und die Wirsingrouladen darin fest einwickeln. Die Rouladen im Dampfeinsatz des Kochtopfes 20 Minuten garen. Die fertigen Rouladen aus der Folie wickeln und in 18 dünne Scheiben schneiden. Backofen auf 180 °C vorheizen.

5 Für die Suppe die Rinderbrühe, die Gemüse- und Kartoffelwürfel, sowie die Kräuter in 6 Suppentassen verteilen. Jeweils 3 Rouladenscheiben hineingeben.

6 Den Blätterteig nicht zu dünn ausrollen und 6 Kreise ausschneiden, sie sollen um 2 bis 3 Zentimeter größer als der Durchmesser der Suppentassen sein. Die Außenränder der Tassen und eine Seite vom Blätterteigdeckel dünn mit verquirltem Eigelb bepinseln.

7 Die Teigdeckel auf die Tassen legen und die Ränder festdrücken. Die Deckeloberflächen mit dem restlichen Eigelb bepinseln und mit einer Nadel ein Rautenmuster in den Teig ritzen. Die Sesamsamen darüber streuen und alles in der Mitte des Backofens zuerst 2 bis 3 Minuten bei 180 °C backen, dann 10 Minuten bei 150 °C fertig backen.

Zubereitungszeit: 1 Stunde

Löwenzahnsalat mit Kaninchenleber

Für 4 Personen

- *200 g frischer zarter Löwenzahn*
- *2 EL Balsamico-Essig*
- *2 EL Weißweinessig*
- *5 EL Öl*
- *1/2 TL feiner Senf*
- *1/2 EL Zucker*
- *Salz, Pfeffer aus der Mühle*
- *4 Kaninchenlebern*
- *1/4 Bund gehackte Petersilie*
- *1/4 Bund Schnittlauchröllchen*
- *8 Kirschtomaten zum Garnieren*

1 Den Löwenzahn waschen, putzen und die Blättchen trockenschleudern. Den Salat in etwa fingerlange Stücke schneiden.

2 Aus dem Balsamico-Essig, dem Weißweinessig, 4 Esslöffel Öl, dem Senf, dem Zucker, Salz und Pfeffer eine Vinaigrette rühren.

3 Die Kaninchenlebern kalt waschen und trockentupfen. Das restliche Öl in einer Pfanne erhitzen. Die Kaninchenlebern darin bei mittlerer Hitze etwa 5 Minuten rundum braten. Mit Salz und Pfeffer würzen.

4 Den Löwenzahnsalat mit der Vinaigrette vermengen. In der Mitte der Servierteller anrichten. Die gebratenen Kaninchenlebern daneben geben. Mit der Petersilie, den Schnittlauchröllchen und den Kirschtomaten garnieren und servieren.

Zubereitungszeit: 30 Minuten

Eine alte Villa, *verträumt hinter Bäumen inmitten eines herrlichen Parks gelegen, so stellt man sich eine Oase der Gastlichkeit vor: es ist die »Villa Fayence« in Wallerfangen.*

Das Rezept »Löwenzahnsalat mit Kaninchenleber« wurde von Dominique Stenger als Auftakt für das saarländische Menü vorgeschlagen.

Fast wie gemalt: Die Lyonersuppe mit Blätterteighaube von Michael Bettler.

Dominique Stenger *aus Lothringen ist der neue Chefkoch im »Linslerhof« in Überherrn.*

Das Überraschungsgericht von Dominique Stenger, der erst zwei Tage im Linslerhof weilte, war die Roulade vom Entrecôte.

Die spontan kreierte Entrecôte-Roulade ist inzwischen ein Geheimtipp auf dem »Linslerhof«.

Roulade vom Entrecôte

Für 4 Personen

- *600 g Entrecôte, 200 g Putenbrust*
- *Salz, schwarzer Pfeffer aus der Mühle*
- *Thymian*
- *2 EL Schlagsahne*
- *je 1 rote und gelbe Paprikaschote*
- *100 g Schweinenetz*
- *100 g Dörrfleisch in dünnen Scheiben*
- *60 g Butter zum Braten*
- *2 Schalotten, geschält und fein gewürfelt*
- *200 ml Bordeaux-Wein*
- *40 ml Demi Glace, ersatzweise konzentrierter Rinderfond*
- *etwas mit Butter verknetetes Mehl zum Andicken*

1 Entrecôte in Schmetterlingsform schneiden, leicht flach drücken und auf einem Teller im Kühlschrank ruhen lassen.

2 Putenbrust kurz anfrosten. In Stücke schneiden und im Mixer pürieren. Mit Salz, Pfeffer und Thymian würzen, mit Sahne zu einer homogenen Masse verarbeiten.

3 Paprikaschoten putzen, waschen und in Streifen schneiden, blanchieren, in Eiswasser abschrecken und abtropfen lassen.

4 Backofen auf 180 °C vorheizen, Schweinenetz wässern. Entrecôte innen mit Salz und Pfeffer würzen. Farce darauf streichen, dann die Paprikastreifen darauf legen und das Fleisch aufrollen. Jede Roulade in 4 Scheiben Dörrfleisch und zum Schluss in das trockengetupfte Schweinenetz wickeln.

5 Rouladen in etwas Butter anbraten, im Ofen in 15 Minuten fertig garen. Warm stellen. Übrige Butter mit dem Bratsatz erhitzen, Schalotten darin glasig dünsten. Mit Wein ablöschen, Sauce auf die Hälfte reduzieren. Demi Glace und die Mehl-Butter zugeben. Etwas einkochen. Mit Salz und Pfeffer würzen, zu den Rouladen servieren.

Zubereitungszeit: 1 Stunde

Ofenkartoffeln, Möhren und Chicorée

Für 4 Personen

Kartoffeln

- *4 mittelgroße Kartoffeln*
- *4–6 EL Schlagsahne*
- *Salz, weißer Pfeffer aus der Mühle*
- *1 Prise geriebene Muskatnuss*
- *30 g Butter*

Gemüse

- *2 Möhren*
- *4 kleine Chicoréestauden*
- *Salz*
- *1 Prise Zucker*

1 Die Kartoffeln waschen und mit der Schale in wenig Wasser weich kochen, abschrecken und abkühlen lassen. Den Backofen auf 180 °C vorheizen. Die Kartoffeln längs halbieren und mit einem Löffel aushöhlen. Die Kartoffelmasse im Mixer mit der Sahne pürieren. Mit Salz, Pfeffer und Muskatnuss würzen.

2 Das Kartoffelpüree mit einem Spritzbeutel mit großer Sterntülle in die Kartoffelhälften spritzen, auf ein Backblech setzen. Auf jede Kartoffelhälfte ein Stückchen Butter geben und die Hälften in 10 Minuten im Ofen goldgelb backen.

3 Die Möhren schälen und in Scheiben schneiden. Chicorée waschen, längs halbieren, den Strunk entfernen. Jedes Gemüse separat in wenig Salzwasser dünsten. Die Möhren mit etwas Zucker abschmecken. Das Gemüse und die Ofenkartoffeln zu den Rouladen vom Entrecôte servieren.

Zubereitungszeit: 1 Stunde

Gefillte mit Schnittlauchsauce

Für 4 Personen

- *500 g rohe mehlig kochende Kartoffeln*
- *500 g vorwiegend fest kochende Pellkartoffeln*
- *2 Eier, 2 EL Mehl*
- *Salz, Pfeffer aus der Mühle*
- *250 g gemischtes Hackfleisch*
- *1 Prise geriebene Muskatnuss*
- *2 EL gehackte Petersilie*
- *1 Zwiebel, 150 g Butter*
- *4 EL Semmelbrösel*
- *2 EL Schnittlauchröllchen*

1 Rohe Kartoffeln schälen, fein reiben und gut ausdrücken. Den Saft dabei auffangen. Pellkartoffen schälen, ebenfalls fein reiben und mit den rohen Kartoffeln vermengen. Kartoffelsaft abgießen und die abgesetzte Kartoffelstärke zu den Kartoffeln geben.

2 Eier, Mehl und Salz zu den Kartoffeln geben, untermengen und alles eine 1/2 Stunde ruhen lassen. Hackfleisch mit Salz, Pfeffer und Muskatnuss würzen. Petersilie untermengen. Zwiebel schälen, klein würfeln und in 1 Esslöffel Butter anrösten. Hackfleisch dazugeben und anbraten.

3 Reichlich Salzwasser in einem großen Topf zum Kochen bringen. Aus dem Kartoffelteig mit nassen Händen Klöße formen. Diese in der Mitte eindrücken. Jeweils etwas von dem Fleisch hineingeben. Klöße gut verschließen und in das kochende Wasser geben. Hitze reduzieren und die Klöße ziehen lassen. Steigen sie an die Oberfläche, können sie herausgenommen werden.

4 Semmelbrösel in der restlichen Butter anrösten. Schnittlauchröllchen dazugeben und kurz durchziehen lassen. Diese Mischung über die dampfend heißen Klöße verteilen und alles sofort servieren.

Zubereitungszeit: 1 Stunde

Wollten Sie nicht schon immer mal auf einem Gutshof residieren? *Dann sollten Sie den »Linslerhof« bei Überherrn kennen lernen. Altes Holz, Terrakotta, Antiquitäten, gemütliche Ecken und Räume mit Countryflair prägen die Atmosphäre. Brigitte von Boch hat den etwa 900 Jahre alten Gutshof – seit 1860 im Besitz der Familie – zu einer Spitzenadresse auf dem Land gemacht.*

Zur Roulade vom Entrecôte werden Ofenkartoffeln, Möhren und Chicorée gereicht. »Gefillte mit Schnittlauchsauce« ist ein Rezept der bodenständigen Saarländer Küche.

In Tholey steht Sternekoch Josef Hubertus *in seiner »Hotellerie Hubertus« in der Küche.*

Warme Apfelcharlotte mit Brioche

Für 4 Personen

Haselnussmasse

- *1 Eigelb*
- *25 g Zucker*
- *1 Prise Zimtpulver*
- *abgeriebene Schale von 1/2 unbehandelten Zitrone*
- *1 Eiweiß, 15 g Mehl*
- *15 g gemahlene Haselnüsse*

Apfelcharlotte

- *1/4 l Orangensaft*
- *1/8 l Weißwein*
- *in dünne Streifen abgeschnittene Schale von 1/2 unbehandelten Orange*
- *25 g Zucker*
- *1/2 Zimtstange, 1 Gewürznelke*
- *10 ml Aprikosenlikör*
- *12 getrocknete Aprikosen (am Tag zuvor in Wasser eingeweicht)*
- *8 Scheiben Brioche*
- *50 ml Milch*
- *4 EL Butter*
- *3–4 säuerliche Äpfel*
- *1 EL Zimtzucker, 2 cl Calvados*

1 Für die Nussmasse Eigelb, 10 Gramm Zucker, Zimt und Zitronenschale schaumig rühren. Eiweiß mit dem restlichen Zucker steif schlagen und darunterheben. Mehl und Nüsse mischen und unterziehen. Kalt stellen.

2 Aus Orangensaft, Weißwein, Orangenschale, Zucker, Zimt, Nelke und Aprikosenlikör einen Sud kochen. Aprikosen darin 3 Stunden marinieren.

3 Die Brioche in Formgröße rund ausstechen, mit Milch beträufeln. 2 Esslöffel Butter erhitzen und die Briochescheiben darin von beiden Seiten goldgelb backen.

4 Die Äpfel schälen, mit dem Apfelausstecher entkernen, in Scheiben schneiden und in der restlichen Butter dünsten, Zimtzucker und Calvados zugeben, vom Herd nehmen und etwas durchziehen lassen.

Das Dessert für das Saarland-Menü sollte ein Apfelthema sein. Denn auf den guten Geschmack von Äpfeln ist Josef Hubertus schon als kleiner Junge gekommen, als er die Früchte im benachbarten Klostergarten stibitzte.

Die Idee für den krönenden Abschluss des Menüs stammt von Josef Hubertus: Warme Apfelcharlotte mit Brioche und Vanillesauce.

5 Den Backofen auf 200 °C vorheizen. Förmchen mit 1/2 Liter Inhalt dünn mit Butter einfetten. Zuerst 1 Apfelscheibe, dann 1 abgetropfte Aprikose, dann etwas Nussmasse und zuletzt 1 Briochescheibe einschichten. So fortfahren bis alle Zutaten aufgebraucht sind. Die Förmchen mit Alufolie umwickeln. Die Apfelcharlotten etwa 20 Minuten im vorgeheizten Ofen backen.

6 Anschließend etwas ruhen lassen. Auf Servierteller stürzen und mit Vanillesauce und Zimteis anrichten.
Mit Himbeer- und Aprikosensauce dekorativ garnieren.

Zubereitungszeit: 45 Minuten
Marinierzeit: 3 Stunden
Backzeit: 20 Minuten

Wer in Tholey *das Benediktinerkloster mit der Klosterkirche Sankt Mauritius besichtigt, kann sich anschließend in der »Hotellerie Hubertus« verwöhnen lassen.*

VANILLESAUCE

Für 4 Personen
- *1 Vanilleschote*
- *1/4 l Milch*
- *250 g Schlagsahne*
- *6 Eigelbe*
- *100 g Zucker*

1 Vanilleschote aufschlitzen und das Mark herauskratzen. Milch mit Sahne aufkochen.

2 Eigelbe mit Zucker und Vanillemark in einer Schlagschüssel verrühren.

3 Die Milchmischung einrühren und alles auf dem Wasserbad unter Rühren erhitzen, bis die Sauce dickflüssig ist. Vom Wasserbad nehmen und noch warm servieren.

Zubereitungszeit: 20 Minuten

Die Kombination von warmer Apfelcharlotte mit Vanillesauce und Zimteis lädt zu einem echten Dessertfest ein.

ZIMTEIS

Für 4 Personen
- *500 g Schlagsahne*
- *120 g Zucker*
- *1 Prise Salz*
- *7 Zimtstangen*
- *6 Eigelbe*

1 Die Sahne mit Zucker, Salz und den Zimtstangen aufkochen, 3 Minuten leicht kochen lassen. Vom Herd nehmen und zugedeckt 2 Stunden ziehen lassen. Die Sahne durch ein feines Sieb gießen und auf dem Wasserbad langsam erhitzen.

2 Eigelbe verquirlen und in die warme Sahne einrühren. So lange unter Rühren auf dem Wasserbad erhitzen, bis die Masse dickflüssig wird. Auf Eiswasser kaltrühren.

3 Die Eismasse in der Eismaschine gefrieren lassen und zur Apfelcharlotte mit Vanillesauce servieren.

Zubereitungszeit: 20 Minuten
Marinierzeit: 2 Stunden
Gefrierzeit: 1 Stunde

An einen Perserteppich *erinnert die raffinierte Geometrie der Ornamentik des römischen Mosaiks in Perl-Nennig. Die darin eingelassenen Bildmedaillons zeigen Szenen der im ganzen Römischen Reich so beliebten Gladiatorenkämpfe: Speerwerfer gegen Panther, Löwe und Sklave, Mensch gegen Mensch im blutigen Duell.*

Römische Geschichte wird in Perl-Borg und Perl-Nennig lebendig. In Perl-Borg wurde eine römische Villenanlage ausgegraben und rekonstruiert, in Perl-Nennig das faszinierende Mosaik entdeckt.

Im Merziger Kammerforst begegnet man dem »Wolfsmensch« Werner Freund. Der bekannte Wolfsforscher hat große Gehege angelegt, in denen streng getrennt die verschiedenen Rudel – europäische Grauwölfe, schwarze kanadische Waldwölfe, indische und weiße Arktiswölfe – fast wie in der Wildnis leben. Die Tiere scheinen sich wohl zu fühlen unter den hohen Buchen und Eichen.

In Perl-Nennig, nicht weit von Merzig, wird man an ein Motiv aus dem Latein-Schulbuch erinnert. Römische Mosaikleger haben dort Millionen von Steinchen zu einem 160 Quadratmeter großen Bild zusammengefügt, das die Empfangshalle einer noblen Villa schmückte. Das römische Mosaik in Nennig ist der bisher größte Fund dieser Art nördlich der Alpen.

Die »Cloef« (Klippe) erhebt sich bei Orscholz 200 Meter hoch über dem Saartal. Von diesem steil aufragenden Aussichtsfelsen hat man den schönsten Blick auf das waldgesäumte Naturwunder Saarschleife. Auf dem der Cloef gegenüberliegenden Bergrücken, den die Saar umfließt, liegt die Burg Montclair. Im 15. Jahrhundert erbaut, beherrschte sie auf einzigartige Weise die Schifffahrt im Tal. Saarabwärts liegt Mettlach, das als »Perle der Saar« bezeichnet wird. Schon Ende des 7. Jahrhunderts gründete der fränkische Adlige Liutwin hier die Benediktinerabtei Mettlach. Die Grabkirche wurde um die Jahrtausendwende errichtet, nach dem Vorbild der Aachener Pfalzkapelle. Die Abtei entwickelte sich zu einem bedeutenden politischen und kulturellen Zentrum. Noch kurz vor dem Ausbruch der Französischen Revolution baute der Barockbaumeister Christian Kretschmar aus Sachsen einen schlossartigen Neubau für die Abtei. Dann kamen Auflösung, Ausplünderung und Versteigerung der Abtei. 1809 erwarb der Luxemburger Fabrikant und Feinkeramik-Produzent Jean Boch den Komplex und richtete hier eine Keramikmanufaktur ein. Sie wurde später mit dem Unternehmen Villeroy aus Wallerfangen vereinigt. Aus der Fabrik des Jean Boch im alten Abteikomplex ist eine der berühmtesten Porzellanmanufakturen der Welt entstanden. Eine unter Kunstkennern international teuer gehandelte Rarität ist das kunstvoll bemalte Geschirr mit dem Markenzeichen »Nassau-Saarbrücken«. 1764 ließ Fürst Wilhelm Heinrich von Nassau-Saarbrücken in Ottweiler eine Porzellanmanufaktur errichten, die 30 Jahre lang wertvolle Stücke produzierte. Der Heilige Sankt Wendalinus mit dem Hirtenstab grüßt als Brunnenfigur und als Standbild in St. Wendel. Der Heilige Wendelin lebte als Einsiedler und Schafhirt bei St. Wendel. Schon zu Lebzeiten wurde er hochverehrt. Besonders von den Mönchen in Tholey, die ihn zu ihrem Abt wählten. Als Wendalinus im Jahr 617 starb, begrub man ihn im Kloster. Am nächsten Morgen war sein Grab offen, und der Verstorbene lag daneben. Als die Mönche sahen, dass Wendalinus nicht in Tholey ruhen wollte,

Gerne zeigt der Wolfsforscher Werner Freund *dem Besucher, wie er von seinen Wölfen als »Oberwolf« akzeptiert wird.*

legten sie ihn auf einen Ochsenkarren und überließen es dem Toten, die Tiere an den Ort zu lenken, wo er zur letzten Ruhe gebettet sein wollte. An jener Stelle baute man ihm eine Grabstätte, die bald zum Pilgerziel wurde, weil hier viele Wunder geschahen. Die Stadt, die an dieser Stelle entstand, nannte man St. Wendel. So jedenfalls erzählt es die Legende.

Weithin sichtbar ragt der Schaumberg aus der Hügellandschaft. Von seinem Aussichtsturm, heute ein Mahnmal der deutsch-französischen Verständigung, kann man bei klarem Wetter bis zum Hunsrück, dem Pfälzer Wald und den Vogesen blicken. Direkt unterhalb liegt Tholey mit seinem Benediktinerkloster, das wieder von Mönchen bewohnt wird. Auffallend ist die barocke Turmhaube der Klosterkirche Sankt Mauritius; die restliche Kirchenarchitektur ist frühe Gotik. Nur das Chorgestühl und die Orgel haben barocke Formen. Schon im 7. Jahrhundert wurde hier eine Saalkirche für die Klerikergemeinschaft auf römischen Grundmauern errichtet. Kirchenrechtlich war das Kloster Trier unterstellt. Das Tauföl musste beispielsweise jährlich in Trier abgeholt werden, wobei die Kleriker eine genau genannte Summe Geld abzuliefern hatten. 1794 wurde das Kloster aufgehoben. Das Konventsgebäude diente lange Zeit als Klosterschänke. Erst 1949 wurde das Kloster wieder mit klerikalem Leben erfüllt. Fast namensgleich ist der Ortsteil Theley. Hier drehte sich in einem malerischen Wiesental jahrhundertelang das Rad der Johann-Adams-Mühle. Sie hatte die Funktion einer Bann-Herrschaftsmühle, in der jeder Dorfbewohner sein Korn mahlen lassen musste. Unter Strafe war es verboten, eine fremde Mühle aufzusuchen, wie beispielsweise die Imsbacher Mühle, die in unmittelbarer Nähe lag. Zwei Müllerfamilien, die zusammen in der Mühle wohnten, teilten sich den Gebrauch der Mühle. Alle 14 Tage ging der Besitz der Mahlstube in die Hand des anderen Müllers über.

Die Saarländer *bezeichnen sie gerne als »des Landes schönste Stelle«: die Saarschleife bei Mettlach.*

Der Naturpark Saar-Hunsrück ist eine kontrastreiche Natur- und Kulturlandschaft. Ein Höhepunkt in dieser Waldregion ist der gewaltige Hunnenring bei Otzenhausen, den aber nicht die Hunnen, sondern die Kelten Stein für Stein zur Festung aufschichteten. In dieser Gegend fanden die Kelten vor mehr als 2000 Jahren Eisenerz. Sie schmiedeten das gewonnene Eisen zu Werkzeugen und Waffen und schafften so den Übergang von der Bronze- zur Eisenzeit. Im 16. Jahrhundert erlebte die Region eine neue Blüte. Man fand die so genannten Lebacher Eier, ein hochkonzentriertes Eisenerz. Von den Hammerwerken und Schmieden der damaligen Zeit zeugt der Erzgräberweg, der die Arbeitswelt der Eisenverarbeitung eindrucksvoll dokumentiert. So verabschiedet sich das Saarland mit einer fast klassischen Kombination von Erz und grünem Wald.

Sankt Wendalinus, *der Schutzpatron von Bauern, Vieh und Umwelt, ist allgegenwärtig in St. Wendel. Richtig lebendig geht es in der Stadt zu, wenn in der Wendelswoche im Oktober die vielen Gläubigen zu seinem Grab in der Wendalinusbasilika pilgern.*

Zwischen Nonnweiler über Losheim bis nach Beckingen breitet sich der Naturpark Saar-Hunsrück aus, den sich das Saarland und Rheinland-Pfalz teilen. Im saarländischen Teil wurden bisher über 30 Naturschutzgebiete ausgewiesen.

Das Gästehaus *der Firma Villeroy & Boch in Mettlach.*

Informativ ist ein Besuch des Keramikmuseums im Schloss Ziegelberg, dem einstigen Wohnsitz der Familie von Boch.

Porzellanproduktion *bei Villeroy & Boch: Von Hand wird das klassische Dekor – hier das der Serie »Wildrose« – aufgetragen.*

Porzellan – Ausdruck von Lebensstil

Feines Tafelgeschirr ist die Zierde jeder festlichen Tafel und bringt liebevoll zubereitete Gerichte gebührend zur Geltung. Als Mitte des 18. Jahrhunderts Meißen das Monopol auf die Herstellung feinen Porzellans verlor, konnte sich die Fabrikation der immer stärker gefragten Ware auch andernorts ansiedeln, so zum Beispiel im Saarland.

700 n. Chr. kam in China Porzellan in Gebrauch und löste die bis dahin gebräuchlichen Lackgefäße ab. Porzellan wurde das bevorzugte Material für Essgeschirr.

Im 17. Jahrhundert schrieb der kaiserliche Minister Chang Ying: »Als Geschirr ist Porzellan geeignet, man nehme jedoch nur feines und reines. Andererseits wähle man aber auch kein zu gutes, denn es zerbricht leicht und erleidet schnell Schaden. Außerdem ist man beim Essen immer um das gute Geschirr besorgt und findet so keine innere Ruhe. Daher gebrauche ich Geschirr der Mittelklasse.«

Bei diesem Porzellan war die Form der Gefäße so wichtig wie ihr Dekor. Erst in der Ming-Zeit (14. bis 17. Jahrhundert) rückten die Muster ganz in den Vordergrund bei der Porzellanproduktion: ausgefüllte Umrisslinien und florale Motive waren charakteristische Gestaltungsmerkmale dieser Zeit. Um 1300 widmete Marco Polo dem chinesischen Porzellan seine spezielle Aufmerksamkeit. In seinen Reiseberichten ging er auf dessen besondere Qualitäten ausführlich ein. Er fand heraus, dass es härter und zugleich feiner war als alles, was man bis dahin in Europa kannte. In den folgenden Jahrhunderten entwickelte sich dann schließlich eine rege Handelsbeziehung mit China.

Es waren die Portugiesen, die als Pioniere des europäischen Asienhandels das fernöstliche Porzellan nach Europa brachten. Ihnen lag zwar zuerst an indischen Gewürzen, dann fuhren sie jedoch weiter bis China. Die Briten und Holländer zögerten nicht lange, es ihnen gleich zu tun. Ganze Schiffsladungen mit Porzellan wurden als wertvolle Prestigeobjekte für den europäischen Adel exportiert. Es handelte sich dabei um weißes, blau bemaltes Porzellan der Yüan-Zeit. Die dafür verwendete Farbe hieß »Mohammedanerblau« und wurde aus dem vorderen Orient importiert.

Doch auch die europäischen Steingut-Manufakturen versuchten, es den chinesischen Vorbildern gleich zu tun und begannen sich an dem Glanz und der Zartheit des fernöstlichen Produktes zu orientieren. Das war dann auch der Grund für den erstaunlichen Aufstieg der Delfter Werkstätten, deren Blau-Weiß-Dekore durch chinesische Vorbilder inspiriert waren.

Die Dänen und Schweden traten in den Porzellanhandel ein. In Europa entstanden eindrucksvolle Sammlungen chinesischen Porzellans. Gleichzeitig wetteiferte man jedoch, seine Durchsichtigkeit, die Noblesse und die Schlichtheit seines Dekors, den

Glanz der Farben und die kräftigen, unkomplizierten Formen nachzuahmen. Das 18. Jahrhundert wurde zum Jahrhundert des Porzellans.

Vielen ist die Geschichte des Alchemisten J. Fr. Böttger unter dem Sachsenkönig August dem Starken bekannt: Auf der Suche nach einem Verfahren um Gold herzustellen, gelang es Böttger zum ersten Mal, Porzellan zu produzieren. So schön auch die Geschichte erzählt wird, Tatsache ist, dass bis zu jenem Januar 1710 in Meißen den Fayence-Manufakturen das Mittel, den weißen, harten, hell klingenden Stoff zu erzeugen, fehlte. Es war Kaolin, ein feldspatartiger, feuerfester Ton, den die Chinesen kannten. In Meißen stieß man auf Kaolin und so gelang auch schnell die richtige Mischung mit Quarz und den anderen Schmelzelementen. Es entstand eine völlig homogene und verglaste Masse: das Porzellan. Bis in die Mitte des 18. Jahrhunderts hinein behielt Meißen das Monopol des echten oder harten Porzellans.

Andere Manufakturen kamen dem Porzellangeheimnis erst später auf die Spur. Durch ihr Suchen entdeckte man an mehreren Orten eine harte cremeartige Masse, die zwar weniger durchsichtig war als das echte Porzellan, jedoch wesentlich feiner, weißer und härter als das Steingut, das bislang gebräuchlich war. Man nannte diesen Werkstoff, der ohne Kaolin hergestellt wurde, Weichporzellan.

Mit Beginn der Industrialisierung hatte das Kleinbürgertum mehr Geld und suchte etwas Besseres als rustikale Töpferwaren oder einfaches Steingut. Das Porzellan allerdings, echt oder imitiert, war noch zu teuer.

François Boch gründete 1748 eine Töpferei in Frankreich. Daraus entwickelte sich schon bald ein florierendes Unternehmen, das sich 1809 in Mettlach ansiedelte und 1836 mit dem Unternehmen des Niclas Villeroy zusammenschloss. Beide Familien sind noch heute, in der achten Generation, an der Firmenleitung beteiligt. Im Saarland allein sind 3 000 Mitarbeiter damit beschäftigt, Geschirr, Fliesen und Sanitärkeramik herzustellen. Die so typischen Dekore und Formen der Essgeschirre finden sich nicht nur in der Spitzengastronomie, sondern auch in vielen Haushalten im tagtäglichen Einsatz.

Die Geschirrserie »French Garden« *aus Vitro-Porzellan. Das farbige Dekor muntert jede Frühstückstafel auf.*

Eine nachgestellte Tischszene *im Ausstellungszentrum »Keravision« in der Alten Abtei, der Konzernzentrale der Firma Villeroy & Boch in Mettlach.*

Porzellan ist das edelste unter den Geschirrmaterialien. Seine Bezeichnung ist von dem italienischen »Porcella«, das übersetzt »Muschel« bedeutet, abgeleitet. Gutes Porzellan ist weiß, durchscheinend, hat einen melodischen Klang, eine glänzende Glasur und einen unglasierten, rauen Bodenrand.

Saarburg
Otzenhausen
Keltenring
Bostalsee
Nennig
Römerfunde
Orscholz
Mettlach
Perl
Saarschleife
Montclair
Naturpark
Saar
Hunsrück
Schaumberg
569 m
Hotellerie
Hubertus
Tholey
St. Wendel
Merzig
Lebach
Ottweiler
Villa
Fayence
Wallerfangen
Saar
Saarlouis
Neunkirchen
Homburg
St. Ingbert
Völklingen
Linslerhof
Überherrn
Warndt
Saarbrücken
Jagdschloss
Karlsbrunn
Sarreguemines
N
0
8 km
Gourmettipps
Schöne Aussicht
Ausflugstipps aus dem Inhalt

SAARLAND

Hotels und Restaurants

▮ Villa Fayence in Wallerfangen: Siehe Seite 76.

Restaurant So abends und Mo Ruhetag; Bistro So mittags und Mo Ruhetag Hauptstraße 12, 66798 Wallerfangen (4 Kilometer westlich von Saarlouis); Telefon 0 68 31/9 64 10, Fax 0 68 31/6 20 68

▮ Linslerhof bei Überherrn: Siehe Seite 78.

1. bis 7. Januar geschlossen 66802 Überherrn (2 Kilometer östlich); Telefon 0 68 36/80 70, Fax 0 68 36/ 80717

▮ Hotellerie Hubertus in Tholey: Siehe Seite 80.

Metzer Straße 1, 66636 Tholey; Telefon 0 68 53/9 10 30, Fax 0 68 53/3 06 01

▮ Zum Stiefel in Saarbrücken: Die älteste Brauereigaststätte der Stadt besteht seit 1702.

So Ruhetag Am Stiefel 2, 66111 Saarbrücken; Telefon 06 81/9 36 45 16, Fax 06 81/9 36 45 36

Gut essen *kann man auch in der »Hostellerie Bacher« in Neunhofen-Kohlhof.*

▮ Schlossberg Hotel in Homburg: Luxushotel mit ausgezeichnetem Restaurant. Hallenbad, Sauna; Konferenzraum, 76 Zimmer.

Schlossberg-Höhenstraße, 66424 Homburg; Telefon 0 68 41/66 60, Fax 0 68 41/6 20 18

▮ Altes Pfarrhaus Beaumarais in Saarlouis-Beaumarais: Ehemalige Sommerresidenz aus dem Jahr 1762, herrliche Innenhofterrasse; 35 Zimmer.

Öffnungszeiten: Restaurant So, Mo Ruhetag; Brasserie täglich ab 17.00 Uhr geöffnet Hauptstraße 2, 66740 Saarlouis-Beaumarais; Telefon: Hotel 0 68 31/63 83, Brasserie 0 68 31/6 08 48, Restaurant 0 68 31/96 56 71, Fax 0 68 31/6 28 98

▮ Victors Residenzhotel Schloss Berg in Nennig: Das Luxushotel wurde 1990 eröffnet. Angegliedertes Spielkasino. Hier wird jedes Jahr im August die Saarländische Weinkönigin gekrönt; 17 Zimmer.

Schlosshof 7, 66706 Nennig/Mosel; Telefon 0 68 66/7 90, Fax 0 68 66/7 91 00

In »Victors Residenzhotel« *in Nennig wird jährlich die saarländische Weinkönigin gekrönt.*

▮ Hostellerie Bacher in Neunkirchen-Kohlhof: Exzellente Küche und äußerst erlesene Weinkarte; 15 Zimmer.

Öffnungszeiten: So und Mo Ruhetag sowie 3 Wochen im Juli/August geschlossen; Feiertage geöffnet. Für Gesellschaften auch So und Mo geöffnet. Limbacher Straße 2, 66539 Neunkirchen-Kohlhof (5 Kilometer südöstlich von Neunkirchen); Telefon 0 68 21/3 13 14, Fax 0 68 21/3 34 65

▮ Eisel in Ottweiler: Ausgezeichnetes Lokal in einer ehemaligen Mühle.

Öffnungszeiten: So abends, Mo, Di mittags und Sa mittags Ruhetag Mühlstraße 15 a, 66564 Ottweiler; Telefon 0 68 24/75 77, Fax 0 68 24/82 14

Sehenswürdigkeiten

▮ Schloss Dragstuhl in Wadern: Zu besichtigen ist die Schlosskapelle von 1763 mit Rokoko-Ausstattung. Die Innenmalerei mit Szenen aus dem Marienleben stammt von Baronin Octavie de la Salle von Luisenthal (1811–90).

Schloss Dragstuhl *in Wadern beherbergt unterhalb der gleichnamigen Burgruine ein Informatikzentrum.*

▮ Museum Haus Ludwig für Kunstausstellungen in Saarlouis: Kunst der Moderne; im zweiten Stock Exponate der Künstler aus der Umgebung. Begründer dieses Museums war der Kunstsammler Peter Ludwig.

Öffnungszeiten: Di–Fr 10.00–13.00 Uhr, 14.00–17.00 Uhr; Sa und So 14.00–17.00 Uhr Kaiser-Wilhelm-Straße 2, 66740 Saarlouis; Telefon 0 68 31/44 35 74

▮ Altes Schloss in Dillingen

Öffnungszeiten: täglich 10.00–17.00 Uhr 66763 Dillingen; Telefon 0 68 31/7 87 13

▮ Villeroy & Boch in Wadgassen: Hier können Sie bei der Glasherstellung zuschauen, ein Zweiradmuseum besichtigen oder Kurse belegen.

Auskunft: Telefon 0 68 34/4 10 95 Öffnungszeiten: Mo–Fr 9.30–18.00 Uhr 66787 Wadgassen

▮ ALTE VÖLKLINGER HÜTTE in Völklingen: Die Hütte wurde 1986 stillgelegt und das Gelände von der UNESCO zum Weltkulturerbe erklärt.

Auskunft: Telefon 0 68 98/2 77 34
66333 Völklingen

Sehenswert: *Die alte Völklinger Hütte wurde von der UNESCO zum Weltkulturerbe erklärt.*

▮ METTLACH: 1809 begann hier die Fayencerie Villeroy & Boch in der ehemaligen Benediktinerabtei mit der Fabrikation.

Öffnungszeiten: Mo–Fr 9.00–18.00 Uhr;
Sa 10.00 - 13.00 Uhr;
Telefon 0 68 64/8 10 (Besucherorganisation)

▮ IM PARK befindet sich der Alte Turm (etwa 1000 Jahre alt), der als Grabkirche für den Heiligen Liutwinus erbaut wurde. In der Kirche ist das berühmte Kreuzreliquiar aus dem Jahr 1230, das aus einer Trierer Goldschmiedewerkstatt stammt, sehenswert.

▮ MUSEUM FÜR DÖRFLICHE WOHN- UND ALLTAGSKULTUR in Gersheim-Rubenheim.

Öffnungszeiten: jeden 3. Sonntag im Monat von 14.00–16.00 Uhr
Auskunft: Verkehrsamt Gersheim
Telefon 0 68 43/9 00 20
Erfweilerstraße 3,
66453 Gersheim-Rubenheim;
Telefon 0 68 43/9 10 81

▮ KLOSTER GRÄFINTHAL in Mandelbachtal: In der Kapelle der Wallfahrtskirche befindet sich eine Madonna aus dem 15. Jahrhundert. Außergewöhnlich ist das Taubenhaus aus dem Jahr 1766.

Auskunft: Verkehrsbüro,
66399 Mandelbachtal;
Telefon 0 68 93/8 09 75

▮ HOMBURG: Die Burg der Grafen von Homburg wurde 1172 zum ersten Mal erwähnt. König Ludwig XIV. ließ Schloss und Stadt zur Festung ausbauen.

Öffnungszeiten: Januar–Oktober täglich 9.00–17.00 Uhr;
November, Dezember 9.00–16.00 Uhr;
2. Dezember–1. Januarwoche geschlossen
Telefon 06 81/20 64 oder
Auskunft: Verkehrsverein; 66424 Homburg;
Telefon 0 68 41/1 10 11 66-69

Hübsche Wirtshausschilder *laden in den Orten des Saarlandes zum gemütlichen Einkehren ein.*

▮ STADTBUMMEL IN SAARBRÜCKEN: Unternehmen Sie einen Spaziergang durch die Altstadt und betrachten Sie sich Sehenswürdigkeiten, wie das Schloss, das Alte Rathaus, die Ludwigskirche und die ehemaligen Palaisbauten, etwas näher.

Auskunft: Touristeninformation
Am Hauptbahnhof, 66111 Saarbrücken;
Telefon 06 81/3 65 15

▮ BERGWERKSIEDLUNG in Maybach/ Friedrichsthal: Einen Einblick, wie sich das Leben abspielte, geben 24 Beamtendoppelhäuser (1884–1898) in der Barbarastraße und Quierschieder Straße. Interessant ist auch die Grubensiedlung »Von der Heydt« mit Schlafhäusern aus den Jahren 1873–75.

▮ WENDALINUSBASILIKA in St. Wendel: Gotische Hallenkirche aus dem 14./15. Jahrhundert. Von der Nordseite der Basilika beginnt die Straße der Skulpturen – 38 Skulpturen auf einem 25 Kilometer langen Rundwanderweg, der zum Bostalsee führt.

▮ KLOSTER ST. MAURITIUS in Tholey: Die Ursprünge reichen bis ins 6. Jahrhundert zurück.

Öffnungszeiten: Mo–Fr 9.30–11.30 Uhr, 14.30–17.00 Uhr; Sa 9.30–11.30 Uhr;
So 14.30–17.00 Uhr
Auskunft: Telefon 0 68 53/9 10 40

Detlev Schönauer *ist der neue Stern am saarländischen Kabarett-Himmel.*

VERSCHIEDENES

▮ HÜTTENWEG in Neunkirchen: Ein 4,5 Kilometer langer Hüttenweg gibt Einblick in das Leben der Arbeiter und Besitzer der Hütten.

Führungen finden jeden 1. Sonntag im Monat statt (Frau Augustin,
Telefon 0 68 21/5 13 97); Treffpunkt 10.30 Uhr bei der Stummschen Reithalle.
66538 Neunkirchen;
Verkehrsbüro: Telefon 0 68 21/20 21 21

▮ SPAZIERGANG ZUR BURG MONTCLAIR in Mettlach: Der Weg beginnt in Mettlach und ist ausgeschildert. Auf der Burg finden Sie ein kleines Burgmuseum und ein Restaurant.
Öffnungszeiten: April–Ende September täglich 10.00–18.00 Uhr; Oktober–Ende März Mo–Fr 11.00–16.00 Uhr; ganzjährig Sa und So 11.00–17.00 Uhr; 1. November–29. Februar Mo geschlossen

Udo Dittgen und Mario Pecceneda *verkaufen internationale Weine in »La Vinerie« in Saarbrücken.*

▮ ORCHIDEEN in Gersheim: 30 Arten geschützter, äußerst seltener Orchideen.
Führungen von Anfang Mai bis Anfang Juli Auskunft: Kulturamt 66453 Gersheim; Telefon 0 68 43/8 01 42 (Herr Albrecht)

▮ SAARLÄNDISCHER WEINSOMMER: Zwischen April und Oktober können Sie an den Wochenenden bei vielen Winzern Wein verkosten. Außerdem Weinlehrpfad im Perler Hasenberg.
Auskunft: Gemeindeverwaltung 66706 Perl; Telefon 0 68 67/66 28

VERANSTALTUNGEN

▮ STADTFEST WADERNER MAAD in Wadern.
Auskunft: Verein für Heimatkunde Wadern e. V. (Herr Friedrich Ebert), Graf-Anton-Straße 34, 66687 Wadern; Telefon 0 68 71/12 37

▮ MAX-OPHÜLS-FILMFESTIVAL UND PERSPECTIVES in Saarbrücken: Das Filmfestival zeigt meist Ende Januar deutsche Filme; Perspectives widmet sich dem französischen Theater und Chanson und findet im Mai statt.
Auskunft: Fremdenverkehrsamt 66111 Saarbrücken; Telefon 06 81/3 65 15

▮ SCHICHTWECHSEL in Völklingen: Die Kulturtage Schichtwechsel finden im September in der Gasgebläsehalle der Alten Völklinger Hütte statt.
Auskunft: Stadtverwaltung 66333 Völklingen; Telefon 0 68 98/1 30

▮ FLOHMARKT in Homburg: An jedem 1. Samstag im Monat, außer im Dezember, ist Homburg der Treffpunkt für Flohmarkt-Liebhaber.
Auskunft: Verkehrsverein 66424 Homburg Telefon 0 68 41/10 11 66-69

Bei Josef Jacoby *werden Spezialitäten aus ökologischem Obstbau angeboten.*

▮ SAARLÄNDISCHES MOSELWEINFEST in Schloss Berg in Nennig: Großes Weinfest und die Wahl der Weinkönigin am letzten Augustwochenende.

▮ SAARLOUISER WOCHE: Im Juni mit »Emmes« vom 28. Mai bis 6. Juni 1999; Hauptfest 3. bis 5. Juni 1999.
Auskunft: Stadtinformation 66740 Saarlouis; Telefon 0 68 31/44 32 63

▮ ALTSTADTFEST Saarbrücken: Im Sommer, meist Ende Juni, feiern jung und alt mit Musik und kulinarischen Spezialitäten.
Auskunft: Fremdenverkehrsbüro 66111 Saarbrücken; Telefon 06 81/3 65 15

EINKAUFEN

▮ DIPL. ING. JOSEF JACOBY in Tünsdorf: Äpfel aus biologischem Anbau, Apfelessig sowie Apfelschaumwein.
Öffnungszeiten: Mo–Mi 8.00–9.00 Uhr; Fr 13.00–18.00 Uhr und nach Vereinbarung Franz-Altmeyer-Straße 27, 66693 Tünsdorf; Telefon 0 68 68/13 43, Fax 0 68 68/5 75

Spezialitäten der Confiserie Schubert *in Saarbrücken können per Katalog bestellt werden.*

▮ CONFISERIE CAFÉ SCHUBERT in Saarbrücken: Weltweiter Versand von Gebäck, Pralinen und Gourmet-Präsenten.
Öffnungszeiten: Mo–Fr 8.00–19.00 Uhr; Sa 8.00–18.00 Uhr; So 11.00–19.00 Uhr Sulzbachstraße 2, 66111 Saarbrücken; Telefon 06 81/3 55 99; Fax 06 81/3 23 99 und Schwarzenbergstraße 15, 66123 Saarbrücken; Telefon 06 81/3 44 99, Fax 06 81/3 23 99; Versandabteilung: Telefon 06 81/39 91 55, Fax 06 81/3 23 99

▮ LA VINERIE in Saarbrücken: Seit zehn Jahren bieten Udo Dittgen und Mario Peccheneda internationale Weine an .
Öffnungszeiten: Mo–Fr 13.00–18.30 Uhr; Sa 9.00–14.00 Uhr; 1. Sa im Monat 9.00–15. 00 Uhr Talstraße 53, 66119 Saarbrücken; Telefon und Fax 06 81/58 59 00

Das nördlichste deutsche Mittelgebirge liegt nun wieder in der Mitte Deutschlands. Etwa 90 Kilometer lang und bis zu 35 Kilometer breit teilt sich die Region in den westlichen Oberharz, mittendrin den Hochharz mit dem 1142 Meter hohen Brocken und den Unterharz im Osten.

HARZ

Der niedersächsische Fachwerkstil *prägt den Charakter der Harzstädtchen. Ein typisches und beeindruckendes Beispiel ist das Rathaus am Marktplatz von Wernigerode.*

Dom und Schloss Quedlinburg *und die restaurierte Altstadt wurden 1995 in die Liste des Weltkulturerbes aufgenommen.*

Die Bezeichnung Harz hat ihren Ursprung im mittelhochdeutschen »hard« oder »hart«, das schlicht Wald bedeutet.

Vorbei sind die Zeiten, als der Harz am Rande der Bundesrepublik gelegen hat. Doch die Lage als DDR-Grenz- und Sperrgebiet hat dem Naturpark gut getan. So war die Landschaft in 40 Jahren Abgeschiedenheit sich selbst überlassen, ohne einen ökologischen Schaden zu nehmen. Wer sich heute in dem Naturpark Harz bewegt, wird überrascht sein von der ursprünglichen Schönheit dieser Landschaft. Aber nicht nur Naturfreunde, sondern auch Kunst- und Kulturliebhaber kommen auf ihre Kosten. Denn die Straße der Romanik verbindet am nördlichen Rand des Harzes viele kulturhistorische Orte mit Kirchen, Klöstern, Burgen und Schlössern. Nicht zu vergessen ist das Fachwerk aus vielen Jahrhunderten, das den Reiz der Harzstädte ausmacht. Das alles zu erhalten und vor dem Verfall zu retten, hat nach der Wende viele Millionen Mark gekostet. Ein sinnvoller Aufbau Ost, wie ich meine.

Im 11. Jahrhundert diente diese dünn besiedelte Region den sächsischen Ottonen und fränkischen Saliern zur königlichen Jagd. Nach 1520 siedelten Bergleute aus dem Erzgebirge im fast menschenleeren Oberharz, wodurch der Bedarf an Holz extrem zunahm. Besonders das Buchenholz verschwand in den Gruben, um die Stollen abzustützen. Wo Erz verhüttet wurde, benötigte man Holzkohle. So waren auch die Köhler auf den Wald angewiesen, und es wurde schließlich ein hemmungsloser Raubbau betrieben, dem man erst Ende des 18. Jahrhunderts durch gewaltige Aufforstungen begegnete.

Kaum eine andere Region hat so viele Attraktionen aufzuweisen wie der Nordharzrand. Ein geschichtsträchtiges Kulturland mit seinen Pfalzen, Burgen, Schlössern und Residenzstädtchen. Ein Kleinod unter den Harzstädten ist Wernigerode. Die »bunte Stadt am Harz«, wie sie von Hermann Löns genannt wurde, ist ein Muss für den Harzreisenden. Zur Zeit Goethes, der auch durch die malerischen Gassen der ländlichen Kleinstadt schlenderte, dachte niemand daran, hier länger zu verweilen. Das änderte sich erst Ende des 19. Jahrhunderts, als die ersten »Sommerfremden«, zu denen auch Theodor Fontane und Löns gehörten, den Ort für sich entdeckten. Den Besucher zieht es zuerst zum Mittelpunkt der Altstadt, zum berühmten Rathaus am Marktplatz. 1277 wurde es erstmalig als »Spelhus« erwähnt. Es war eine Stätte mittelalterlicher Vergnügungen wie Gauklerspiele, Tänze und Hochzeitsfeiern.
Über der Stadt thront das Schloss Wernigerode. Die ursprüngliche Burg wurde zum Barockschloss umgebaut. Es war die Zeit, in der das Geschlecht der Grafen von Wernigerode ausstarb und die Grafen von Stolberg den Besitz übernahmen. Doch sie blieben lieber auf ihrem Stammsitz in Stolberg wohnen. Im 19. Jahrhundert residierte Graf Otto zu Stolberg-Wernigerode im Schloss über der Stadt. Von Kaiser Wilhelm I. in den Fürstenstand erhoben, brauchte der Adelige, der auch Vizekanzler Bismarcks war, eine standesgemäße Bleibe. So erhielt das Schloss sein heutiges neogotisches Aussehen. Für seinen Gönner Kaiser Wilhelm richtete der Fürst eine feudale Suite auf dem Schloss ein. Dieser aufwändige Lebensstil fand ein jähes Ende, als der Fürst sein Schloss 1929 mangels Finanzen aufgeben musste.

Die Ansichten der Harzstädtchen ähneln sich. Ein paar Kilometer weiter in Blankenburg mit seinen zwei Schlössern oder im 1000-jährigen Quedlinburg dominiert ebenfalls der typische niedersächsische Fachwerkstil, und zwar gleich in 1500-

facher Ausfertigung. Sechs Jahrhunderte hatten die Handwerker dadurch Brot und Arbeit. Entstanden ist eine eindrucksvolle Fachwerkkulisse.
Während zu DDR-Zeiten im nahen Halberstadt wertvolle Altstadtsubstanz der Spitzhacke zum Opfer fiel, überstand Quedlinburg diesen sozialistischen Wahn vergleichsweise gut. Obwohl schon dem Verfall preisgegeben, versuchten die Bürger der Stadt durch Eigeninitiative zu retten, was zu retten war. Mit Erfolg: 1995 wurde Quedlinburg als erste Stadt der ehemaligen DDR in die UNESCO-Liste des Weltkulturerbes aufgenommen.

Zurück zu den Wäldern des Harzes, zum Beispiel in eines der schönsten Täler: das Ilsetal. Ein paar Schritte talaufwärts steht man vor dem steil aufragenden Ilsenstein mit den Resten einer über 1000 Jahre alten Burg. In Goethes »Faust« wird der Ilsenstein schon erwähnt, und Engelbert Humperdinck wählte diesen Ort als Hintergrund für seine Oper »Hänsel und Gretel«. Auch Heinrich Heine erlebte das Ilsetal als märchenhaft: »Es ist unbeschreibbar, mit welcher Fröhlichkeit, Naivität und Anmut die Ilse sich hinunterstürzt über die abenteuerlich gebildeten Felsstücke, die sie in ihrem Lauf findet, so dass das Wasser hier wild emporzischt oder schäumend überläuft, dort aus allerlei Steinspalten, wie aus vollen Gießkannen, in einen Bögen sich ergießt und unten wieder über die kleinen Steine hintrippelt, wie ein munteres Mädchen.«

Ilsenburg lag im Grenzgebiet der DDR. Von dem Bau der Mauer 1961 war das Städtchen besonders betroffen. An der innerdeutschen Grenze bildete man die so genannten 5-Kilometer-Sperrgebiete. Ein Aufenthalt in diesen Orten war nur mit einer Sondergenehmigung erlaubt und als Besucher durften nur Verwandte ersten Grades einreisen, die DDR-Bürger waren. Auf dem Weg von Ilsenburg zum Brocken kann man auf der rechten Seite des Baches Ilse heute noch weiße Ringe an den Bäumen sehen, die das Sperrgebiet markierten.

Das romantische Ilsetal *und den Ilsenstein wählte Humperdinck als Hintergrund für seine Oper »Hänsel und Gretel«.*

Das idyllisch gelegene Hotel »Zu den Rothen Forellen«, *ein Traditionshaus in Ilsenburg, wurde zu Zeiten der DDR als Ferienheim des FDGB mit allem Komfort genutzt. Heute kann wieder jedermann Küche und Hotel genießen.*

Das Ilsetal *mit der herabstürzenden Ilse ist ein ganz besonderes Naturschauspiel.*

Im Landhaus »Zu den Rothen Forellen« *in Ilsenburg steht Chefkoch Dirk Scheithauer am Herd.*

Ilsenburg ist bekannt für gute Forellen, die jedoch nicht aus der Ilse stammen, sondern fangfrisch von der benachbarten Fischzucht angeliefert werden. Der Name »Rothe Forellen« verweist auf das gräfliche Wappen derer von Stolberg und nicht auf die rotbauchigen Forellen, die Chefkoch Dirk Scheithauer aus dem Wasser gezogen hat. Seine Erklärung vor laufender Kamera zu der Färbung der Fische ist denn auch wohl mehr als Anekdote statt als Realität zu werten.

Ilsenburger Forellentorte mit Tomatengelee

Für 8 Personen

Tomatengelee

- *200 ml klare Brühe*
- *200 g geschälte Tomaten*
- *1 EL Tomatenmark*
- *2 frische Tomaten*
- *einige frische Basilikumblätter*
- *1 Thymianzweig*
- *Salz, Pfeffer aus der Mühle*
- *1 Prise Zucker*
- *3 Blatt weiße Gelatine*

Teig

- *125 ml Milch*
- *1 Ei*
- *60 g Mehl*
- *Salz*
- *1 EL fein gehackte Kräuter der Saison*
- *Öl zum Braten*

Forellenfüllung

- *1 Möhre*
- *1/2 Lauchstange*
- *3 Schalotten*
- *300 g geräucherte Forellenfilets*
- *1/2 l Fischfond*
- *4 Blatt weiße Gelatine*
- *200 g steif geschlagene Sahne*
- *3 EL gehackte, geröstete Mandeln*

1 Für das Tomatengelee alle Zutaten bis auf die Gelatine im Mixer grob zerkleinern, in einen Topf geben und langsam zum Kochen bringen. Alles 3 Minuten ziehen lassen, dann in ein Tuch geben und auspressen. Die Flüssigkeit erkalten lassen und 200 Milliliter abmessen. Die Gelatine in kaltem Wasser einweichen, tropfnass in ein Töpfchen geben und bei mittlerer Hitze rasch schmelzen. Die Gelatine in die Tomatenflüssigkeit rühren. So lange kalt stellen, bis das Gelee leicht andickt, aber noch flüssig ist.

2 Die Teigzutaten glatt verrühren. Das Öl in der Pfanne erhitzen und nacheinander je nach Größe 2 bis 4 hauchdünne Crêpes ausbacken, auf einem Teller beiseite stellen.

3 Für die Forellenfüllung das Gemüse waschen, putzen und in kleine Würfel schneiden. Die Schalotten schälen und ebenfalls fein würfeln. Mit den in Stücke geschnittenen Forellenfilets und dem Fischfond in einen Topf geben und 20 Minuten bei schwacher Hitze kochen lassen. Abgießen und die Flüssigkeit dabei auffangen. Fisch und Gemüse durch ein feines Sieb pressen oder mit dem Stabmixer pürieren.

4 Die Gelatine in kaltem Wasser einweichen und in etwas heißem Fond auflösen. Zum restlichen Fond geben und kaltrühren, bis die Flüssigkeit leicht zu stocken beginnt. Dann die geschlagene Sahne unterziehen, mit Salz und Pfeffer würzen.

5 Aus den Crêpes 16 Kreise mit jeweils einem Durchmesser von etwa 8 bis 10 Zentimeter ausstechen. In 8 Portionsförmchen je 1 ausgestochenen Mini-Crêpe legen. Etwas von dem Forellenmus darüberstreichen, einen weiteren Crêpe darauflegen und das restliche Forellenmus bis etwa fingerbreit unterhalb des Randes daraufstreichen. Die Förmchen 30 Minuten zugedeckt kalt stellen.

6 Das Tomatengelee auf die Forellentörtchen verteilen und alles nochmals mindestens 15 Minuten kalt stellen, bis das Tomatengelee schnittfest ist.

7 Die Förmchen kurz in heißes Wasser tauchen und die Masse vorsichtig herauslösen. Auf Tellern anrichten und die Tortenränder mit den gehackten Mandeln bestreuen. Zum Anrichten ein Stück aus jedem Törtchen schneiden und dekorativ vor die Torte setzen. Mit Salat und Kartoffel-Radieschen-Vinaigrette servieren.

Zubereitungszeit: 1 Stunde 40 Minuten

Kartoffel-Radieschen-Vinaigrette

Für 8 Personen
- *300 g Kartoffeln*
- *1/2 Bund Radieschen*
- *1 EL Weißweinessig*
- *2 EL Distelöl*
- *Salz*
- *Pfeffer aus der Mühle*

1 Die Kartoffeln unter kaltem Wasser abbürsten und mit der Schale in wenig Wasser weich kochen. Die Kartoffeln abgießen, abschrecken und abkühlen lassen.

2 Die gekochten und abgekühlten Kartoffeln pellen und in kleine Würfel schneiden. Von den Radieschen das Grün entfernen. Die Radieschen waschen und in Scheibchen schneiden.

3 Die Kartoffelwürfelchen und die Radieschenscheiben in eine Schüssel geben und mit dem Weißweinessig, dem Distelöl, mit Salz sowie Pfeffer abschmecken.

4 Die Kartoffel-Radieschen-Vinaigrette und etwas Salat zu den Forellentörtchen auf den Tellern anrichten.

Zubereitungszeit: 15 Minuten

Kartoffeln, *ein wichtiges Produkt dieser Region, werden von Dirk Scheithauer mit Radieschen zu einer Vinaigrette verarbeitet.*

»Wem es bei uns nicht schmeckt, dem schmeckt es nirgendwo, außer er hat Liebeskummer oder macht gerade eine Diät«, so wurde mir die Qualität der Küche im Hotel-Restaurant »Zu den Rothen Forellen« beschrieben.

Die Forellentorte von Dirk Scheithauer ist eine genussreiche Variante zum Thema Fisch.

Sven-Holder Eick *bürgt für kulinarische Qualität im Romantik Parkhotel »Unter den Linden« in Halberstadt.*

Sven-Holger Eick kämpft mit seiner Küche gegen das Vorurteil, in Sachsen-Anhalt sei kulinarisch nichts zu holen.

Wildschweinrücken mit Schwarzbrotkruste

Für 4–6 Personen

- *80 g eiskalte Butter*
- *150 g altbackenes Schwarzbrot, grob gerieben*
- *1/4 l kräftiger Rotwein*
- *1 Messerspitze gemahlener Zimt*
- *3 Eigelbe*
- *800 g Wildschweinrücken, in Medaillons geschnitten*
- *Salz, schwarzer Pfeffer aus der Mühle*
- *50 g Schweineschmalz*
- *200 ml Wildfond*

1 Die Hälfte der Butter in einer Pfanne erhitzen und die Schwarzbrotkrumen darin rundum anrösten. 200 Milliliter Wein angießen, den Zimt unterrühren und die Pfanne vom Herd nehmen. Die Eigelbe untermischen, bis eine streichfähige Masse entstanden ist. Den Backofen auf 200 °C vorheizen.

2 Die Wildschweinmedaillons mit Salz und Pfeffer würzen. Das Schweineschmalz in einer großen, möglichst gußeisernen Pfanne erhitzen und die Medaillons darin von beiden Seiten je nach Dicke 2 bis 3 Minuten braten. Das Fleisch anschließend auf ein Backblech setzen.

3 Den Bratsatz aus der Pfanne mit dem Wildfond und dem restlichen Wein löschen, auf knapp die Hälfte reduzieren und mit Salz und Pfeffer würzen. Die restliche, eiskalte Butter mit dem Schneebesen einarbeiten, bis die Sauce leicht andickt und cremig wird.

4 Aus der Schwarzbrotmasse etwa 1 Zentimeter dünne Fladen formen und auf die Medaillons legen. Alles im heißen Ofen 5 Minuten überbacken, dann mit der Sauce servieren. Dazu Kartoffelrouladen und Wirsingpralinés reichen.

Zubereitungszeit: 1 Stunde

Aus Wildschweinrücken, Schwarzbrot, Wirsing und Kartoffeln kreiert Sven-Holger Eick ein raffiniertes Gericht.

Kartoffelroulade

Für 4–6 Personen

- *100 g weich gekochte, leicht gesalzene Möhren*
- *100 g Hartweizengrieß*
- *700 g mehlig kochende Kartoffeln, am Vortag gekocht und geschält*
- *100 g Mehl*
- *1 Ei*
- *Salz*
- *geriebene Muskatnuss*
- *50 g Butter*

1 Die Möhren im Mixer mit der Hälfte des Hartweizengrieß zu einer feinen Paste verarbeiten und kalt stellen. Die Kartoffeln stampfen und mit Mehl und Ei verrühren. Mit Salz und Muskatnuss würzen.

2 Zwei gut 30 x 45 Zentimeter große Stücke Klarsichtfolie auf der Arbeitsfläche ausbreiten und mit etwas Grieß bestreuen. Auf jedem Folienstück die Hälfte der Kartoffelmasse auf etwa 25 x 40 Zentimeter ausrollen, damit dabei nichts anhaftet, den Teig mit Grieß bestreuen. Zum Schluss auf jedes Kartoffelrechteck die Hälfte der Möhrenmasse aufstreichen.

3 Die Frischhaltefolie jeweils an den vorderen Ecken fassen und leicht anheben. So den Teig von sich weg zu einer etwa 5 Zentimeter dicken Roulade aufrollen. Die Folie an beiden Enden gut zudrehen oder verknoten und beide Rouladen jeweils in Alufolie wasserdicht einwickeln. Die Rouladen in kochendem Wasser 45 Minuten garen.

4 Die Rouladen aus den Folien wickeln und und bis zum Servieren warm stellen. Dann in 2 Zentimeter dicke Scheiben schneiden. Die Butter in einer Pfanne aufschäumen und die Rouladenscheiben darin von jeder Seite kurz goldgelb anbraten. Zu den überbackenen Wildschweinmedaillons servieren.

Zubereitungszeit: 1 Stunde

Wer durch den Harz *reist, blickt immer wieder in romantische Täler und auf bewaldete Hänge.*

Wirsingpralinés

Für 4–6 Personen

- *1 mittelgroßer Wirsing*
- *Salz, weißer Pfeffer aus der Mühle*
- *40 g Butter*
- *100 ml Fleisch- oder Gemüsebrühe*
- *30 g Tomatenmark*

1 Vom Wirsing 6 der äußeren, schönsten Blätter ablösen und und in leicht gesalzenem Wasser blanchieren. Blattansätze ab-, die Rippen flach- und die Blätter so zurechtschneiden, dass sie einen Durchmesser von etwa 15 Zentimeter haben. Den restlichen Wirsing in sehr feine Streifen schneiden.

2 Die Butter in einem großen Topf zerlassen und die Wirsingstreifen darin andünsten. Alles mit der Brühe ablöschen, mit Salz und Pfeffer würzen und zugedeckt 5 bis 10 Minuten bei mittlerer Hitze garen. Zum Schluss das Tomatenmark unterrühren.

3 Zum Füllen 1 Wirsingblatt in eine Suppenkelle legen, eine Portion der Wirsingmasse hineinfüllen. Überlappende Blattränder überschlagen, so dass die Wirsingmasse gut bedeckt ist, Wirsingpraliné mit der Naht nach unten in einen Topf setzen. Restliche Wirsingblätter genauso füllen und in den Topf setzen. Kurz vor dem Servieren wenig leicht gesalzenes Wasser angießen und die Pralinés nur noch erhitzen. Vorsichtig aus dem Topf heben und anrichten.

Zubereitungszeit: 45 Minuten

Bodenständige Produkte des Harzes wie Kartoffeln und Wirsing bereitet Sven-Holder Eick mit besonderer Raffinesse zu.

Es müssen nicht immer Sterne sein, *die einen Spitzenkoch ausmachen: Das, was Roswitha Schulze im »Gasthaus Kupfer« in Stolberg in ihrer Küche zubereitet, schmeckt so gut wie es aussieht.*

Wir fühlten uns sofort wohl in der Küche von Roswitha Schulze. Es war wie zu Hause bei Muttern und Roswitha begeisterte durch ihre liebevolle Hausfrauenart. Unvergesslich ist ihr reichlich mit Harzer Spezialitäten gedeckter Brotzeittisch und die wunderbare Soljanka.

Ein Dessert muss nicht aufwändig sein. Das beweist das Holunder-Apfel-Kompott mit Schneebällen von Roswitha Schulze.

Holunder-Apfel-Kompott mit Schneebällen

Für 4 Personen

Schneebälle

- *4 frische Eiweiße*
- *120 g Zucker*
- *1 l Milch*

Kompott

- *500 g frische Holunderbeeren*
- *100 g Zucker*
- *1 Gewürznelke*
- *Schale von 1 unbehandelten Zitrone, in dünnen Streifen*
- *2 EL Speisestärke*
- *3 säuerliche Äpfel*

1 Für die Schneebälle die Eiweiße zu steifem Schnee schlagen, dann den Zucker nach und nach unterschlagen. Die Milch in einem breiten Topf zum Sieden bringen. Mit einem Eisportionierer oder einem Esslöffel Kugeln vom Eischnee abstechen und in die Milch geben. 4 Minuten ziehen lassen, dann wenden und weitere 4 Minuten ziehen lassen.

2 Für das Kompott die Holunderbeeren abbrausen und mit der Gabel von den Stielen streifen. Mit 1/2 Liter Wasser, dem Zucker, der Gewürznelke und der Zitronenschale aufkochen. 5 Minuten bei mittlerer Hitze kochen lassen, dann pürieren. Die Speisestärke in 5 Esslöffeln Wasser auflösen und unter die Holundermasse rühren. Aufkochen, bis alles leicht angedickt ist.

3 Äpfel schälen, Kerngehäuse herausschneiden und die Äpfel in Spalten schneiden. Die Apfelspalten in der Holundersuppe in 5 bis 8 Minuten garziehen lassen. Das Dessert warm oder kalt in tiefen Tellern anrichten und mit den Schneebällen garniert servieren.

Zubereitungszeit: 30 Minuten

Variante: Statt mit 500 Gramm frischen Holunderbeeren lässt sich dieses Dessert auch mit 1/2 Liter Holundersaft zubereiten.

Lebkuchenparfait mit Erdbeersalat

Für 4 Personen

Parfait
- *3 Eier*
- *1/2 l Milch*
- *je 100 g Zucker und Honig*
- *1 Vanillestange*
- *150 g Lebkuchen, ohne Guss*
- *50 g Mandeln*
- *500 g Schlagsahne*

Erdbeersalat
- *20 große Erdbeeren*
- *150 g pürierte Erdbeeren*
- *2 EL Orangenlikör*
- *Minze zum Garnieren*

1 Die Eier in eine Schüssel aufschlagen und mit 2 Esslöffeln Milch schaumig schlagen. Die restliche Milch mit dem Zucker, dem Honig, der aufgeschlitzten Vanilleschote in einen Topf geben und aufkochen.

2 Die heiße gewürzte Milch unter ständigem Rühren zur Eiermilch gießen -Vanilleschote herausfischen - und so lange schlagen, bis eine dickliche Creme entsteht. Die Creme beiseite stellen und abkühlen lassen. Anschließend die Creme durch ein feinmaschiges Sieb streichen und im Gefrierfach etwas anfrieren lassen.

3 Inzwischen den Lebkuchen fein zerkrümeln, die Mandeln fein mahlen und die Sahne steif schlagen. Diese Zutaten unter die angefrorene Creme ziehen. Nun die Parfaitmasse in eine lange Form geben und wieder ins Gefrierfach stellen. Etwa 2 bis 3 Stunden tiefkühlen.

4 Für den Erdbeersalat die Beeren waschen, putzen und in Scheiben schneiden. Die Erdbeerscheiben mit dem Erdbeermark und dem Orangenlikör in eine Schüssel geben und miteinander vermischen. Den Beerensalat etwa 2 Stunden durchziehen lassen.

5 Kurz vor dem Servieren das Parfait aus dem Gefrierfach nehmen. Den Erdbeersalat auf die Dessertteller verteilen. Das Parfait aus der Form stürzen und in 8 Scheiben schneiden. Jeweils 2 Parfaitscheiben auf den Erdbeeren anrichten und nach Belieben mit Minze garnieren. Sofort servieren.

Zubereitungszeit: 1 Stunde
Gefrier- und Marinierzeit: 2–3 Stunden

Auf Hexen *trifft man überall im Harz.*

Frische Beeren vom Wald oder Feld bilden einen wichtigen Pfeiler in der regionalen Dessertküche des Harzes. Das Rezept links beweist, wie aus einfachen Produkten und etwas Einfallsreichtum überzeugende Nachspeisen zubereitet werden können.

Produktion von Harzer Käse: *Der geschnittene Käse wird gestapelt.*

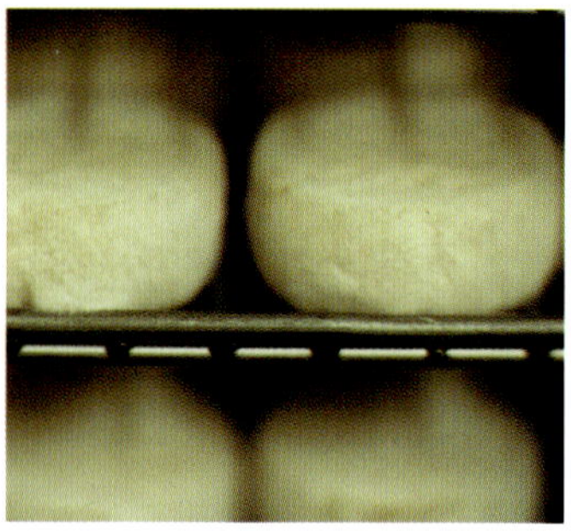

Harzer Käse *bei der Reifung.*

Verpackungsanlage *für Harzer Käse.*

Harzer Käse, Finken und Lerchen

Weit über die Grenzen des Harzes hinaus populär ist der Käse, diese blassgelbe, leicht transparente, äußerst pikant schmeckende Käsespezialität. Weniger Bekanntes, wie etwa »Stiezel«, »Stolberger Lerchen« und »Hackus und Knieste« – eine Brotspezialität – rösch gebratene Würste und ein Kartoffel-Hackfleischgericht sollten Sie unbedingt vor Ort probieren.

Die bodenständige Küche im Harz ist eher deftig und rustikal, denn man aß, was Feld und Wald hergaben. Abwechslung boten Wild und Forellen, die in den Seen noch reichlich vorhanden waren, und heute als regionale Spezialität angeboten werden.
Die berühmteste Speise aus dem höchsten Gebirge im deutschen Norden halten die einen für eine Beleidigung der Nase. Für die anderen ist der aus Buttermilch gewonnene Stinker, gut gereift und auf Schwarzbrot mit Schmalz, Zwiebeln und Senf genossen, eine echte Delikatesse. Im Frühjahr isst man den Harzer Käse oft mit Bärlauch, der hier Ramses heißt.
Lassen Sie sich von anderen kulinarischen Besonderheiten dieser Region nicht irritieren, wie beispielsweise von »Lerchen« und »Finken«. Die »Lerchen« gehen auf den einstigen Wirt namens Knupfer zurück, der das gleichnamige Gasthaus in Stolberg führte und zudem auch das Metzgerhandwerk ausübte. Um in seiner Gaststube den Stolbergern etwas Besonderes zu bieten, kreierte er pikant gewürzte Würstchen aus Rind- und Schweinefleisch. Diese fetten Würste wurden in der Pfanne ausgebraten. Dabei entwich mit einem »Zwitschern« und »Tirillieren« das Fett aus der Wurst. Es klang wie der Gesang einer Lerche. So sind die »Stolberger Lerchen« entstanden, die man am besten mit Sauerkraut oder Grünkohl isst. Bei den »Finken« verhält es sich ähnlich.

Eine mögliche Zubereitung *des Harzer Käses: Harzer Käse in Vinaigrette und Salat.*

In den Harzorten Hohegeiß, Benneckenstein und Thale finden alljährlich zu Pfingsten die berühmten Finkenmanöver statt. Der Fink war für die Bergleute ein wichtiger

Begleiter in der Grube. An seinem Verhalten konnten sie erkennen, wenn sich im Bergwerk die Luft verschlechterte und man die Grube verlassen musste. Der Finkenwettstreit, das so genannte »Finkenschlagen«, wurde zum Volksfest. Die Vögel wetteifern in mit weißen Tüchern verhängten Vogelbauern um die höchste Anzahl der Schläge (Singen der Vögel). Der Fink, der die meisten Schläge darbietet, ist »Finkenkönig«.
Zu diesem Fest gehört auch das »Finkenwurst-Essen«. Grobe Mettwürste, die Finkenwürste, werden dazu dick in Pergament- und Zeitungspapier eingedreht und in die Glut eines offenen Feuers gelegt. Wenn das Papier verglommen ist, sind die Würste gar und werden sofort verzehrt.
Ein sehr altes Gericht aus dem Harz ist die Köhlersuppe. Sie ist die bekannteste, weil früher meistgekochte Suppe der Köhler und Waldarbeiter. Sie wird auch Scheibensuppe oder mundartlich »Schiebensuppe« genannt und war oft die einzige warme Mahlzeit der hart arbeitenden Menschen.
Für die Köhlersuppe wurden Nierenfett und dunkle Brotscheiben in den Kessel gebrockt, mit frischem Quellwasser übergossen und mit Salz, eventuell noch mit Ingwer und Pfeffer oder Kümmel gewürzt. An Sonntagen brachten die Frauen ihren Männern an den Meiler noch Rauchfleisch, Wurst und Eier mit, die ebenfalls in die Suppe gegeben wurden. Im Herbst wurde die Suppe mit Waldbeeren und Waldfrüchten, auch mit Pilzen verfeinert.
Früher war es üblich, dass die Hausfrau den Brotteig selbst wirkte und zum Abbacken die Laibe zum Bäcker des Ortes brachte. Es wurde durchweg dunkles Roggenbrot, mit Sauerteig angesetzt, gebacken. Man bereitete immer mehrere Brote vor, damit höchstens alle 14 Tage gebacken werden musste. Semmeln und Weißbrot galten als Festtagsschmaus, denn helles Weizenmehl wurde nur zu besonderen Anlässen verwendet.
Die »Stiezel« (nicht Striezel!) zählen ebenfalls zu den Spezialitäten des Harzes. Roggenbrotteig wird 1/2 Zentimeter dick ausgerollt, in lange Streifen geschnitten und auf der Herdplatte des Kohlenherdes braun gebacken. Im Südharz werden die aufgeschnittenen Streifen mit Schmalz bestrichen. Im Harzvorland nimmt man dazu Rübensirup oder Pflaumenmus.
Kennen Sie »Hackus und Knieste«? Auch diese beliebte Harzer Spezialität sollten Sie mal versuchen. 12 mittelgroße Kartoffeln werden gewaschen, abgebürstet, trockengetupft und halbiert. Anschließend werden die Kartoffeln mit den Schnittflächen auf ein gut gefettetes Backblech gelegt, mit Salz und Kümmel bestreut und im vorgeheizten Backofen bei 220 °C etwa 40 Minuten gebacken. Inzwischen würzt man 500 Gramm Schweinehack mit Salz, Pfeffer und einer fein geschnittenen Zwiebel. Das Hackfleisch (Hackus) wird mit Gewürzgurken, Bier, Korn und den Kartoffeln, der Knieste, serviert.
Zum Schluss noch eine beliebte Harzer Anekdote, die immer wieder erzählt wird und die sich tagtäglich wiederholen könnte: Ein Gastwirt namens Nante war verständlicherweise darauf bedacht, möglichst viel zu verkaufen und nach Möglichkeit frisch anzubieten. Frisch aufgeschnittener Hausschlachtschinken sah bei ihm immer besonders lecker aus. Er durfte nie alt werden, denn so frisch, rosig und saftig ging er besonders gut weg. Um nun so recht den Appetit der Gäste anzuregen, stellte Nantes Frau in der Küche einen besonders appetitlichen Schinkenteller zusammen. Damit ging der Gastwirt von Tisch zu Tisch, hielt seinen Gästen den Teller unter die Nase und fragte: »Haben Sie Schinkenbrot bestellt?« »Nein, aber es sieht sehr appetitlich aus. Haben Sie für mich auch solche Schinkenbrote?«, war zumeist die Antwort. „»Natürlich, meine Dame, könnt Sie datt«, antwortete Nante stets schmunzelnd. So blieb Nantes Schinken immer frisch, und der Wirt sicherte sich seinen Umsatz.

Für Köhler und Waldarbeiter *war die Köhlersuppe oft die einzige warme Mahlzeit am Tag.*

Kartoffeln *sind die Grundlage für viele regionale Gerichte im Harz, beispielsweise für »Hackus und Knieste«.*

Sehr bekannt ist seit eh und je der »Schierker Feuerstein«, ein Kräuterlikör, der von dem Schierker Apotheker Drube aus einheimischen Gebirgskräutern hergestellt wurde.

Eisenerz, Kupfer und Silber *sind die wenigen Bodenschätze, die der Harz zu bieten hat.*

In mühevoller Handarbeit *wurde in der Fürst-Stolberg-Hütte Eisenerz zu Eisen verhüttet und in kunstvolle Formen gegossen. Mit der Herstellung von Kunstguss erlangte die Hütte internationale Anerkennung.*

Zehn Kilometer lang ist der Weg von Ilsenburg auf den Gipfel des höchsten Berges im Harz. Am eindrucksvollsten ist der Aufstieg über das stufenförmige Gelände zu Fuß – vorbei an romantischen Bächen und bizarren Felsen, zuerst durch lichten Laubwald, dann unter dunklen Bergfichten hinauf zu der Baumgrenze, wo die Torfmoore mit dem hell leuchtenden Wollgras warten. Zwischen verkrüppelten Bäumen hindurch geht es zur Gipfelkuppe, mit Brockenanemonen und Habichtskraut als stillen Wegbegleitern. An sonnigen Sommertagen trifft man hier auf viele Touristen. Scharen von Jung und Alt bevölkern den Gipfel und stehen am Imbiss Schlange. Kein Wunder, denn die meisten Besucher kommen mit der Brockenbahn herauf, die im Stundentakt ihre Waggons leert.

Es gab Zeiten, da mieden die Einheimischen den Brocken wie der Teufel das Weihwasser. Denn der Berg, häufig von Nebel und Wolken umhüllt, gab genügend Anlass zum Aberglauben. Der Brocken, im Volksmund auch »Blocksberg« genannt, ist uns dank Goethes Faust bestens bekannt. Besonders die Walpurgisnacht, die Nacht vom 30. April auf den 1. Mai. Davon können die Harzer ein Lied singen! Tauchen wir ein in das mystische Treiben. Es beginnt eine Stunde vor Mitternacht: Ein Rauschen geht durch die Bäume, ein Brausen durch das Tal; es heult über die Berggipfel, pfeift gellend um die Klippen, peitscht über die Wipfel – eine unheimliche Musik. Dabei dampft und brodelt es in den Tälern, legt sich bleischwer in die Klüfte, wogt empor und frisst als gespenstisches Wolkengewoge weit und breit das Meer der Sterne. Das wilde Volk ist unterwegs, denn keiner will den Tanz auf dem Blocksberg versäumen. Sie reiten rücklings auf Besen und Heugabeln oder was sie sonst noch gefunden haben. In der großen Hexenversammlung hält der Teufel von der Teufelskanzel herab eine Rede. Man sieht hier junge Hexen nackt und wild, dort alte, die sich klug verhüllen. Dann folgt der Höhepunkt des Treffens: der Hexentanz. Im wilden Taumel dreht sich alles zu schauriger Katzenmusik. In tollem Wirbel reißt der Höllenfürst jede Hexe herum, bis sie erschöpft zusammensinkt. Ein gellender Pfiff durchdringt das Getöse, das ist das Zeichen zum Kehraus. Die Hexen ergreifen ihre Reisigbesen und in jagender Hast fegen sie den Schnee von der Brockenkuppe; denn beim ersten Sonnenstrahl muss die Arbeit beendet und der ganze Spuk verschwunden sein, dann blinkt und klingt ein neuer Glanz und Ton durch die verjüngte und verschönte Welt der Harzberge und über die Täler schwebt es frohlockend: Der Mai ist gekommen!

1530 gründete Graf Botho zu Stolberg-Wernigerode *die heutige Fürst-Stolberg-Hütte in Ilsenburg.*

Im Südharz, eingebettet in eine Bilderbuchlandschaft, umgeben von Buchen- und Mischwäldern, liegt das malerische Städtchen Stolberg. Die

Auf dem Brocken stehend genießt man den Ausblick *auf ein fast 2100 Quadratkilometer großes, wildromantisches Naturgebiet, von dem schon die Intellektuellen früherer Zeiten, allen voran Heine, Goethe, Eichendorff und Fontane, bezaubert waren.*

Jedes Jahr am 30. April, *eine Stunde vor Mitternacht, beginnt auf dem Brocken die Walpurgisnacht: Die Hexen ergreifen ihre Besen und fegen den Schnee mit Getöse vom Brocken, damit der Frühling Einzug halten kann.*

»Perle des Südharzes«, so der Slogan des Fremdenverkehrs, wurde 1995 zur historischen Europastadt gekürt. Dieser Titel brachte Fördermittel in die Stadtkasse, die in die Stadtverschönerung investiert wurden. Zuwendungen für den Erhalt der Stadt flossen auch, dank eines historischen Umstands, zu DDR-Zeiten. 1490 erblickte in Stolberg der Bauernführer Thomas Müntzer das Licht der Welt. Der Theologe legte sich mit Martin Luther an, der 1525 von der Kanzel der Martinskirche in Stolberg gegen Thomas Müntzer und die »aufrührerischen Rotten der Bauern« wetterte. War Luther eher den Fürsten als den Bauern verpflichtet, wählte Müntzer den anderen Weg. Er kämpfte mit den Unterdrückten gegen die geistlichen und weltlichen Gewalten. Das war Revolution. Er wiegelte die Bürger und Bauern auf, einige Tage nach Luthers Predigt, die Burg Stolberg zu erstürmen, um Graf Botho dazu zu bewegen 24 Artikel anzuerkennen, die die alten Freiheiten wieder einsetzten: freier Bergbau für jedermann, keine Herrendienste mehr, Holz zu angemessenen Preisen, Jagd und Fischfang sollten für alle frei sein. So lauteten einige der sicher berechtigten Forderungen. Dies war im Mai 1525. Graf Botho floh nach der Unterzeichnung dieser Artikel auf die Burg Wernigerode und kehrte erst zurück, nachdem die lokalen Aufstände niedergeschlagen und das Bauernheer bei Frankenhausen vernichtet waren. Bei dieser Schlacht wurde auch Thomas Müntzer gefangen genommen und am 27. Mai des gleichen Jahres hingerichtet. Durch diese frühbürgerliche Revolution bekam Stolberg auch den Beinamen «Thomas-Müntzer-Stadt«. Ein Umstand, der das Geld zu DDR-Zeiten fließen ließ. Wer durch das Städtchen schlendert, wird durch das Denkmal am Marktplatz an Thomas Müntzer erinnert. Zeit sollte man sich auch für die Besichtigung des Rathauses nehmen. Es stellt ein Kuriosum dar, denn es hat im Innern keine Treppen. Der Zugang zu den Stockwerken ist allein über eine breite steile Außentreppe möglich.

Für die SED *war Thomas Müntzer ein Held des Volkes, der eine Gesellschaft anstrebte, in der Gleichheit und Gütergemeinschaft herrschen sollte.*

Goslar
Grane-Stausee
N
Oker
Ecker
Bad Harzburg
Ilsenburg
Zu den Rothen Forellen
Unter den Linden
Halberstadt
Wernigerode
Oker-Stausee
Ecker-Stausee
Ilsetal
Ilsenstein
Clausthal-Zellerfeld
Altenau
Brocken
1142 m
Ilse
Brockenbahn
Elbingerode
Blankenburg
Quedlinburg
Thale
Söse
Söse-Stausee
Osterode
St. Andreasberg
Oder
Braunlage
Kalte Bode
Rappbode-Stausee
Bode
Gernrode
Hasselfeld
Herzberg
Oder-Stausee
Bad Lauterberg
Harzgerode
Oder
Bad Sachsa
Ellrich
Iffeld
Kupfer
Auerberg
580 m
Stolberg
Nordhausen
0
4 km
241
498
4
6
81
79
242
27
243
185
Gourmettipps
Schöne Aussicht
Ausflugstipps aus dem Inhalt

HARZ

Hotels und Restaurants

Landhaus Zu den Rothen Forellen in Ilsenburg: Siehe Seite 94; 52 Zimmer.
Marktplatz 2, 38871 Ilsenburg; Telefon 03 94 52/93 93, Fax 03 94 52/93 99

Romantik Parkhotel Unter den Linden in Halberstadt: Siehe Seite 96; Tagungsräume, 45 Zimmer.
Klamrothstraße 2, 38820 Halberstadt; Telefon 0 39 41/60 00 77, Fax 0 39 41/60 00 78

Das Romantik Parkhotel *»Unter den Linden« in Halberstadt.*

Gasthaus Kupfer in Stolberg: Siehe Seite 98.
Am Markt 23, 06547 Stolberg; Telefon 03 46 54/10 22 5, Fax 03 46 54/1 02 24

Das Brusttuch in Goslar: Schönstes Bürgerhaus der Stadt mit hervorragender Küche.
Hoher Weg 1, 38640 Goslar; Telefon 0 53 21/3 46 00, Fax 0 53 21/34 60 99

Pupasch in Goslar: Altstadtkneipe in historischen Räumen.
Öffnungszeiten: täglich 10.30–2.00 Uhr
Schilderstraße 6, 38640 Goslar; Telefon 0 53 21/2 96 69

Jagdschloss Windenhütte in Altenbrak: Das Restaurant in der Waldvilla bietet viele Spezialitäten; 10 Zimmer.
Schlossweg, 38889 Altenbrak; Telefon 03 94 56/2 33-4, Fax 03 94 56/2 85

Brauhaus Lüdde in Quedlinburg: Biere aus eigener Brauerei.
Täglich ab 11.00 Uhr geöffnet
Blasiistraße 14, 06484 Quedlinburg; Telefon 0 39 46/70 52 06

Schlosskrug am Dom in Quedlinburg: Fachwerkhaus mit Biergarten.
Öffnungszeiten: 11.00–22.00 Uhr; Mo Ruhetag
Auf dem Burgberg, 06484 Quedlinburg; Telefon 0 39 46/28 38

Harzburger Hof in Bad Harzburg: Kurhotel mit Spielbank, Tanztee am Freitag sowie Bier- und Weinstube; 114 Zimmer.
Kurhausstraße 23, 38667 Bad Harzburg; Telefon 0 53 22/78 20, Fax 0 53 22/78 22 46

Genießen in schönstem Fachwerk *in Stolberg im Gasthaus »Kupfer«.*

Kaffeehaus Winuwuk in Bad Harzburg: Von Worpsweder Künstlern erbaut; großartige Auswahl an Torten sowie Kuchen; Kunstausstellungen im Haus »Sonnenhof«.
Öffnungszeiten: täglich 11.30–18.00 Uhr; Mo Ruhetag
Waldstraße 9, 38667 Bad Harzburg; Telefon 0 53 22/14 59

Museums-Gaststätte in Clausthal-Zellerfeld: Zahlreiche Wildspezialitäten und gutbürgerliche Küche.
Öffnungszeiten: täglich 9.30–22.00 Uhr, außer Mi
Bornhardtstraße 14, 38678 Clausthal-Zellerfeld; Telefon 0 53 23/8 22 61

Dombrowsky Baude in Bad Lauterberg: Eine der schönsten Harz-Bauden, am Wiesenbeker Teich auf 350 Meter Höhe gelegen.
Öffnungszeiten: täglich 10.00–20.00 Uhr
37434 Bad Lauterberg; Telefon 0 55 24/25 10

Romantik-Hotel zur Tanne in Braunlage: Harzer Regionalküche.
Herzog-Wilhelm-Straße 8, 38700 Braunlage; Telefon 0 55 20/9 31 20

Ein Haus zum Wohlfühlen *mit Tradition: Romantik-Hotel »Zur Tanne« in Braunlage.*

Sehenswürdigkeiten

Kloster Walkenried bei Bad Sachsa: 4 Kilometer in Richtung Ellrich steht die Ruine einer Zisterzienserabtei aus dem Jahr 1127. Walkenrieder Kreuzgang- und Lichthofkonzerte; aber auch viele andere Veranstaltungen.
Kloster: Steinweg, 37445 Walkenried; Telefon 0 55 25/13 54
Konzertprogramme und Kartenvorverkauf: Kurbetriebsgesellschaft Im Südharz mbH Pfarrplatz 1, 37445 Walkenried; Telefon 0 55 25/3 57

Museum Altes Bürgerhaus in Stolberg: Ältestes Wohnhaus dort.
Auskunft: Touristeninformation
Öffnungszeiten: Di–Fr 8.30–12.30 Uhr, 13.00–16.00 Uhr; Sa 9.00–12.30 Uhr, 13.00–17.00 Uhr; So 10.00–12.00 Uhr, 13.00–17.00 Uhr
Rittergasse 14, 06547 Stolberg; Telefon 03 46 54/4 54

▮ GOSLAR: Historische Altstadt mit Marktplatz, Kämmerei mit Glocken- und Figurenspiel, Marktbrunnen, Marktkirche »St. Cosmas und Damian«.

Führungen »Tausend Schritte durch die Altstadt« und »Goslar zur Dämmerstunde«; Mai–Oktober Fr 20.00–22.00 Uhr
Auskunft: Touristeninformation Markt 7, 38640 Goslar; Telefon 0 53 21/7 80 60

Kreuzgang *im Zisterzienserkloster Michaelstein bei Blankenburg.*

▮ KLOSTER MICHAELSTEIN bei Blankenburg: Ehemaliges Zisterzienserkloster aus dem 12./13. Jahrhundert; Konzerte im Refektorium; eigenes Gästehaus; Musikinstrumentemuseum, Café.

Öffnungszeiten: im Sommer Mi–Sa 14.00–18.00 Uhr; So 10.00–18.00 Uhr; im Winter bis 17.00 Uhr
38889 Blankenburg; Telefon 0 39 44/9 03 00

▮ HARZFALKENHOF bei Bad Sachsa: Von Mai bis Oktober können Sie hier Eulen, Edelfalken und andere Greifvögel sehen.

Öffnungszeiten: täglich 10.00–17.00 Uhr; im Winter nach Voranmeldung; im Sommer Flugvorführungen um 11.00 Uhr und 15.00 Uhr.
Katzenstein bei 37441 Bad Sachsa; Telefon 0 55 23/32 91

▮ PORZELLANMANUFAKTUR in Wernigerode: Kleinste Manufaktur Europas.

Öffnungszeiten: Mo–Sa 10.00–18.00 Uhr
Mittelstraße 6, 38855 Wernigerode; Telefon 0 39 43/63 29 91

▮ SCHAUBERGWERK BÜCHENBERG in Elbingerode: 50 Meter unter der Erde können Sie sich über die Eisenerzgewinnung informieren und sogar trauen lassen.

Öffnungszeiten: täglich 10.00–16.00 Uhr; Führungen zu jeder vollen Stunde
Schaubergwerk Büchenberg (10 Kilometer südlich von Wernigerode) 38875 Elbingerode; Telefon 0 39 45/4 22 00

▮ BAUMANNS- und HERMANNSHÖHLE in Rübeland: Die Baumannshöhle soll die schönste Tropfsteinhöhle in Deutschland sein. In der Hermannshöhle gilt die beeindruckende Kristallkammer als Höhepunkt.

Baumannshöhle; Blankenburg Straße 36, Rübeland (14 Kilometer südöstlich von Wernigerode); Telefon 03 94 54/4 92 08;
Hermannshöhle; Hasselfelder Straße 2, Rübeland; Telefon 03 94 54/4 91 10
Öffnungszeiten: März–Oktober 9.00–16.15 Uhr; November–Februar 9.00–15.30 Uhr; im Winter ist immer nur eine der beiden Höhlen geöffnet.

Fratzen *an der Außenfassade der Bergapotheke in Clausthal-Zellerfeld.*

▮ BERGAPOTHEKE in Clausthal-Zellerfeld: Älteste Apotheke des Oberharzes mit eindrucksvoller Ausstattung; geschnitzte Fratzen; außergewöhnliche Deckenmalerei im Hausflur.

Bornhardtstraße 12, 38678 Clausthal-Zellerfeld

▮ WELFENSCHLOSS in Herzberg: Das Schloss stammt aus dem 11. Jahrhundert. Versäumen Sie es nicht, den Uhrturm im Innenhof zu besichtigen. Das Forst- und Zinnfigurenmuseum ist sehr lohnenswert.

Öffnungszeiten: April–Oktober Di–Fr 10.45–13.00 Uhr, 14.00–17.00 Uhr; Sa, So 9.15–13.00 Uhr, 14.00–17.00 Uhr; November–März Di–Fr 11.00–13.00 Uhr, 14.00–16.00 Uhr; Sa, So 11.00–13.00 Uhr, 14.00–17.00 Uhr
37412 Herzberg (11 Kilometer westlich von Bad Lauterberg); Telefon 0 55 21/47 99

Wer nicht laufen mag, *kann mit der Brockenbahn auf den höchsten Berg des Harzes fahren.*

▮ MIT DER SCHMALSPURBAHN durch den Harz: Seit 1897 führt die Schmalspurbahn von Wernigerode über 60 Kilometer nach Nordhausen. Für diese Strecke benötigen Sie drei Stunden, denn die Durchschnittsgeschwindigkeit beträgt lediglich 23 km/h.
Umsteigemöglichkeiten: Brockenbahn und Selketalbahn.

Auskunft: Bahnhof Nordhausen Nord Bahnhofsplatz 3a, 99734 Nordhausen; Telefon 0 36 31/62 91 51

VERANSTALTUNGEN

▮ FINKENWETTSTREIT in Benneckenstein und Thale: Dieses traditionelle Volksfest fand erstmals im Mai 1868 statt; in Thale am Pfingstsonntag und in Benneckenstein am Pfingstmontag.

Walpurgisnacht: Auf dem Brocken tanzen in der Nacht zum 1. Mai auf dem Hexentanzplatz die Hexen, ebenso in anderen Orten, wie Thale, Bad Harzburg, Schulenberg und Wildemann.
Auskunft: bei den jeweiligen Fremdenverkehrsbüros

Wer in der Nacht zum 1. Mai *im Harz verweilt, kommt an Hexen nicht vorbei.*

Wecken der Weihnachtsmänner in Altenbrak und Tresenburg: Seit 1867 wecken am ersten Weihnachtstag um 6.00 Uhr die Weihnachtsmänner die Einwohner dieser Orte mit Peitschenknallen und klingenden Glocken.

Verschiedenes

Teufelsmauer in Blankenburg: Seit 1852 ist dieses Gebiet als Naturschutzgebiet ausgewiesen. Der Spazierweg vom Kleinen Schloss in Blankenburg über den Schnappelberg zur Teufelsmauer ist vier Kilometer lang.

Rutschbahn für Minirollschlitten in St. Andreasberg: 550 Meter lange Rutschbahn; ein Spaß für Jung und Alt.
Öffnungszeiten: im Sommer an trockenen Tagen 10.00–17.30 Uhr

Märchenwald Bad Harzburg
Öffnungszeiten: täglich 10.00–18.00 Uhr
Nordhäuser Straße 1a, 38667 Bad Harzburg;
Telefon 0 53 22/35 90

Das Oberharzer Wanderding: Fünf Oberharzer Orte (Altenau, Clausthal-Zellerfeld, Buntenbock, Schulenberg und Wildemann) haben für Wanderlustige Sechs- und Zwölftagestouren ausgearbeitet. Um Gepäck, Übernachtungen sowie Verpflegung kümmern sich jeweils die Organisatoren.
Auskunft: bei den jeweiligen Fremdenverkehrsbüros

Wanderung zum Josephkreuz in Stolberg: Folgen Sie der Markierung von der Liebfrauenkirche zum großen Auerberg, dann geht es von der Schutzhütte zum Gipfel auf 580 Meter Höhe. Der Blick ist einmalig: Vom Brocken über das Kyffhäusergebirge kann man sogar bis zu den Türmen von Magdeburg sehen. In der Gaststätte »Josephshöhe« können Sie sich von den Strapazen der Wanderung erholen.

Nationalpark Harz: Botanische Exkursionen, Vogelstimmenexkursionen, Wanderungen, Vorträge.
Auskunft: Nationalparkverwaltung Hochharz
Lindenallee 35, 38855 Wernigerode;
Telefon 0 39 43/5 50 20

Schöne Vasen *gibt es in der Töpferei Schellbach in Blankenburg zu erwerben.*

Einkaufen

Glasmanufaktur Harzkristall in Derenburg (bei Wernigerode): Die Glashütte arbeitet mit der Kunsthochschule in Halle zusammen und hat eine reiche Auswahl anzubieten.
Wer möchte, kann das Glasblasen auch selbst probieren.
Öffnungszeiten: Führungen Mo–Sa 8.00–15.30 Uhr;
Glasmarkt Mo–So 8.00–18.00 Uhr
Im freien Felde 5, 38895 Derenburg;
Telefon 03 94 53/2 25

In der staatlichen Glasmanufaktur Harzkristall *kann man mundgeblasene Gefäße im Glasmarkt erwerben.*

Glashütte im Kunsthandwerkerhof in Clausthal-Zellerfeld: Es gibt Glasbilder, Glasgravuren und Gläser in allen Variationen.
Öffnungszeiten: Mo–Fr 9.30–13.00 Uhr, 14.00–18.00 Uhr; Sa 9.30–14.00 Uhr; So 11.00–17.00 Uhr
Bornhardtstraße 11, 38678 Clausthal-Zellerfeld;
Telefon 0 53 23/8 36 38

Töpferei Uwe Schellbach in Blankenburg: Berühmt sind seine Vasen mit den klaren, schlichten Formen und den einmaligen Mustern.
Öffnungszeiten: Mo–Fr 10.00–18.00 Uhr
Harzstraße 5 a, 38889 Blankenburg;
Telefon 0 39 44/28 09

»Mosel, Nahe, Saar und Rhein schließen rings den Hunsrück ein.« Dieser aus der Schule bekannte Stabreim bezeichnet die genaue Lage des Hunsrück. Geologisch gesehen gehört er zum rheinischen Schiefergebirge und besteht aus dem Hochwald, dem Idarwald und dem Soonwald.

HUNSRÜCK

Zwischen dem 15. und 17. Jahrhundert *erlebte der Hunsrück seine Glanzzeit. Entscheidend dazu beigetragen hat der Reichsritter Franz von Sickingen.*

Die Ravengiersburg *wird auch als »Hunsrückdom« bezeichnet und ist zwischen Simmern, Kirchberg und Gemünden gelegen. Die Stiftskirche der Augustiner-Chorherren stammt aus dem 12. und 13. Jahrhundert.*

Der Hunsrück war ein Gebiet von Burgen. *Allein im 14. Jahrhundert sicherte sich der Erzbischof von Trier seinen Machtbereich durch 100 Burgen, die an den Heer- und Handelsstraßen errichtet wurden. Im Bild die Ruine Schmidtburg.*

Mit dem Erbeskopf, der höchsten Erhebung mit 818 Meter, überragt der Hunsrück die benachbarte Eifel. Am Erbeskopf hat eine Messstation bestätigt, dass es hier »die reinste Luft Deutschlands« gibt. Damit ist die Hunsrücker Luft vergleichbar mit der auf den nordfriesischen Inseln, im bayerischen Wald und in Teilen der Alpen. Das liegt auch an dem besonderen Reizklima, das durch die nahen Flusstäler und die dichte Bewaldung beeinflusst ist. Wald – soweit das Auge reicht. In seinem heutigen Ausmaß ist er erst hundert Jahre alt, von den Preußen akkurat aufgeforstet, halb mit Fichte, der Rest mit Laubwald. Dazwischen liegen gewölbte Matten und Felder mit den eingestreuten schiefergrauen Dörfern, die tagsüber oft wie ausgestorben wirken. Diese alte Landschaft erscheint verschlossen und will behutsam erlebt sein. Je mehr Zeit Sie sich für den Hunsrück nehmen, desto mehr erkennen Sie in den herben Reizen der Natur die Zeichen der Vergangenheit. Was zunächst beeindruckt ist die Weite, die den Blick über Täler und Hügel bis in die Eifel reichen lässt. Wer heute im Ehrbach- oder Bayachtal bei den raunenden Ruinen über die Vergangenheit sinniert, findet Ruhe und Stille. »Wäre es möglich, in dieser friedfertigen, gediegenen Landschaft seine Seele wiederzufinden?«, so richtet der Dichter Stefan George die Frage an den Hunsrück. Man kann, denn der Hunsrück gehört einem oft ganz allein.

Richtig besiedelt wurde der Hunsrück im 1. Jahrhundert vor Christus durch die keltischen Treverer. Auf mancher Waldlichtung stößt man auf ihre Fliehburgen und Gräber. Die Treverer wichen vor den anstürmenden Alemannen nach Westen in das heutige Frankreich aus. Inzwischen hatten die römischen Legionen den Rhein erreicht und begannen mit dem Ausbau des Hinterlandes. Sie errichteten eine Querverbindung von Bingen nach Trier; der Streckenführung folgt heute die Hunsrück-Höhenstrasse. Durch die Völkerwanderungen im 4. und 5. Jahrhundert drangen christianisierte Franken in den Hunsrück. Sie rodeten den Wald und gründeten Siedlungen. Aus diesen fränkischen Lehen entstanden die Burgen und die deutschen Adelsgeschlechter der Wild-, Rau- und Rheingrafen.

Der Hunsrück war auch Missionsgebiet. Zahlreiche Abteien und Kirchen zeugen davon. Rund 150 Burgen standen im Hunsrück, teils als Schutzburg, teils als Verwaltungssitz. Viele waren Trutzburgen, die der Reichsfürst Balduin von Luxemburg und Erzbischof von Trier erbauen ließ, um seine Macht gegenüber den konkurrierenden Geschlechtern zu festigen. Über 100 Burgen sicherten im 14. Jahrhundert den Machtbereich des Erzbischofes von Trier. Meist waren sie an den Heer- und Handelsstraßen postiert, die durch die Wald- und Flusstäler führten. Diese Region war nicht nur das Land des wilden Jägers aus Churpfalz und der deutschen Sagengestalten Hagen von Tronje und seinem Waffengefährten Hunold.
Zwischen dem 15. und 17. Jahrhundert hat rund um Simmern ein Herzogtum gelegen, das schöne Künste und humanistische Gedanken pflegte und bereits 1555 in seinen Grenzen die Leibeigenschaft aufhob. Das war die Glanzzeit des Hunsrücks und die Tage des Reichsritters Franz von Sickingen. Doch der Glanz verblasste. Zuerst kamen die Spanier, dann die Schweden und schließlich die Pest des Dreißigjährigen Krieges in das konfessionell und territorial zerrissene Land. Aber die große Zerstörung des Hunsrücks bewirkte der Sonnenkönig. Überall hat Ludwig XIV. von Frankreich seine Markenzeichen hinterlassen – Ruinen.
Der Jammertag des Hunsrücks war der 17. September 1689, als alle Städte, Dörfer und Burgen brannten. Ausgelöst wurde die Verwüstung des Landes durch die Ansprüche Ludwigs auf das Erbe seiner Schwägerin, Elisabeth Charlotte von der Pfalz (1652–1722), Herzogin von Orléans. Es kam zum Pfälzischen Erbfolgekrieg. Ludwig XIV. verlangte die Herausgabe sämtlicher Privatgüter der Linie Pfalz-Simmern, darunter das Herzogtum im Hunsrück. Um das heute so stille und friedliche Land entbrannte ein furchtbarer Machtkampf zwischen Habsburg und Oranien auf deutscher sowie Bourbon-Orléans auf französischer Seite. Ein europäischer Krieg, in den bald alle Reiche von der Nordsee bis zum Mittelmeer verwickelt waren.
Die gebrandschatzten Städte und Schlösser erholten sich kaum von diesem Schlag. Der Hunsrück war nicht mehr begehrt, nicht einmal mehr bei der Bevölkerung. In Scharen wanderten die Menschen aus den verarmten Dörfern nach Osten aus, bis Siebenbürgen und an die Wolga.
Noch einmal kehrten die Franzosen zwischen 1794 und 1814 zurück, doch diesmal als Befreier von absolutistischen Herren. Das ehemals fürstliche Simmern wurde ein Arrondissement im Departement Rhein-Mosel. In der Napoleonischen Zeit entstanden die ersten systematischen Straßenbauten seit den Römern.

Seit mehr als 1 000 Jahren hatte es in diesem Mittelgebirge Glas- und Eisenhütten gegeben. Die Bäume der Wälder wurden in den Schmelzöfen zu Holzkohle verheizt. Dann verlagerte sich die Hüttenindustrie an die Saar, und der Hunsrück war wieder ein Notstandsgebiet, das »Sibirien Preußens«, es zog die Menschen zu Zehntausenden nach Nord- und Südamerika. Dieser Auswanderung folgte in der Mitte des 19. Jahrhunderts die Abwanderung in die Industriegebiete des Umlands, ins Revier an Rhein und Ruhr und ins Saarland.

Der pfälzische Erbfolgekrieg (1688–1697) *bedeutete das Ende für den Hunsrück. Er verlor seine wirtschaftliche Bedeutung und die Bevölkerung wanderte aus den gebranntschatzten Gebieten Richtung Osten ab.*

Die Menschen im Hunsrück *hatten kein leichtes Los. Die raue, karge Landschaft konnte ihre Bewohner oft nicht ernähren. Da die Region zwar reich an Gesteinsvorkommen ist, diese aber nur in geringem Maße nutzbar waren, sagte man früher: Der Hunsrück sei steinreich, aber zugleich bettelarm.*

In der Küche der »Historischen Schlossmühle« *in Horbruch schwingt Chefkoch Rüdiger Liller den Kochlöffel.*

Ein besonderes Merkmal der Küche von Rüdiger Liller sind Wiesenkräuter. Seine Frau Anne ist leidenschaftliche Sammlerin wilder Kräuter. Sie kennt alle Namen und weiß um ihre Wirkung und Heilkraft. Wenn sie nach ihren Streifzügen durch die Natur zurückkehrt, wartet Rüdiger Liller mit Freude auf das, was seine Kräuterfee mitgebracht hat.

Wiesenkräutersuppe

Für 4 Personen

- *800 ml Kalbs- oder Geflügelfond, am besten selbst gekocht*
- *8 EL Crème fraîche*
- *2 Hand voll frische Wiesenkräuter (siehe Seite 113 unten)*
- *1 Eigelb oder 2 EL kalte Butter zum Legieren*
- *Salz, Pfeffer aus der Mühle*
- *1 Prise Cayennepfeffer*

Den Fond mit der Crème fraîche erhitzen. Die Kräuter abbrausen, hacken, in die heiße Suppe geben und kurz aufkochen lassen. Die Suppe mit dem Eigelb legieren oder die kalte Butter mit dem Stabmixer einmontieren. Alles mit Salz, Pfeffer und Cayennepfeffer abschmecken und sofort servieren.

Zubereitungszeit: 15 Minuten

Heller Kalbsfond

Für hellen Kalbsfond etwa 500 Gramm Kalbsknochen und Kalbsabschnitte für 1 Minute in kochendes Salzwasser geben, dann unter fließend kaltem Wasser abspülen. Kalbsknochen und -abschnitte mit reichlich kaltem Wasser bedeckt aufkochen und mehrmals abschäumen. 2 1/2 bis 3 Stunden offen bei leichter Hitze kochen lassen, dann 1 geputzte, gewürfelte Möhren, 1 Stück gewürfelte Knollensellerie, 1 kleine in Ringe geschnittene Lauchstange und 1 gewürfelte Zwiebel sowie 1 Lorbeerblatt, 2 Gewürznelken, 1 Thymianzweig, 1 geschälte, halbierte Knoblauchzehe und 100 Milliliter Weißwein zugeben. 1 Stunde weiterkochen. Zum Schluss die Brühe durch ein Passiertuch gießen und wie im Rezept beschrieben weiterverarbeiten.

Wiesenkräuter-Pesto

Für 8 Gläschen mit je 200 g Inhalt

- *5-Liter-Eimer mit wilden Wiesenkräutern gefüllt (Bärenklau, Breitwegerich, Knöterich, Giersch, Wiesenkerbel, Echtes Mädesüß, wenig Gundermann)*
- *80 g Parmesankäse*
- *120 g Pinienkerne*
- *100 ml kaltgepresstes Olivenöl*
- *350 ml kaltgepresstes Sonnenblumenöl*
- *Salz, Pfeffer aus der Mühle*

1 Die gründlich verlesenen Wiesenkräuter abbrausen, gut abtropfen lassen und grob hacken. Den Parmesan ohne Rinde in kleine Stücke schneiden. Die Kräuter, den Parmesan und die Pinienkerne in den Mixer geben und zerkleinern.

2 Nach und nach beide Öle dazugießen und alles gut durchmixen. Mit Salz und Pfeffer abschmecken.

3 Das Pesto in Gläser mit Twist-off-Deckeln füllen, gut verschließen und kühl und dunkel aufbewahren. Angebrochene Gläser immer mit etwas Öl auffüllen und im Kühlschrank aufbewahren.

Zubereitungszeit: 30 Minuten

Gänseblümchensalat

Für 4 Personen
- *1 kleine Zwiebel*
- *2 EL Essig*
- *4 EL Öl*
- *Salz, Pfeffer aus der Mühle*
- *1 Prise Zucker*
- *1 junger Kopfsalat*
- *1 Bund Radieschen*
- *1 Apfel*
- *2 EL Sonnenblumenkerne*
- *4 EL Gänseblümchen*

1 Die Zwiebel schälen und fein hacken. Aus dem Essig, Öl, Salz, Pfeffer und Zucker sowie der zerkleinerten Zwiebel mit einem Schneebesen eine Salatsauce rühren und diese etwas durchziehen lassen.

2 Den Kopfsalat verlesen, waschen, trockenschleudern und in mundgerechte Stücke zupfen. Die Radieschen waschen, das Grün entfernen und putzen, Apfel waschen und mit den Radieschen in Würfel schneiden.

3 Den Kopfsalat, die Apfel- und Radieschenwürfel in einer Schüssel mit der Salatsauce vorsichtig mischen.

4 Die Sonnenblumenkerne in einer Pfanne ohne Fett goldbraun rösten und zum Salat in die Schüssel geben. Zum Schluss die Gänseblümchen hacken und über den fertigen Salat streuen.

Bodenständige und deftige Küche *gibt es auch heute noch im Hunsrück, aber man findet ebenso Adressen für gehobene Gaumenfreuden. Ein Treffpunkt für Genießer ist die »Historische Schlossmühle« in Horbruch. Ursprünglich stand die Schlossmühle in Kirn an der Nahe. Zusammen mit anderem Adelsbesitz ließ Napoleon sie 1804 konfiszieren. Der Baumeister Peter Lietzenburger konnte sie wenig später erwerben. Er ließ das Gebäude in Kirn abtragen, Stein für Stein mit Fuhrwerken talaufwärts befördern und baute es wieder an der jetzigen Stelle auf.*

Dreizehn verschiedene Kräutlein sollten es schon sein für das leckere Wiesenkräutersüppchen von Rüdiger Liller: Gänseblümchen, Spitzwegerich, Breitwegerich, Wiesenkerbel, Bärenklau, Pimpinelle, Schafgarbe, Vogelmiere, Sauerampfer, Taubnessel, Scharbockskraut, Giersch und Gundermann.

Über dem Hunsrück strahlen zwei besonders helle Sterne *am kulinarischen Himmel. Auf der Stromburg wurde für Sternekoch Johann Lafer der Traum zur Wirklichkeit. In der aus dem 11. Jahrhundert stammenden Burg entstand ein komfortables Hotel und eine vorzügliche Gastronomie. Die Bezeichnung »Le Val d´Or« für sein Feinschmeckerrestaurant hat Lafer aus dem Guldental mitgenommen, wo jetzt seine Kochschule untergebracht ist.*

»Normalerweise lasse ich kein Fernsehteam in meine Küche auf der Stromburg, dafür habe ich schließlich meine Studioküche, aber für das ›Köstliche Deutschland‹ mache ich mal eine Ausnahme«, kommentierte Johann Lafer.

Bodenständiges mit französischer Note: Soonwalder Rehrücken mit Thymian-Honig-Kruste, dazu Apfel-Semmelknödel und Preiselbeerjus – eine Kreation von Johann Lafer.

Soonwalder Rehrücken mit Thymian-Honig-Kruste

Für 4 Personen

- *1 Rehrücken, ausgelöst und ohne Sehnen und Häute*
- *Salz, Pfeffer aus der Mühle*
- *2 EL Butterschmalz*
- *je 1 Thymian- und Rosmarinzweig*
- *2 zerdrückte Wacholderbeeren*

Preiselbeerjus

- *1 große rote Zwiebel, 1 EL Öl*
- *100 ml Johannisbeersaft*
- *1/4 l Wildfond*
- *2 cl Orangenlikör*
- *Salz, Pfeffer aus der Mühle*
- *1 TL Honig*
- *1 EL Preiselbeeren aus dem Glas*

Thymian-Honig-Kruste

- *100 g Butter*
- *2 ganz fein zerdrückte Wacholderbeeren*
- *3 fein geschnittene Thymianzweige*
- *70 g Semmelbrösel*
- *1 EL Kastanienhonig*

1 Den Backofen auf 140 °C vorheizen. Den Rehrücken mit Salz und Pfeffer würzen, das Butterschmalz in einer großen Pfanne erhitzen. Den Rehrücken darin rundum scharf anbraten. Kräuterzweige und Wacholderbeeren zugeben, kurz schwenken. Den Rehrücken damit auf ein mit Alufolie ausgelegtes Blech geben. 15 Minuten im Ofen garen, dann herausnehmen und ruhen lassen.

2 Für die Sauce die Zwiebel schälen und in feine Streifen schneiden. Das Öl erhitzen, die Zwiebel darin glasig dünsten. Johannisbeersaft, Wildfond und Orangenlikör angießen und auf ein Viertel einkochen lassen. Wird die Sauce dabei nicht sämig genug, mit etwas Speisestärke binden. Sauce mit Salz, Pfeffer und Honig abschmecken. Die Preiselbeeren als Einlage hineingeben. Die Preiselbeerjus warm stellen.

3 Für die Kruste die Butter schaumig schlagen. Wacholderbeeren, Thymian, Semmelbrösel und Kastanienhonig zugeben, glattrühren und kurz in den Kühlschrank stellen. Die Buttermasse länglich formen, zwischen 2 Lagen Klarsichtfolie platt, aber nicht zu dünn klopfen. Folie abziehen, Butter auf den Rehrücken legen und leicht andrücken.

4 Den Rehrücken unter dem Grill 2 bis 3 Minuten überbacken, bis die Kruste goldgelb ist. Den Rehrücken in Scheiben schneiden und mit der Preiselbeerjus anrichten. Mit Apfel-Semmelknödel und feinem Wirsinggemüse servieren.

Zubereitungszeit: 1 Stunde

Wildfond

- *800 g gehackte Knochen und Sehnen des Rehrückens*
- *3 EL Öl*
- *1 mittelgroße und 1 große rote Zwiebel*
- *1 Möhre*
- *1/4 Lauchstange*
- *50 g Knollensellerie, 5 Wacholderbeeren*
- *2 Thymianzweige, 2 Lorbeerblätter*
- *10 Pfefferkörner, 2 Gewürznelken*
- *1/2 geschälter Apfel*
- *1 TL Tomatenmark*
- *300 ml Rotwein*

1 Knochen und Sehnen waschen, abtropfen lassen. Öl in einem großen, möglichst gusseisernen Topf erhitzen, Knochen und Sehnen darin rundum rösten. Zwiebeln schälen und würfeln, Möhre, Lauch und Sellerie waschen, putzen und in Stücke schneiden. Zwiebeln und Gemüse zu Knochen und Sehnen geben, unter Rühren mit anrösten. Kräuter und Gewürze zugeben. Apfelhälfte und Tomatenmark zugeben und mitrösten. Das Tomatenmark darf nicht zu dunkel werden, sonst schmeckt es bitter.

2 Rotwein und 1/2 Liter Wasser angießen, alles 1 Stunde köcheln lassen. Zwischendurch abschäumen. Fond durch ein Haarsieb gießen und nach Rezept weiterverarbeiten.

Zubereitungszeit: 30 Minuten
Kochzeit: 1 Stunde

Gebackene Apfel-Semmelknödel

Für 4 Personen
- *3 altbackene Brötchen*
- *5 EL warme Milch*
- *1 Ei, 1 Schalotte*
- *15 g Butter*
- *1 EL fein gehackte Petersilie*
- *je 1 Majoran- und Thymianzweig*
- *Salz, Pfeffer aus der Mühle*
- *1 großer Apfel (Cox Orange)*
- *200 g Frittierfett*

1 Brötchen entrinden und klein würfeln. Mit der Milch übergießen und das Ei untermischen. Die Schalotte schälen, fein würfeln und in der heißen Butter glasig dünsten. Mit der Petersilie unter die Brötchenmasse kneten. Majoran- und Thymianblättchen hacken, ebenfalls unter die Brötchenmasse arbeiten, mit Salz und Pfeffer würzen.

2 Apfel schälen, klein würfeln und unter die Brötchenmasse mischen. Ist die Masse zu weich, noch etwas Semmelbrösel unterarbeiten. Aus der Brötchenmasse Bällchen formen und im Frittierfett goldgelb ausbacken.

Zubereitungszeit: 30 Minuten

Lafer's Stromburg *hat wahrscheinlich keltische und römische Ursprünge. Wie auf einem Balkon liegt sie, strategisch günstig unweit des Rheins, 243 Meter über der Meereshöhe.*

Die rustikale Turmstube der Stromburg erinnert an einen früheren Burgherrn: Hans Elias Michael von Obentraut. Er stammte von dieser Burg und war Reiterführer im Dreißigjährigen Krieg. Er galt als außergewöhnlich tapfer, und der spanische Feldherr Spinola, den er 1620 von der heimischen Stromburg vertrieben hatte, verlieh ihm den Ehrentitel »Miguel Aleman«, also: deutscher Michel.

Das junge Kochehepaar
Oliver Schäfer und Christiane Detemple-Schäfer trägt im »Le Temple du Gourmet« in Neuhütten entscheidend zum guten kulinarischen Ruf des Hunsrück bei. Sie haben es mit viel Charme und einer fundierten Ausbildung in einem Sterne-Restaurant in der benachbarten Eifel geschafft, sich einen treuen Gästestamm aufzubauen.

Im hintersten Hunsrück, wo sich Fuchs und Hase »Gute Nacht« sagen, liegt Neuhütten. Nun, so abgelegen ist das Restaurant »Le Temple du Gourmet« auch wieder nicht: Es liegt ungefähr in der Mitte zwischen Trier und Saarbrücken.

Schokoladensoufflé

Für 4 Personen

- *35 g dunkle Kuvertüre*
- *Butter und Zucker für die Förmchen*
- *35 g zimmerwarme Butter*
- *3 Eier*
- *1 EL Rum*
- *1 Prise Salz*
- *40 g Zucker*
- *20 g gemahlene Mandeln*

1 Die Kuvertüre hacken und auf dem Wasserbad schmelzen und abkühlen lassen. 4 kleine Soufflèförmchen mit Butter einfetten und mit Zucker ausstreuen. Den Backofen auf 200 °C vorheizen.

2 Die Butter schaumig rühren. Die Eier trennen. Eigelbe nach und nach in die Butter rühren, anschließend Kuvertüre und Rum unterrühren. Die Eiweiße mit Salz zu sehr steifem Schnee schlagen, dabei nach und nach den Zucker einrieseln lassen.

3 Die Mandeln in einer beschichteten Pfanne unter Rühren leicht anrösten, abkühlen lassen. Mit dem Eischnee vorsichtig unter die Schokoladenmasse ziehen und in die Förmchen füllen.

4 Kochend heißes Wasser in die Fettpfanne des Backofens geben und die Soufflés darin in 20 bis 25 Minuten garen. Soufflés vor dem Servieren auf die Dessertteller stürzen, mit Pfefferminzeis und warmen Walderdbeeren anrichten.

Zubereitungszeit: 50 Minuten

Für Dessert-Liebhaber ein unwiderstehliches Arrangement: Schokoladensoufflé mit warmen Walderdbeeren und Pfefferminzeis. Eine Kreation von Christiane Detemple-Schäfer und Oliver Schäfer.

Pfefferminzeis

Für 8 Personen

- *1/4 l Milch, 250 g Schlagsahne*
- *Mark von 1/2 Vanillestange*
- *1 Bund frische Minze*
- *5 Eigelbe, 120 g Zucker*
- *100 ml Pfefferminzlikör*

1 Milch und Sahne mit Vanillemark und der Hälfte der abgebrausten Minzeblätter aufkochen. Eigelbe und Zucker cremig schlagen, heiße Milch in die Eigelbmasse einrühren. Eiermilch unter ständigem Rühren erhitzen, bis sie beginnt dickflüssig zu werden.

2 Vom Herd nehmen, Minzeblätter noch etwas ziehen lassen. Dann durch ein feines Sieb gießen und abkühlen lassen.

3 Restliche Minzeblätter und Likör pürieren und unter die Eiscrememasse rühren. In der Eismaschine gefrieren. Kugelweise in Hippenkörbchen zu den Schokoladensoufflés und den warmen Walderdbeeren servieren.

Zubereitungszeit: 40 Minuten
Gefrierzeit: etwa 30 Minuten

Eine idyllische Landschaft *mit kulinarischen Überraschungen in den entsprechenden Häusern – das bietet der Hunsrück.*

Warme Walderdbeeren

Für 8 Personen

- *250 g geputzte Walderdbeeren*
- *1 EL Puderzucker, 3 EL Zitronensaft*
- *1 EL Zucker*
- *75 ml Walderdbeer-Likör*

1 Erdbeeren abbrausen, mit Küchenpapier trockentupfen. 120 Gramm mit Puderzucker und Zitronensaft pürieren. Durch ein feines Sieb streichen.

2 Zucker zu hellem Karamel kochen, mit dem Likör ablöschen und so lange aufkochen, bis sich der Karamelzucker gelöst hat. Dann die restlichen Walderdbeeren hinzugeben, kurz erhitzen. Sofort mit der Walderdbeersauce zu Schokoladensoufflés und Pfefferminzeis servieren.

Zubereitungszeit: 10 Minuten

Eine interessante Dessertkomposition entsteht aus Schokolade, Pfefferminze, aromatischen Walderdbeeren und kleinen Hippenkörbchen.

Hippenkörbchen

Für etwa 25 Stück

- *180 g Puderzucker*
- *50 g Marzipanrohmasse*
- *1 Messerspitze Zimtpulver*
- *1 Prise Salz, 3 Eier*
- *150 g Mehl*
- *50 g Schlagsahne*
- *Öl und Mehl für das Blech*

1 Puderzucker, Marzipanrohmasse, Zimt, Salz und Eier cremig rühren. Mehl übersieben und unterrühren. 1 Stunde zugedeckt kühl ruhen lassen. Sahne unterrühren.

2 Backofen auf 190 °C vorheizen. Backblech mit Öl einpinseln und mit Mehl bestäuben.

3 Die Masse teelöffelweise mit einem Abstand von 2 Zentimeter auf das Blech setzen und zu Hippen mit 6 Zentimeter Durchmesser verstreichen.

4 Die Hippen 4 bis 5 Minuten im Ofen backen. Backblech erst einmal nur zur Hälfte aus dem Ofen ziehen, jede Teigplatte mit der Palette sehr schnell vom Blech nehmen, in eine Briocheform oder eine Espressotasse legen und mit einem Schnapsglas hineindrücken. Die so entstandenen Körbchen sind in 1 Minute fest.

Zubereitungszeit: 45 Minuten

Das kulinarische Erlebnis *im »Le Val d'Or« kann man bei einem anschließenden Spaziergang durch den Park der Stromburg ausklingen lassen.*

Im Hunsrück *gab's morgens und am Sonntagnachmittag ein »Kaffeetrinke«. Neben Brot, Kässchmeer, Eierschmeer und Quetscheschmeer gab es sonntags auch Kuchen, und zwar ausnahmslos Hefekuchen.*

Die einstige Armut der Hunsrückbauern fand ihren Niederschlag auch in der alltäglichen Speisekarte. Kartoffeln in allen Variationen und Bauernbrot waren lange die Hauptnahrungsmittel. Satt zu werden war wichtiger als Genuss.

Goethe soll nach einem Gespräch mit Landleuten aus dem Hunsrück den von ihnen erwähnten Verzehr von Kartoffeln mit folgenden Worten beschrieben haben: »Morgens in Scheiben, mittags gestampft, abends rund, so soll es bleiben, das ist gesund.« An diese Zeiten erinnert die Hunsrücker Krumbeerwurst: Durchgedrückte Kartoffeln, durchgedrehtes Rindfleisch und Schweinebauch werden mit Brühe vermischt, gewürzt, in Därme gefüllt und gegart. Bis Mitte der 50er Jahre waren die Mahlzeiten ausschließlich von der Selbstversorgung geprägt. Das Brot backte man selbst im 14-tägigen Rhythmus im »Backes«, dort wurde auch der Sonntagskuchen, ausschließlich Hefekuchen, gebacken. Das Gemüse wurde im »Stänner« (Fass aus Steingut) eingemacht oder in einer Miete gelagert. In den meisten Familien wurde nur einmal jährlich, meist im Herbst oder Winter, ein Schwein geschlachtet, das ebenso wenig auf den Rippen hatte wie die Menschen. Es wurde im »Bickel«, in einer Salzlake, konserviert und dann geräuchert oder zu Wurst verarbeitet. Nur wenige Lebensmittel wurden dazugekauft oder getauscht. Täglich gab es fünf Mahlzeiten: Das »Kaffeetrinke« am frühen Morgen. Hierzu wurden Malzkaffee, Milch, Brot, Kässchmeer (Quark), Butter, Quetscheschmeer (Marmelade), Beereschmeer (Zuckerrübensirup) oder Brootkrumbeere (Bratkartoffeln) angeboten. Frühstück, als Zwischenmahlzeit gedacht, gab es nur bei wenigen Familien. Brot mit Wurst, Kässchmeer oder Eierschmeer aß man dann. Bei den Speisen für das »Middachesse« wurde ein gewisser Wochenrhythmus eingehalten. Als erster Gang kam immer eine Suppe auf den Tisch, man kochte sie meist aus Fleisch und »Geknöchs« aus dem Bickel. Die Suppeneinlage bestand in der Regel aus geröstetem Grieß, Hafermehl oder Kartoffeln.

Montags war Resteessen vom Sonntag und Dienstags gab es Mehlspeisen wie »Pannekuche« oder Arme Ritter. Mittwochs und Donnerstags wurde Fleisch gekocht, dazu gab es Salzkrumbeere oder »Stambes« (Kartoffelbrei). Gemüse oder Salat kam je nach Jahreszeit auf den Tisch. Freitags gab es kein Fleisch. Der Samstag war Suppentag, meist »Quer durch de Gaade« (Gemüsesuppe). Sonntags wurde ein besonders gutes Stück Fleisch aus dem Bickel geholt und mit Kartoffeln und Kraut zubereitet. Das »Kaffeetrinke« am Nachmittag glich dem am Morgen. Zum Abendessen wurden Bratkartoffeln oder »Quellmänner« (Pellkartoffeln) mit Quark oder Dickmilch aufgetischt.

Edelsteine *brachten Idar-Oberstein im 17. und 18. Jahrhundert Wohlstand. In der Wasserschleiferei Asbacher Hütte werden heute noch die verschiedensten Steine geschliffen.*

Vor 250 Millionen Jahren war der Hunsrück ein vulkanisch aktives Inselgebirge. In Gasblasen der erstarrenden Lavamasse kristallisierten Heißwasserlösungen elementare Verbindungen von Erden und Metallen – vor allem Silizium, Kalzium, Magnesium und Eisen. So bildeten sich Hohlräume, Drusen genannt, voll Jaspis, Amethyst oder Bergkristall und die prall gefüllten Mandeln aus buntem Achat. Kristalle von der oberen Nahe zieren wohl manches mittelalterliche Kreuz und Tabernakel im südwestdeutschen Raum.

Die Blüte der Achatschleiferei fiel ins 17. bzw. 18. Jahrhundert und machte die Gegend um Idar-Oberstein reich an Arbeit und Wohlstand. Als die Ausbeute der lokalen Fundstätten nach 1800 nachließ, kam Rettung von weit her. Auswanderer aus den Walddörfern des Hunsrück waren in Südamerika, vor allem in Brasilien, auf große Vorkommen von Achat, Amethyst und anderen Edelsteinen gestoßen. Um 1835 wurde das erste Rohmaterial in die alte Heimat verschifft und bald lernte man hier auch Turmaline, Smaragde und die übrigen Edelsteine kennen.

Der Schinderhannes *trieb in den Wäldern und Dörfern des Hunsrück sein Unwesen. In Carl Zuckmayers Schauspiel lebt er für die Nachwelt weiter.*

Bei der Spurensuche im Hunsrück begegnet man vielerorts dem Volkshelden Johann Bückler. Um die Wende vom 18. zum 19. Jahrhundert schwang sich der als »Schinderhannes« berühmt gewordene Räuberhauptmann zum Herrn des Hunsrück auf. Man nannte vermutlich den jungen Bückler Schinderhannes, weil der Großvater Scharfrichter war. Der Vater war Wasenmeister und Schinder. Aufgrund dieser Tätigkeit fand die Familie kaum gesellschaftlichen Kontakt oder Anschluss an »ehrliche Bürger«. Dass die Kinder darunter litten, ist verständlich. So verließ Johannes Bückler die Familie früh und ging seine eigenen Wege. Mit Diebstählen bestritt er seinen Lebensunterhalt. Selbst vor Mord schreckte er nicht zurück. Er und seine Räuberbande wurde von der französischen Gendarmerie regelmäßig gejagt und gefangen genommen. Mit Glück konnten der Schinderhannes und seine Kumpane immer wieder fliehen. Sie fanden Unterschlupf in den Wäldern, in abgelegenen Gehöften und Mühlen. Überflüssiges Diebesgut verteilten sie an Bewohner, die ihnen Unterschlupf gewährten. 1799 wurde Schinderhannes wieder verhaftet und im Turm von Simmern eingekerkert. Mit der Hilfe eines Wächters gelang ihm erneut die Flucht. Mehr und mehr wurde der Schinderhannes zum Räuberhauptmann und Schrecken der Menschen im Hunsrück, der nicht gefasst werden konnte. Schließlich wurde er doch von einem anderen Spitzbuben verraten und ihm 1803 in Mainz der Prozess gemacht.

Der Schinderhannesturm *in Simmern, von dem aus dem Schinderhannes mit Hilfe eines Wächters die Flucht gelang.*

Von der Ruine Koppenstein, *die auf einem Quarzitkamm liegt, kann man einen weiten Blick über den Hunsrück genießen.*

Die frisch gesammelten Kräuter *werden im Korb direkt in die Küche zur Verarbeitung transportiert.*

Die Schafgarbe. *Ihr lateinischer Name, Achillea millefolium, geht auf die Sage zurück, dass die Göttin Aphrodite dem verletzten Achilles, der während der Belagerung von Troja von einem vergifteten Pfeil an der Ferse getroffen wurde, riet, seine Schmerzen mit Schafgarbe zu lindern.*

WIESENKRÄUTER

Nicht nur zum Trocknen und als Tee eignen sich die verschiedensten Kräuter, die im Frühjahr und Sommer auf den zahlreichen Wiesen des Hunsrück gedeihen. Daraus können raffinierter Gerichte, wie zum Beispiel ein Wildkräuter-Pesto oder eine Wiesenkräuter-Suppe (siehe Seite 112), bereitet werden.

Wer an einem schönen Frühlingsmorgen einen Spaziergang durch die Wiesen des Hunsrück macht, entdeckt vor seinen Füßen so manches bekannte und unbekannte Kräutlein: Hier kommen die verschiedensten Wiesenkräuter reichlich vor.
Als erstes fällt einem die Taubnessel mit ihren gelben, weißen oder roten Blüten auf. Die alte Heilpflanze mit ihrem hohen Gerbstoffgehalt und ätherischen Ölen ist ein wichtiger aromatischer Bestandteil der Wildkräuterküche. Nicht weit entfernt davon steht eine Pflanze mit einem kantigen, gefurchten Stängel, der mit steifen Härchen besetzt ist, seine gefiederten Blätter und die weiße Blütendolde wiegen sich im Wind. Es ist ebenfalls eine alte Heilpflanze: der Bärenklau. Er ist zwar etwas unangenehm im Geruch, dafür aber mild im Geschmack. Fast zu übersehen ist der Beinwell mit seinen feinen gelblich-weißen Blüten an einem dichtbehaarten Stängel mit gleichartigen länglichen Blättern. Dieses Kraut ist mild im Geschmack, obwohl es Gerbstoffe und Alkaloide enthält. Im Mittelalter wurden damit Knochenbrüche geheilt, daher stammt auch der Name. Bei einem Kraut mit unscheinbaren, ährenförmigen Blüten und gestreiften Blättern kann es sich nur um den Spitzwegerich handeln. Er gibt Speisen eine ganz besondere Würze. Außerdem wirkt dieses Kraut gegen Schlangen- und Skorpionbisse. Ein Rankgewächs mit herzförmigen Blättern und kleinen blauvioletten, an Orchideen erinnernden Blüten macht auf sich aufmerksam. Es ist Gundermann, ein wahres Wunderkraut. Gundermannsaft und Zuckersirup zu gleichen Teilen vermengt und täglich ein Likörglas davon in den Tee, hilft zur Vorbeugung gegen Husten.

Sorgfältig *ausgesucht werden die wild wachsenden Kräuter von Anne Liller, die Ehemann Rüdiger anschließend in seiner Küche verarbeitet.*

Aus dem Gras ragt ein gekerbter Stängel mit gefiederten Blättchen und weißen Blütendolden: Es ist der Wiesenkerbel. Schon als Gartenkraut ist der zarte Kerbel in der Küche zum Verfeinern von beispielsweise Kerbel-

gerichten willkommen. Doch der Wiesenkerbel zaubert ein besonderes Aroma in Pasteten, Suppen und Saucen.
Wenn in den weinblattartigen, fein gezackten Blättern eines Wiesenkrautes eine Pflanzenflüssigkeit wie eine Perle schimmert, ist das ein ziemlich sicherer Hinweis auf Frauenmantel. Dieses altbekannte Heilkraut hilft nicht nur, beispielweise in Form von Tee, Frauenleiden zu lindern – daher sein Name – sondern rundet auch Kräutersuppen geschmacklich perfekt ab.
Im Frühjahr fällt auf den naturbelassenen Wiesen der Huflattich auf, der keine Blätter, sondern nur Blattschuppen am Stängel besitzt, die dazu noch spinnwebenartig behaart sind. Auf den Stängeln sitzen gelbe Blüten. Der Huflattich hilft bei Husten und Heiserkeit.
Gänseblümchen kennt jeder und hat die Blüten auch schon verkostet. Sie schmecken ein wenig nach Nüssen und eignen sich hervorragend als Zutat für einen Salat, aber auch zur Dekoration für eine Kräutersuppe. Übrigens, am Johannistag gepflückt und dann getrocknet bei sich getragen bringt das Gänseblümchen Glück, keine wichtige Arbeit kann dann schief gehen.
Hochaufragend mit riesengroßen flachen weißen Blütendolden, länglichen Blättern und einem geriffelten Stängel, der hohl zu sein scheint – der Giersch oder auch Geißfuß genannt, kommt ins Blickfeld. Seine ätherischen Öle helfen bei Gicht oder Rheumatismus. Man kann auch ein Gemüse oder eine Suppe damit zubereiten. Die älteren Blätter haben einen würzigen Petersiliengeschmack. Von jungen Trieben muss eine größere Menge genommen werden.
Ein starker Duft geht von den cremefarbenen Blüten des echten Mädesüß aus. An den bräunlichen Stängeln wachsen gezackte, paarweise angeordnete Blätter. Man kann mit den Blüten eine Bowle ansetzen oder die Blätter in der Küche verwenden.
Und wieder eine bekannte Pflanze. Hochwachsend, mit dicken pfeilartigen Blättern und einer rötlichen Blütenrispe: Sauerampfer. Er gibt Suppen und Saucen eine pikant säuerlich-scharfe Würze. Aber Vorsicht! Im Übermaß genossen verursachen das Kleesalz und die Oxalsäure in den Blättern etwas Bauchschmerzen.
Von weitem fällt eine Pflanze mit aufrechtem Stängel, länglichen, geschwungenen Blättern und einer dicken, rosafarbenen Blütenähre auf. Der Wiesenknöterich zieht einen in seinen Bann. Jeder Koch weiß, dass Wiesenknöterich Kräutersuppen verfeinert, in jedes Pesto gehört und man damit eine ungewöhnliche Lasagne zubereiten kann.
Meist wird es mit einem Unkraut verwechselt: der Breitwegerich mit den breiten Blättern und der schmalen ährenförmigen Blüte. Wie viele andere Wildkräuter, war auch der Breitwegerich schon im Mittelalter als Heilpflanze bekannt. Ein paar Blätter geben einer Kräutersuppe den richtigen Pfiff.
Nicht weit entfernt, mitten im Acker, reckt ein zartes Gewächs seine spießförmigen Blätter gen Himmel. Es ist Guter Heinrich, oft als Ackerunkraut verpönt. Seine jungen Blätter und Triebe schmecken würzig pikant und passen vorzüglich zu Mischgemüsen.
Gleich daneben gedeiht seine Kusine, zum Verwechseln ähnlich, nur höher gewachsen, die Melde. Als ganz junge Pflänzchen ergeben sie zusammen mit Estragon einen delikaten Salat. An einem feuchten Graben fällt der Blick auf eine kleine saftige Pflanze mit herzförmigen Blättern, die mit ihren Stängeln wie Löffel aussehen: das Löffelkraut. Seine Blätter schmecken nach Rettich und sind reich an ätherischen Ölen sowie Vitamin C, weshalb sie gegen Entzündungen wirken. In der Küche wird Löffelkraut zum Würzen von Reis- und Kartoffelgerichten oder als Salat verwendet.

Frauenmantel *steht in der Volksmedzin hoch im Kurs: Er wird dort zur Linderung von Frauenleiden, aber auch bei Magen- und Darmbeschwerden sowie Husten verordnet.*

Beinwell *zählt botanisch zu den Borretschgewächsen, woran auch der Geschmack seiner Blätter erinnert. Als Hausmittel werden Auszüge der Wurzeln, nicht die Blätter, verwendet.*

Bei einem Gang über die Wiesen entdeckt man viele Geheimnisse heimischer Wildkräuter und erinnert sich an Goethe: »Das Äußere einer Pflanze ist nur die Hälfte ihrer Wirklichkeit.«

Broden-
bach
Boppard
Ehrbachtal
Baybachtal
Cochem
St. Goar
Emmels-
hausen
Hunsrück-
Höhenstraße
Mosel
Rhein
Kastellaun
Bacharach
Zell
Hunsrück-
Höhenstraße
Simmern
Traben-Trarbach
Le Val d'Or
Bingen
Bernkastel-
Kues
Abtei
Ravengiersburg
Stromberg
Stromburg
Historische
Schlossmühle
Horbruch
746 m
Idarkopf
Bad Kreuznach
Morbach
Deutsche
Edelsteinstraße
Kirn
Nahe
Bad
Sobernheim
Hunsrück-
Höhenstraße
Idar-Oberstein
818 m
Erbeskopf
Deutsches
Edelsteinmuseum
0
8 km
N
Hermeskeil
Le Temple
du Gourmet
Neuhütten
Birkenfeld
H u n s r ü c k
49
42
327
9
421
53
61
327
50
50
269
53
41
325
422
1
327
41
269
41
62
Gourmettipps
Schöne Aussicht
Ausflugstipps aus dem Inhalt

HUNSRÜCK

Hotels und Restaurants

■ Historische Schlossmühle in Horbruch: Siehe Seite 112; 10 Zimmer.
Mo Ruhetag; wochentags nur Abendessen
55483 Horbruch (12 Kilometer nordöstlich von Morbach);
Telefon 0 65 43/40 41, Fax 0 65 43/31 78

Idyllisch gelegen *ist der »Forellenhof Reinhardsmühle« in Bruschield-Rudolfshaus.*

■ Le Val d'Or in Stromburg: Siehe Seite 114; 14 Zimmer.
Öffnungszeiten: Turmstube täglich;
Restaurant: Mo Ruhetag; Di–Fr nur Abendessen
Schlossberg 1, 55442 Stromberg; Telefon 0 67 24/9 31 00, Fax 0 67 24/93 10 90

■ Le Temple du Gourmet in Neuhütten: Siehe Seite 116.
Öffnungszeiten: wochentags und an Feiertagen nur Abendessen; Mi und drei Wochen im Juli geschlossen.
Saarstraße 2, 54422 Neuhütten (8 Kilometer südöstlich von Hermeskeil);
Telefon 0 65 03/76 69, Fax 0 65 03/76 69

Waldhotel Koppenstein bei Gemünden: Ruhig gelegenes Hotel; Garten und Terrasse tragen zu einem angenehmen Aufenthalt bei; 14 Zimmer.
Restaurant: Mo Ruhetag; 10 Tage im Januar geschlossen
55490 Gemünden (1 Kilometer südöstlich in Richtung Bad Kreuznach);
Telefon 0 67 65/2 04, Fax 0 67 65/4 94

■ Das alte Posthof Hotel in Horbruch: Das Restaurant »Scherers Hunsrück Wirtschaft« wurde gerade umgebaut und ist sehr gemütlich eingerichtet. Die Küche bietet regionale Spezialitäten; 3 Zimmer.
Oberndorf 2, 55483 Horbruch;
Telefon 0 65 43/40 60, Fax 0 65 43/68 48

■ Forellenhof Reinhartsmühle in Bruschield-Rudolfshaus: Schöne Terrasse am See; Forellenteiche mit Angelmöglichkeit; eigene Fisch- und Rinderzucht mit eigener Schlachtung und Räucherei; 30 Zimmer.
Januar und Februar geschlossen;
Restaurant: Mo Ruhetag
55606 Bruschield-Rudolfshaus (9 Kilometer nordwestlich von Kirn);
Telefon 0 65 44/3 73, Fax 0 65 44/10 80

Genießen auf der *Stromburg: Da bleiben keine Wünsche offen.*

■ Am historischen Hermannshof in Bad Sobernheim: Über 30 offene Weine werden in der Weinstube angeboten; gemütliche Atmosphäre.
Öffnungszeiten: ab 18.00 Uhr; Mo und Di Ruhetag
Kurhaus Dhonau, 55566 Bad Sobernheim;
Telefon 0 67 51/9 33 90, Fax 0 67 51/26 96

■ Weingut H. Grossarth in Odernheim: Im Innenhof können Sie von Mai bis Juli und im Oktober Weine verkosten. Mitte Juni wird das Weingartenfest gefeiert; im Oktober gibt es Federweißen, Zwiebelkuchen und Spanferkel.
Öffnungszeiten: Fr, Sa ab 18.00 Uhr;
So und Feiertage ab 16.00 Uhr
Staudernheimer Straße 8,
55571 Odernheim; Telefon 0 67 55/2 23

■ Schwarzer Adler in Simmern.
Mo und je zwei Wochen im Januar und September geschlossen; wochentags nur Abendessen
Koblenzer Straße 3, 55469 Simmern; Telefon 0 67 61/1 36 11, Fax 0 67 61/96 01 08

Sehenswürdigkeiten

■ Schloss Dhaun in Kirn: Das Schloss (12. Jahrhundert) wurde 1340 Kriegsschauplatz der »Dhauner Fehde«. Erweiterung der Burg im 16. Jahrhundert, 1729 Umbau zur barocken Schlossanlage. 1794 durch französische Truppen besetzt, wurde es 1804 als französisches Nationalgut versteigert; um 1850 Beginn der Restaurierung. Seit 1954 im Besitz des »Zwecksverbandes Schloss Dhaun«.
Öffnungszeiten: ganzjährig geöffnet
Auskunft: Verbandsgemeindeverwaltung Kirn-Land
Bahnhofstraße 31, 55606 Kirn;
Telefon 0 67 52/1 38-0

■ Burgruine Koppenstein in Gemünden: Sie gilt als das Wahrzeichen des Hunsrücks. Vom 16 Meter hohen Bergfried haben Sie einen wunderbaren Blick.
Auskunft: Verkehrsverein Gemünden
Birkenweg, 55490 Gemünden;
Telefon 0 67 65/13 82

■ Burgruine Kastellaun: Sie wurde um 1200 erbaut, 1689 von denTruppen Ludwig des XIV. zerstört und wieder restauriert; im Sommer Freilichtbühne.
Ganzjährig geöffnet
Auskunft: Touristeninformation im Rathaus
56288 Kastellaun; Telefon 0 67 62/4 03 20

▮ STEPHANUS-KIRCHE in Hennweiler: Vermutlich um 1000 unter Einfluss von Erzbischof Willigis und des Stifts St. Stephan erbaut. Der zweigeschossige Chorturm aus der romanischen Periode wurde in spätgotischer Zeit erneuert. Neueren Datums ist der Turmhelm mit vier Ecktürmen aus dem 16. Jahrhundert. Das Kirchenschiff wurde 1790 komplett neu erbaut. Sehenswert sind die Grabdenkmäler und die Freskenmalereien im Erdgeschoss des Chorturmes; Stumm-Orgel aus dem Jahr 1846; renoviert und erweitert 1969.
Auskunft: Evangelisches Pfarramt

Ein Besuch *in der Asbacher Hütte ermöglicht einen Einblick in die Kunst der Edelsteinschleiferei.*

▮ SCHINDERHANNES TURM in Simmern: Hier erfahren Sie alles über Johannes Bückler, der unter dem Namen »Schinderhannes« besser bekannnt war.
Öffnungszeiten: nach Vereinbarung
Auskunft: Touristeninformation
Bühlstraße 2, 55469 Simmern;
Telefon 0 67 61/8 37–106 und
63 63 (Frau Kühn)

▮ PFARRKIRCHEN in Lötzbeuren und Hirschfeld: Die Innenausstattung der Pfarrkirche in Lötzbeuren (1717–1718) lohnt einen Abstecher. Sie ist ein ausgezeichnetes Beispiel für den ländlichen Barock im Hunsrück.
Der spätromanische Chorturm der Pfarrkirche in Hirschfeld ist besonders sehenswert.

▮ NUNKIRCHE in Sargenroth: Schriftlich wurde diese Kirche erstmals 1474 erwähnt. Im Nordturm sind Fresken aus dem 12. bis 14. Jahrhundert zu bewundern; sie gehören zu den ältesten im Hunsrück. Im Mittelalter kamen Gläubige zur Pestbeschwörung hierher.
Auskunft: Familie Bamberger
Hauptstraße 61, 55471 Sargenroth;
Telefon 0 67 61/45 97

▮ WILLIGIS-KAPELLE in Auen: Die Grabstätte des »Jägers aus Kurpfalz« – Friedrich Wilhelm Utsch – kann auf dem Friedhof des ältesten Gotteshauses im vorderen Soonwald besucht werden.
Öffnungszeiten: nach Vereinbarung
Auskunft: Paul Wilbert
Friedhofsweg 1, 55569 Auen;
Telefon 0 67 54/3 81

Im Sommer *dient die Burgruine Kastellaun als Freilichtbühne.*

▮ ASBACHER HÜTTE: Diese Edelsteinschleiferei, die noch mit Wasserkraft betrieben wird, ist in der vierten Generation im Besitz der Familie Biehl.
Öffnungszeiten: täglich 9.00–18.00 Uhr
Auskunft: Ernst Biehl jun.
55758 Asbacherhütte; Telefon 0 67 86/15 05

▮ HISTORISCHE MÜHLE in Bollenbach: 1926 war sie eine der ersten elektrisch betriebenen Getreidemühlen.
Öffnungszeiten: nach Vereinbarung
Auskunft: Ernst Gebert
Hauptstraße 26, 55624 Bollenbach;
Telefon 0 65 44/91 64

▮ KIRCHBERG: Die älteste Stadt im Hunsrück – sie erhielt 1259 das Stadtrecht – bietet schöne Fachwerkhäuser, das Rathaus, die Schwanen-Apotheke (17. Jahrhundert) und die spätgotische Hallenkirche »St. Michael«, die als die schönste Kirche im Hunsrück gilt.

Einen Rundgang *durch Kirchberg, der ältesten Stadt des Hunsrücks, sollte man sich nicht entgehen lassen.*

▮ FREILICHTMUSEUM in Altburg: Kelten haben um 170 v. Chr. diese Höhensiedlung gegründet. Zwischen 1971 und 1975 wurde die Altburg erforscht und ein Teil der Siedlung nach alten Plänen wieder aufgebaut.
Gruppenführungen ab 15 Personen nur nach Anmeldung
Auskunft: Telefon 0 65 44/92 72

▮ BESUCHERGRUBE und FOSSILIEN-MUSEUM in Herrenberg: Dem Besucher wird ein Überblick über die Tätigkeit des Bergmannes im Mittelalter vermittelt. Alte Urkunden weisen auf den Schieferbergbau in der Römerzeit hin.
Im Fossilienmuseum können Sie 120 eindrucksvolle Exponate bewundern.
Öffnungszeiten: April–Oktober täglich 10.00–17.00 Uhr; November–März nach telefonischer Vereinbarung
Gruppen ab 15 Personen nur nach Anmeldung; Auskunft: Telefon 0 65 44/92 72

Agrarhistorisches Museum in Emmelshausen: Ein restaurierter, wieder aufgebauter Bauernhof aus dem Jahr 1660 ist Sitz des Museums mit einer Sammlung von Arbeitsgeräten aus dem landwirtschaftlichen Bereich.

Öffnungszeiten: nach Vereinbarung
Bildungsseminar für Agrarverwaltung Rheinland-Pfalz
Rhein-Mosel-Straße 9, 56281 Emmelshausen;
Telefon 0 67 47/90 10

Kulturhistorisches Zentrum in Dommershausen: In dem renovierten alten Pfarrhaus ist das »Vorderhunsrückmuseum« untergebracht. Besonders interessant ist das »Knochenflickermuseum«.

Öffnungszeiten: Mi 17.00–19.30 Uhr; Sa 15.00–18.00 Uhr; jeden 1. So im Monat: 15.00–18.00 Uhr; Dezember und Januar geschlossen
56290 Dommershausen;
Telefon 0 26 05/46 10

Durch das Tor *des Uhrturms in Herrstein gelangt man in die komplett renovierten Gassen des Ortes.*

Herrstein: Machen Sie einen Spaziergang durch diesen Ort mit seinen Fachwerkhäusern, dem Uhrturm im Stadttor (15. Jahrhundert) mit mittelalterlichem Mörser und einem alten handgeschmiedeten Uhrwerk (ca. 150 Jahre alt), dem Herrsteiner Schloss (1742) mit der fast 1000-jährigen Schlosskirche.

Auskunft: Touristeninformation Deutsche Edelsteinstraße,
Brühlstraße 16, 55756 Herrstein;
Telefon 0 67 85/79 10 3/4 oder 1 94 33,
Fax 0 67 85/7 91 20

Stiftskirche St. Johannisberg in Hochstetten-Dhaun: Die ehemals kleine Hallenkirche, diente einst dem Wildgrafen als Grabkirche und wurde 1318 umgebaut und zur Stiftskirche erhoben; sie ist bekannt für die vielen Grabdenkmäler, bei denen man die Entwicklung der Bildhauerei über vier Jahrhunderte hinweg verfolgen kann.

Öffnungszeiten: ganzjährig geöffnet
Auskunft: Ev. Pfarramt St. Johannisberg
Hermann-Besemüller-Straße 11, 55606 Hochstetten-Dhaun; Telefon 0 67 52/25 35

Anfang des 18. Jahrhunderts *wurde die Burg Dhaun zum Barockschloss ausgebaut.*

Römisches Kellergewölbe in Boos: Die Mauerreste der Kellergewölbe gehören zum Haupthaus der »Villa Rustica« (2./3. Jahrhundert). Die Räume sind noch erhalten.

Auskunft: Jakob Weber
Bahnhofstraße 4, 55595 Boos;
Telefon 0 67 58/66 65

Heimatmuseum Priorhof in Bad Sobernheim. Ein Freilichtmuseum, das über das Leben und Arbeiten im Hunsrück informiert.

Öffnungszeiten: Oktober–März Do 16.00–17.00 Uhr und nach Vereinbarung; April–September Do 17.00–18.00 Uhr und nach Vereinbarung
Priorhofstr. 18, 55566 Bad Sobernheim;
Telefon 0 67 51/52 32

Einkaufen

Keramik Seifert in Königsau: Töpferwaren, Keramik und Steingut.

Werkstattbesichtigung: Mo–Fr 9.30–15.00 Uhr, Gruppen ab sechs Personen mit Voranmeldung
Verkauf auch Sa 9.30–16.00 Uhr; So 11.00–17.00 Uhr
Hauptstraße 15, 55606 Königsau;
Telefon 0 67 65/4 50, Fax 0 67 65/13 61

Ein nettes Mitbringsel: *Namenstassen aus der Töpferei Seifert in Königsau.*

Edelbranntwein-Brennerei Theobald in Bad Sobernheim-Steinhardt: Sie können die edlen Brände kaufen, probieren und den Weinkeller besichtigen oder an einer Führung durch den Weinberg teilnehmen.

Kreuznacher Straße 23,
55566 Bad Sobernheim-Steinhardt;
Telefon 0 67 51/37 84, Fax 0 67 51/72 45

Weingut Udo Weber in Monzingen: Weine, Weinessig, Edelbrände.

Soonwaldstraße 41, 55569 Monzingen
Telefon 0 67 51/32 78, Fax 0 67 51/20 76

Die Deutsche Edelsteinstrasse: Wenn Sie sich für Edelsteine interessieren, sind Sie hier richtig. Bereits zu Zeiten der Römer wurden hier Achate gefunden. Entlang dieser Straße gibt es über 60 Edelsteinschleifereien.

Das Elbsandsteingebirge, besser bekannt als Sächsische Schweiz, erstreckt sich entlang des Elbtales zwischen Pirna und Děčin beiderseits der Staatsgrenze zwischen Sachsen und der Tschechischen Republik. Rund 700 Quadratkilometer des Elbsandsteingebirges sind geschützte Kultur- und Naturlandschaft.

Sächsische Schweiz

Eine Fahrt von Pirna an elbaufwärts mit dem nostalgischen Raddampfer *eröffnet dem Besucher des Elbsand-*

Die Sächsische Schweiz *bot dem Romantiker Caspar David Friedrich (1774–1840) genau die Natur und die Stimmung, die er in seiner Kunst verarbeitet hat. Hier sein Werk »Der Wanderer über dem Nebelmeer«.*

Weißer Dampf entweicht mit einem dumpfen Ton aus der Dampfpfeife des nostalgischen Raddampfers der Sächsischen Dampfschifffahrts-Gesellschaft, wenn er vom Elbufer des sächsischen Städtchens Pirna ablegt. Mit der stampfenden Dampfmaschine und den mächtigen Schaufelrädern geht es flussaufwärts auf der träge dahinfließenden braungrünen Elbe. Die Felslandschaft an beiden Ufern wird bizarr. Es geht an steilen Felswänden, tiefen Schluchten und hoch aufragenden Felsriffen vorbei. Das Auge kann sich nicht satt sehen an den Felsgebilden, denen der Volksmund so phantasievolle Namen wie Wilder Kopf, Lokomotive, Domwächter, Hohe Liebe, Gans oder Affensteine gab. In 100 Millionen Jahren hat die Natur hier eine faszinierende Steinlandschaft geformt. Geologisch handelt es sich beim Elbsandsteingebirge nicht um ein Gebirge, sondern um eine Erosionslandschaft der Kreidezeit. Durch Bewegungen der Erdkruste entstanden Risse und Spalten im porösen Sandstein. Die Elbe und ihre Nebenflüsse gruben sich tief in die Formationen ein. Wind und Wetter nagten an dem Quadersandstein. Übrig blieben die schroffen Verwitterungsformen, die heute das Landschaftsbild prägen. Wanderer und Naturliebhaber können die Schönheiten des Nationalparks und des Landschaftsschutzgebiets Sächsische Schweiz zu jeder Jahreszeit auf Wanderwegen und Klettersteigen genießen. Interessant sind die starken mikroklimatischen Unterschiede dieser Landschaft. In den Schluchten ist es feucht-kühl, ideale Bedin-

steingebirges die Schönheit dieses romantischen Landstrichs.

Bereits im 19. Jahrhundert besuchten die ersten Touristen die Felsenregion südöstlich von Dresden. Sie fanden hier ihr Ideal einer romantischen Landschaft und gaben dieser Gegend den Namen »Sächsische Schweiz«.

gungen für Moose, Farne und Tannen-Buchen-Mischwald. Etwas weiter oben auf den warmen Plateaus und Riffen dominiert dagegen ein Birken-Kiefern-Wald und dort wachsen Heide und Preiselbeeren.

Bis in das 18. Jahrhundert bezeichnete niemand hier diese Landschaft als besonders reizvoll. Im Gegenteil, dieses Gebirge erschien den Menschen lange Zeit sogar als bedrohlich. Es war das Gedankengut von Jean-Jacques Rousseau, der die gekünstelte barocke Welt anprangerte und die Rückkehr zur Natur propagierte. 1766 wanderten die beiden Schweizer Künstler Anton Graff und Adrian Zingg, ausgerüstet mit Skizzenblöcken, durch das Elbsandsteingebirge. Ihre Bilder begeisterten die Menschen und gaben der Landschaft schließlich ihren Namen: Sächsische Schweiz. Den Trend zur deutschen Romantik setzte Caspar David Friedrich fort, der hier viele Motive fand. Seine Gefühle in dieser Landschaft fasste er in die Worte: »Ich muss mich dem hingeben, was mich umgibt, mich vereinigen mit meinen Wolken und Felsen, um das zu sein, was ich bin. Die Einsamkeit brauche ich für das Gespräch mit der Natur.« Ebenso beeindruckt war der Komponist Carl Maria von Weber, der in der Sächsischen Schweiz die passende Kulisse für seinen »Freischütz« fand. Diese Region wurde zum beliebten Ausflugs- und Urlaubsziel von Millionen von Naturfreunden, vor allem nachdem die Eisenbahn und die Dampfschifffahrt diese Gegend leichter zugänglich machten. Viele erkundeten diese Landschaft auch auf Schusters Rappen.

Schroffe Felsen, *alpin anmutende Bachschluchten und die hindurchfließende Elbe machen die Sächsische Schweiz zu einem einzigartigen Naturerlebnis.*

Großes Engagement *zeigt Chefkoch Frank Sickert in seiner Küche im »Margarethenhof« in Gobrisch bei der Zubereitung sächsischer Spezialitäten.*

»Es muss sich was bewegen«, kommentiert Frank Sickert seine Wahl zum Präsidenten der sächsischen Köchevereinigung, »das sind wir unserer Region schuldig!«

Lachsforellengalantine

Für 8 Personen

- *1 gut 30 cm lange küchenfertige Lachsforelle*
- *Salz*
- *Zitronensaft*
- *1/2 l Weinaspik*
- *8 Gemüsesülzchen*

Farce

- *100 g Lachsforellenfilet*
- *50 g Forellen- oder Hechtfilet*
- *25 g Weißbrot ohne Rinde*
- *1/4 ml trockener Weißwein*
- *1/2 kleine Zwiebel*
- *5 g Butter*
- *1 Eiweiß*
- *100 g Schlagsahne*
- Salz
- *weißer Pfeffer aus der Mühle*
- *1 Prise geriebene Muskatnuss*
- *2 EL fein gehackte gemischte Kräuter*
- *50 ml Fischfond*
- *3 Blatt weiße Gelatine*

1 Die Lachsforelle entgräten, dabei von Kopf und Schwanz befreien. Dann unter kaltem Wasser waschen und trockentupfen. Beim Entgräten darauf achten, dass auch die Seitengräten entfernt werden, damit die Galantine später beim Aufschneiden nicht auseinander fällt. Die grätenfreie Lachsforelle mit Salz bestreuen, mit etwas Zitronensaft beträufeln und kalt stellen.

2 Für die Farce das Forellenfilet in kleine Stücke schneiden, das Weißbrot in 50 Milliliter Weißwein einweichen und ausdrücken. Die Zwiebel schälen und in Würfelchen schneiden. Die Butter in einer kleinen Pfanne erhitzen und die Zwiebelwürfel darin glasig dünsten.

3 Das Forellen- oder Hechtfilet, das Weißbrot, die gedünstete Zwiebel und das Eiweiß mit 2 Esslöffeln Sahne und Salz, Pfeffer und Muskatnuss in der Küchenmaschine fein pürieren. Die übrige Sahne steif schlagen und unter die Farce ziehen.

4 Die Forellenfarce teilen und unter die eine Hälfte die Kräuter rühren. Beide Farcen abwechselnd in die Lachsforelle füllen und die Forelle in kochfeste Folie – beispielsweise einen Bratschlauch oder Alufolie – wickeln. Die Galantine im 80 °C heißen Wasserbad etwa 30 Minuten pochieren.

5 Die Galantine über Nacht auskühlen lassen und in 16 etwa 1 Zentimeter dicke Scheiben schneiden. Aus restlichem Wein, Fischfond und Gelatine einen Aspik herstellen und die Scheiben hineintauchen. Auf einem Gitter abtropfen und fest werden lassen. Jeweils zwei Galantinescheiben auf einem Servierteller mit Gemüsesülzchen anrichten und sofort servieren.

Zubereitungszeit: 2 Stunden
Kühlzeit: über Nacht

Krebsschwänze in grüner Sauce

Für 8 Personen
- *1 große Möhre*
- *Kraut von 1/2 Sellerieknolle*
- *1 Zwiebel*
- *Salz*
- *3 Stängel Petersilie*
- *48 Flusskrebse*
- *Weinbrand zum Marinieren*

Sauce
- *1 Schalotte*
- *1 Glas Weißwein*
- *250 g Schlagsahne*
- *50 g Butter*
- *Kerbel, Estragon, Dill*

1 Möhre schälen und in Stücke schneiden. Selleriekraut grob zerkleinern. Die Zwiebel schälen, in Scheiben schneiden und in der Pfanne ohne Fett bräunen. 1 1/2 Liter Wasser in einem großen Topf mit 1 Teelöffel Salz, dem vorbereiteten Gemüse und den Petersilienstängeln zum Kochen bringen.

2 12 Krebse hineingeben und etwa 10 Minuten im geschlossenen Topf kochen. Die Krebse müssen vom Wasser bedeckt sein und sich rot färben. Herausnehmen und die nächsten 12 Krebse kochen. Die übrigen ebenfalls in zwei Portionen kochen. Krebsschwänze mit einer Drehbewegung vom Rumpf trennen, Panzer und Darm entfernen und die Schwänze in etwas Weinbrand marinieren.

3 Für die Sauce die Schalotte schälen und fein hacken. Mit dem Wein zum Kochen bringen und mit 1/4 Liter durchgesiebtem Krebssud auffüllen. Auf ein Drittel reduzieren, die Sahne unterrühren und die Butter unterschlagen. Nicht mehr kochen lassen. Kurz mit dem Mixer aufschlagen. Kräuter waschen und hacken. Dann unterziehen und mit den Krebsschwänzen servieren.

Zubereitungszeit: 1 1/2 Stunden

Im »Margarethenhof« *in Gohrisch, der ältesten Sommerfrische Sachsens, kann man erfahren, wie durch Eigeninitiative die gastronomischen und kundenfeindlichen Wunden der ehemaligen DDR geheilt werden. Kein westlicher Investor, sondern ein einheimischer Hotelier hat die Pension zu einem komfortablen, freundlichen Hotel umgebaut.*

Das Rezept »Krebsschwänze in grüner Sauce« stammt von Reinhard Lämmel, Schloss Weesenstein.

Das Menü der Region »Sächsische Schweiz« wird durch eine Lachsforellengalantine von Frank Sickert eingeleitet.

Reinhard Lämmel *von der »Königlichen Schlossküche« auf Schloss Weesenstein ist eine sächsische Kochinstitution. Als Autor sächsischer Esskultur hat er sich mit deren Historie auseinandergesetzt.*

Gefüllte Kalbsbrust

Für 6–8 Personen

Füllung
- *2 kleine Zwiebeln*
- *50 g Champignons*
- *50 g gekochter Schinken am Stück*
- *50 g Butter*
- *100 g Weißbrotwürfel ohne Kruste*
- *2 Eier*
- *je 1/2 Bund Petersilie und Majoran*
- *150 g Schlagsahne*
- *1 1/2 EL mittelscharfer Senf*
- *50 g Geflügelleber*
- *1 Prise geriebene Muskatnuss*
- *Salz, Pfeffer aus der Mühle*

Fleisch
- *1 Kalbsbrust, etwa 1,5 kg*
- *Salz, Pfeffer aus der Mühle*
- *250 g blanchierter Blattspinat*
- *150 g klein gehackte Kalbsknochen und Abschnitte*
- *4 EL Öl*
- *1, 5 kg klein gewürfeltes Wurzelgemüse*
- *800 ml Kalbsfond*
- *Speisestärke und Schlagsahne zum Binden*

1 Zwiebeln schälen, Champignons putzen und mit dem Schinken in kleine Würfel schneiden. 2 Esslöffel Butter erhitzen und Zwiebeln, Champignons und Schinken darin andünsten. Dann mit den Weißbrotwürfeln in eine Schüssel geben.

2 Die Eier verquirlen. Die Kräuter waschen, trockenschütteln, fein hacken und mit Sahne und Senf unter die Eier rühren. Alles unter die Brotmischung heben. Geflügelleber in Würfel schneiden, in der restlichen Butter anbraten, zur Füllung in die Schüssel geben und mit Muskat, Salz und Pfeffer würzen.

3 In die Kalbsbrust an der schmalen Seite eine Tasche schneiden, innen salzen und mit Spinatblättern auslegen. Die vorbereitete Füllung nicht zu prall hineingeben. Die Masse gut verteilen, die Öffnung mit Küchengarn verschließen. Die Kalbsbrust außen mit Salz und Pfeffer einreiben.

Chefkoch Lämmel ist ein traditionsbewusster Dresdner, der sich in der Küchengeschichte des Königshauses bestens auskennt. Bei ihm kann man speisen wie König Johann oder Friedrich August III.

Die Anekdoten von Reinhard Lämmel waren ebenso köstlich wie seine gefüllte Kalbsbrust.

4 Den Backofen auf 180 °C vorheizen. Die Knochen und die Abschnitte in einen Bräter geben. Den Boden mit etwas Wasser bedecken. Die Kalbsbrust mit der Hautseite nach unten hineinlegen und das Öl darüber gießen. In der Mitte des Backofens 2 bis 2 1/4 Stunden garen. Dabei zwischendurch mit etwas Wasser begießen. Nach 45 Minuten das Wurzelgemüse zugeben, den Braten wenden und öfter mit Bratensaft begießen.

5 Bratensaft durch ein Sieb gießen, Knochen, Abschnitte und Gemüse entfernen. Fett vom Bratensaft abschöpfen, den Fond angießen, alles etwas einkochen lassen, salzen, pfeffern, eventuell mit wenig Stärke und Sahne binden. Das Fleisch in Scheiben schneiden, Sauce angießen und mit Schnittlauch-Kartoffel-Klößen und Kerbelwurzeln anrichten.

Zubereitungszeit: 1 Stunde

Elbimpressionen *bei Rathen.*

Schnittlauch-Kartoffelklösse

Für 4–6 Personen

- *1 kg gegarte, mehlig kochende und durchgepresste Kartoffeln*
- *75 g Mehl*
- *65 g Grieß*
- *1 Ei*
- *Salz, 1 Prise geriebene Muskatnuss*
- *je 50 g Speck- und Zwiebelwürfel*
- *1 Bund Schnittlauchröllchen*
- *1 EL Butter*
- *4 EL Weißbrotwürfel ohne Rinde*
- *in Butter gebräunte Semmelbrösel*

1 Die Kartoffeln, das Mehl, den Grieß und das Ei zu einem glatten Teig verkneten. Mit Salz und Muskat würzen. Den Speck in einer Pfanne ohne Fett bei starker Hitze auslassen. Zwiebelwürfel und Schnittlauch zugeben und alles kurz andünsten. Das Fett abgießen. Die Zwiebelmischung zum Kloßteig geben und unterkneten. Die Butter in einer Pfanne erhitzen und die Weißbrotwürfel darin knusprig anrösten, ebenfalls zur Kloßmasse geben und kräftig unterkneten.

2 Reichlich Salzwasser zum Kochen bringen. Mit einem großen Suppenlöffel Klöße abstechen und diese im Wasser einmal aufkochen, dann 15 Minuten ziehen lassen. Zum Anrichten die Klöße mit in Butter gebräunten Semmelbröseln überziehen.

Zubereitungszeit: 40 Minuten

Kartoffelklöße müssen nicht immer rund sein und dürfen auch durchaus Schnittlauch als Geschmackskomponente enthalten. Das jedenfalls hat Reinhard Lämmel beschlossen, als er die Schnittlauch-Kartoffelklöße kreiert hat.

Kerbelwurzeln in Rahm

Für 4–6 Personen

- *750 g Kerbelwurzeln*
- *75 g Schlagsahne*
- *Salz, Pfeffer aus der Mühle*
- *Zitronensaft*
- *1 Prise Zucker*
- *1 Bund grob gehackter Kerbel*

1 Die Kerbelwurzeln schälen und in sprudelndem Salzwasser bissfest garen, abgießen. Die Sahne in einer Kasserolle erhitzen. Die Kerbelwurzeln hineingeben und darin bei schwacher Hitze kochen lassen, dabei die Sahne etwas einkochen.

2 Das Gemüse mit Salz, Pfeffer, Zitronensaft und Zucker pikant abschmecken und vor dem Servieren den gehackten Kerbel unterrühren.

Zubereitungszeit: 30 Minuten

Mitglied der sächsischen Köchevereinigung *ist Chefkoch Andreas Albrecht vom »Parkhotel« in Bad Schandau. Er ist ein konsequenter Verfechter der regionalen Küche. Die roten Äpfel für das Parfait kamen beispielsweise von seinem Bauernhof.*

Bei der Rekonstruktion der Villa Sendig im toskanischen Stil hat der Architekt wahrscheinlich vergessen, dass man in einer Küche auch kochen muss. »Bei vollem Haus ist das Stress«, meint Andreas Albrecht in seiner 20 Quadratmeterküche unter dem Dach. Doch er schafft es dennoch, den anspruchvollsten Feinschmeckern gerecht zu werden.

Quarkkäulchen

Für 10 Personen

- *250 g Magerquark*
- *500 g gekochte und durchgepresste mehlig kochende Kartoffeln*
- *1 Ei*
- *Saft und abgeriebene Schale von 1/2 unbehandelten Zitrone*
- *1 Prise Salz*
- *1 Prise geriebene Muskatnuss*
- *50 g Mehl*
- *50 g Zucker*
- *2 EL Rosinen*
- *Mehl zum Bearbeiten*
- *Öl zum Braten*
- *Puderzucker oder Zimtzucker zum Bestreuen*

1 Den Quark durch ein Sieb streichen und mit den durchgepressten Kartoffeln, Ei, Zitronensaft und Schale, Salz, Muskat, Mehl, Zucker und Rosinen gründlich zu einem glatten Teig verarbeiten.

2 Den Teig auf einer bemehlten Arbeitsfläche zu einer Rolle mit etwa 5 Zentimeter Durchmesser ausrollen. Diese quer in 2 Zentimeter dicke Scheiben schneiden und daraus 1 1/2 Zentimeter dicke Käulchen mit 8 Zentimeter Durchmesser formen.

3 Das Öl in einer Pfanne erhitzen und die Käulchen darin auf beiden Seiten goldgelb braten. Herausnehmen und auf Küchenpapier entfetten. Die Käulchen sofort mit Puderzucker oder Zimtzucker bestreuen. Dazu Apfelmusparfait mit Calvados im Marzipanmantel, frische Früchte der Saison, rote Grütze oder Apfelmus servieren.

Zubereitungszeit: 30 Minuten

Quarkkäulchen mit Parfait vom Apfelmus im Marzipanmantel: eine unwiderstehliche Komposition von Andreas Albrecht.

Apfelmusparfait mit Calvados im Marzipanmantel

Für 10 Personen

- *1 kg aromatische Äpfel*
- *2 Gewürznelken, 1/2 Zimtstange*
- *Saft und abgeriebene Schale von 1 unbehandelten Zitrone*
- *1/8 l Weißwein*
- *1 Ei, 4 Eigelbe*
- *60 g Zucker, 4 cl Calvados*
- *250 g steif geschlagene Sahne*
- *200 g Marzipanrohmasse*
- *50 g Puderzucker*
- *Früchte zum Garnieren*

1 Äpfel waschen, vierteln, vom Kerngehäuse befreien, in Spalten schneiden. Zusammen mit Nelken, Zimtstange, Zitronensaft und etwas -schale, Wein und 1/8 Liter Wasser in einem Topf aufkochen lassen. Bei schwacher Hitze unter gelegentlichem Rühren einkochen lassen. Gewürze entfernen. Die Apfelmasse durch ein Sieb streichen und kalt stellen.

2 Ei, Eigelbe und Zucker über einem Wasserbad aufschlagen, bis die Masse dick und schaumig ist. Dann auf Eiswasser kaltschlagen. Das Apfelmus und den Calvados in die Eiermasse rühren und die steif geschlagene Sahne darunterziehen.

3 Marzipan auf Puderzucker zu einem Rechteck in Größe einer Terrinenform (1 Liter Inhalt) ausrollen. Die Form zuerst mit Klarsichtfolie, dann mit Marzipan auslegen, etwas Marzipan überlappen lassen. Parfaitmasse einfüllen, Marzipan darüber schlagen und festdrücken. Parfait 4 bis 5 Stunden gefrieren lassen. Vor dem Servieren in Scheiben schneiden, mit Früchten garnieren und zu den warmen Quarkkäulchen reichen.

Zubereitungszeit: 40 Minuten
Gefrierzeit: 4–5 Stunden

Christstollen *werden niemals in kleinen Mengen gebacken: mehrere Stück auf einmal müssen es schon sein. Aus dem fertigen Teig werden die typischen, länglichen Stollen geformt.*

Dresdner Weihnachtsstollen

Für 4–6 Stück

- *1,5 kg Sultaninen*
- *250 g Korinthen, 1/4 l Rum*
- *2,5 kg Mehl*
- *300 g Hefe*
- *3/4 l Milch*
- *500 g Zucker, 4 Päckchen Vanillezucker*
- *1 EL abgeriebene Zitronenschale*
- *35 g Salz*
- *1,2 kg Butterschmalz*
- *150 g Zitronat*
- *100 g Orangeat*
- *10 gehackte bittere Mandeln*
- *300 g gehackte süße Mandeln*
- *Butter für das Backblech*

1 Sultaninen und Korinthen über Nacht im Rum ziehen lassen. Mehl in eine Schüssel sieben. In die Mitte eine Vertiefung drücken und da hinein die mit etwas Milch angerührte Hefe gießen. Mit etwas Mehl bedecken und an einem warmen Ort etwa 2 Stunden gehen lassen.

2 Alle übrigen Zutaten zugeben und gut verkneten. Sultaninen und Korinthen einarbeiten. Den Teig etwa 3 Stunden an einem warmen Ort zugedeckt gehen lassen. Dann kräftig auf die Arbeitsfläche schlagen und kneten, in 4 bis 6 Portionen teilen und zu Stollen formen. Der Länge nach einkerben und auf ein gebuttertes und bemehltes Blech legen. Weitere 30 Minuten gehen lassen. Im vorgeheizten Ofen bei 180 °C 1 Stunde backen. Wie rechts beschrieben fertigstellen.

Zubereitungs- und Ruhezeit: 6 Stunden
Backzeit: 1 Stunde

Die fertig gebackenen *und ausgekühlten Stollen werden mit reichlich zerlassener Butter bestrichen und anschließend großzügig mit Puderzucker bestreut. Dann wird dieser Vorgang noch einmal wiederholt. Die Stollen sollten eine Woche durchziehen und dann erst gekostet werden.*

Romantische Naturschauspiele *wie dieses hier sind in der Sächsischen Schweiz keine Seltenheit: Der Lilienstein im Mondaufgang.*

Unter August dem Starken, *Kurfürst von Sachsen, entstanden in der Sächsischen Schweiz Schlösser und Gärten wie Großsedlitz und Pillnitz.*

Der ruhige Kurort Rathen ist ein guter Ausgangspunkt für eine Wanderung auf die berühmte Bastei. Man kann auch mit dem Auto dort hinfahren. Schöner ist jedoch die Wanderung auf dem Basteiweg, entlang dem zum Elbtal hin gesicherten Felsenrand. Nach einigen Stunden erreicht man das 193 Meter über der Elbe gelegene Felsenriff »Bastei«. In der Hochsaison – von Frühjahr bis Herbst – drängen sich hier oben häufig die Menschen. Doch der atemberaubende Blick über die Landschaft entschädigt für die Enge des Aussichtspunktes. Die steinerne Basteibrücke wurde 1850 eigens für den Tourismus gebaut und verbindet den Felsturm mit dem Neurather Felsentor, durch das man in eine Burganlage aus dem 13. Jahrhundert gelangt. Einst befanden sich hier in dieser schwindelnden Höhe etwa zwei Dutzend in den Stein gemeißelte beziehungsweise durch Holzaufbauten geschaffene Felsgemächer.

Auffallend sind die vielen Kletterer, die in den Wänden und auf den Felsnadeln ihre Fähigkeit unter Beweis stellen. Seit Ende des 19. Jahrhunderts ist das Klettern ein beliebter Freizeitsport in dieser Region. Schon 1864 kletterten fünf Schandauer Turner auf den Falkenstein. Mehr als tausend freistehende Felstürme mit etwa 14 000 verschiedenen Kletterwegen in den Schwierigkeitsgraden I bis XII sind selbst für welterfahrene Bergsteiger eine Herausforderung.

Weit reicht der Blick über das Elbtal. Aus dem Dunst ragen markante Tafelberge, der Lilienstein und der Königstein, letzterer mit einer gewaltigen Festung aus dem 16. Jahrhundert. Kurfürst Christian I. ließ sie zu einer Verteidigungsanlage ausbauen, die nie eingenommen wurde. In unruhigen Zeiten suchten die sächsischen Kurfürsten und Könige hinter den dicken Mauern Zuflucht; sie bewahrten hier auch den Staatsschatz auf. Wegen ihrer landschaftlich reizvollen Lage lud der sächsische Hof gern zu prunkvollen Festen auf diese Veste ein. Ob Zar Peter der Große, der Alte Fritz oder Napoleon, alle waren sie Gäste auf dem Königstein, allerdings über der Erde in den Spätrenaissancebauten. Unter der Erde in den düsteren Kasematten, die als Gefängnis dienten, schmachteten unter anderem der Porzellanerfinder Böttger, aber auch August Bebel und Frank Wedekind.

August der Starke, Kurfürst von Sachsen und König von Polen, fand Gefallen an einem Fleckchen Erde oberhalb des Elbtales, das sein Vertrauter Graf Wackerbarth besaß. Er ließ nicht locker, bis ihm das Gelände in Großsedlitz gehörte. Der Barockgarten wurde 1732, inspiriert von den Anlagen in Frankreich und Italien, zu einer der eigenwilligsten Kompositionen deutscher Gartenkunst. Die terrassierten Gartenräume mit Wasserspielen und Sandsteinskulpturen sind durch prachtvolle Treppenanlagen miteinander verbunden. Große, markante Sichtachsen führen den Blick durch den Garten. Harmonisch fügen sich das Friedrichschlösschen sowie die obere und untere Orangerie in das Gartenbild. August der Starke nutzte den Garten gern zu Repräsentationszwecken. Dann feierte und lustwandelte die »große Gesellschaft« in den weitläufigen Anlagen.
Auch August der Starke hatte seine Midlife-crisis. Elf Jahre lang war seine Geliebte, die holsteinische Gräfin Cosel, die mächtigste Frau im Land und stahl der Kurfürstin Eberhardine von Bayreuth die Schau. Ein Schlösschen in Pillnitz und das Taschenbergpalais in Dresden, pikanterweise mit einem direkten Verbindungsgang zum Schloss, dienten als Liebesnester. 1712 war Schluss mit der Liebelei. Die Mätresse war zu mächtig geworden und der Kurfürst verbannte die Gräfin 1716 auf die Burg Stolpen. Insgesamt verbrachte sie 49 Jahre auf der Burg, davon 21 als Gefangene im »Gräfin-Cosel-Turm«, bis sie dort mit fast 85 Jahren starb. Bevor August der Starke die Burg übernahm, gehörte sie den Fürstbischöfen von Meißen. Faszinierend ist der mit 82 Metern tiefste in Basalt getriebene Brunnen der Welt. Zu dieser Leistung benötigten Bergleute aus dem Erzgebirge 22 Jahre. Die Burg wurde von napoleonischen Truppen zerstört und ist heute nur noch eine Ruine.

Hohnstein liegt dort, wo sich der Sandstein der Sächsischen Schweiz vom Granit der Lausitz trennt. Ein Bilderbuchstädtchen mit seinen Fachwerkhäusern und den zwei Burgen darüber. Mit dem Namen Hohnstein werden Kindheitserinnerungen wach, denn das Puppenschnitzen hat dort eine lange Tradition: 1928 waren umherziehende Puppenspieler in den Ort gekommen, und mit günstigen Arbeits- und Lebensbedingungen konnte man sie dazu bewegen, sich auf der Burg Hohnstein niederzulassen. Von hier aus zogen sie in die ganze Welt. Die Wanderbühne verhalf dem Städtchen zu Weltruhm und die Hohnsteiner Handspielpuppen wurden zu einem Begriff. Ganz in der Nähe von Hohnstein, im Ortsteil Ernstthal, erblickte 1842 einer das Licht der Welt, der mit seinen Büchern die Phantasie der Kinder, aber auch die der Erwachsenen, anregte: Karl May. Mit Auflagen von mehr als 70 Millionen Büchern gehört er zu den meistgelesenen deutschen Autoren.

Umschlossen von bewaldeten Berghängen, im engen Tal der Müglitz, einem der vielen Erzgebirgsflüsschen, die in die Elbe münden, liegt das Schloss Weesenstein. Eine imposante und eigenwillige Schlossanlage. Besonders interessant sind die illusionistischen Barockmalereien auf den Fassaden. Es sind die vielen Baustile, die diese Anlage zu einem Kleinod sächsischer Schlösser und Burgen haben werden lassen.

Auf dem Schlösschen Pillnitz *verbrachte August der Starke viele, vermutlich romantische Stunden mit der holsteinischen Gräfin Cosel.*

Wer kennt es nicht: *das Hohnsteiner Kasperle. Der Stückeschreiber Max Jacob und der Holzbildhauer Theodor Eggink haben diese Figur gemeinsam geschaffen und damit das Städtchen Hohnstein weltberühmt gemacht.*

Zitronat, Orangeat und Korinthen *sind ein Muss im Stollen, auf Marzipan hingegen kann verzichtet werden.*

Alle Backzutaten *werden im großen Stil miteinander zu einem geschmeidigen Teig verknetet.*

Die Sachsen entwickelten die hohe Kunst des »Titschens«, das Eintauchen des Kuchens oder auch Stollens in den Kaffee, bevor er in den Mund geschoben wird. Verfechter dieser Kuchenveredelung schwören, von getitschtem Kuchen werden die Mädchen noch schöner, als sie es in Sachsen ohnehin schon sind.

Der Dresdner Christstollen

Der Urahn des Christstollen, der Strietzel, kam noch mit Mehl, Hefe und Wasser aus und war ein ausgesprochenes Fastengebäck. Das daraus der üppige Christstollen entstehen konnte, verdanken wir unter anderem Papst Innozenz VIII., der das Butterverbot in Sachsen während der Fastenzeit zugunsten einer Sonderabgabe an den Vatikan aufhob.

Um es gleich vorweg zu sagen, der »Dresdner Christstollen« ist keine Dresdner Erfindung, er wurde hier nur besonders populär. In der »General-Consumtios-Accis«, der Ordnung des Kurfürstentums Sachsen Anno 1707, in der alle bekannten Lebensmittel, Genussmittel und sonstige Waren erwähnt wurden, ist der Dresdner Christstollen nicht zu finden.

Stollen, damals besser bekannt unter »Striezel«, war ein Fastengebäck des Mittelalters und bestand aus Mehl, Wasser und Bierhefe. Diese Fastengebäcke waren abgabepflichtig, weil sie nicht wie Hostien in der Kirche vergeben, sondern wie Brote auf der Straße, auf Striezelmärkten, verkauft wurden. Striezel sind also Hefezöpfe, wie man sie auch in Süddeutschland kennt.

Unter Christstollen wird heute ein Hefegebäck, das mit Rosinen, Mandeln, Zitronat, viel Butter und Zucker, gelegentlich mit Marzipan, aber ohne Eier gebacken wird und zwar immer um die Weihnachtszeit. Aber sächsisch ist der Christstollen schon. Seit 1457 buk nämlich der Hofküchenchef und Bäcker Heinrich Drasdow im Schloss zu Torgau für vermögende Kunden Stollen mit den besagten Zutaten, die zu dieser Zeit teilweise nur in Apotheken erhältlich waren. Das Backen von Stollen war damals nicht nur teuer, sondern auch ein illegales Unterfangen, denn die Verwendung von Butter in der Fastenzeit war riskant und wurde von der Kirche sicher nur geduldet, weil auf den Speiseplänen der Klöster schon seit längerem Gerichte mit Milch, Eiern und Butter standen. Außerdem regierte in Torgau gerade Kurfürst Ernst von Sachsen, ebenfalls kein Kostverächter, sondern ein ausgemachter Liebhaber des Weihnachtsstollens. Seine Söhne Friedrich III. und Johann schrieben dem Papst Innozenz VIII. in Rom einen Brief mit der Bitte, das Butterverbot aufzuheben. Dieser erkannte sofort eine zusätzliche Einnahmequelle und unterschrieb 1490 ein Dispens. Darin heißt es: »Bei Zahlung von jährlich den 20. Teil eines Rheinischen Guldens je Einwohner soll es den kurfürstlichen Untertanen erlaubt sein, in Ruhe und mit gutem Gewissen Butter- und Milchspeisen an den verbotenen Tagen zu essen.« Die Sachsen hatten also ihren »Butterbrief«. Ähnlich dem Verkauf von Ablassbriefen, wurde seitens des Vatikans mit den Butterbriefen ein reger Handel betrieben. Als 1550 Papst Julius III. eine allgemeine Freigabe von sonst in der Fastenzeit verbotenen Lebensmitteln offerierte, wurden die Butterbriefe überflüssig. Nach 1560 übergaben die Dresdner Bäcker ihrem Landesherrn zu Weihnachten ein 40-pfündiges Sonderexemplar eines Christstollens. Acht Meister und acht Gesellen trugen ihn zum Schloss. Ein Brauch, der sich bis ins 19. Jahrhundert am sächsischen Königshof hielt. August der Starke musste auch beim Thema Christstollen seine Größe beweisen. 1730 ließ er zum Beispiel von der Bäckerzunft Dresdens einen Riesenstollen von 1,8 Tonnen für rund 24.000 Gäste anlässlich des Zeithainer Lustlagers backen. An dieses Ereignis knüpft das heutzutage jährlich in Dresden stattfindende Stollenfest an. Ende des 19. Jahrhunderts bestätigte dann der königlich sächsische Hofbäcker G. Adam in Pillnitz: »Stollen ist keine Dresdner Schöpfung, er wird aber hier seit langer Zeit hergestellt. Wichtig ist die Qualität der Hefe, des Mehles, die Kontrollierbarkeit und Berechnung der Backzeit, die Ofenhitze sowie das Verhältnis von Butter und Mehl im Grundteig. Dresdner Stollen, von schwerer Stollenmasse, besteht aus 8 Pfund Mehl, 1 1/4 Pfund Zucker, 4 Pfund Butter, 1/4 Pfund Bittermandel. Alle anderen Ingredienzien wie süße Mandeln, Rosinen, Zitronat oder Rum können nach Belieben, weil für den direkten Backvorgang unerheblich, Verwendung finden.«

Auch wenn es ein Grundrezept für die Herstellung von Dresdner Christstollen gibt, hat doch jeder Bäcker- und Konditormeister sein vererbtes Familiengeheimnis. So werden beispielsweise ein feines Maß an Gewürzen, wie Zimt oder Muskatblüte, dem Teig beigegeben. Die Dresdner machten den Stollen, neben den Rheinländern, nicht nur bekannt, sie machten ihn auch zu ihrem Gebäck, und ihre Rezepturen wurden im Lauf der Zeit immer perfekter. Der Dresdner Christstollen, in seiner jetzigen geschützten Qualität, hat sich erst in unserem Jahrhundert herausgebildet. Er ist eine Komposition aus Festlichkeit und Tradition.

Vor Weihnachten wird in vielen sächsischen Haushalten Tradition groß geschrieben.

In großen Trögen wird schwerer Hefeteig geknetet und – damit es sich auch richtig lohnt – oft 10 bis 15 Stollen daraus geformt. Diese werden dann gut verpackt und vor Kälte geschützt zum Bäcker getragen, der die Teigstücke, mit einem kleinen Schildchen versehen, in seinem großen Ofen bäckt.

Ein Glanzstück zur Weihnachtszeit *auf der Sächsischen Kaffeetafel: Der dick mit Butter und Puderzucker bedeckte Dresdner Christstollen.*

Vor dem Backen *werden die geformten Stollen oben in der Mitte mit einem Messer eingeritzt.*

Pünktlich vor Weihnachten *sind die Stollen in der Konditorei Donath in Dresden fertig gebacken und können zum Verkauf angeboten werden.*

Bereits Anfang dieses Jahrhunderts *wurden im Auftrag von Rudolf Sendig auf der Ostrauer Höhe Fertighäuser aus Holz gebaut. Sendigs Idee war, eine Feriensiedlung zu erstellen.*

Um noch mehr reiche russische Offiziere nach Bad Schandau zu holen, fuhr der einfallsreiche Hotelier Rudolf Sendig nach Petersburg. Ob er in seinem violetten Frack eine Audienz bei der russischen Zarin erhielt, ist nicht verbrieft, aber dank seiner Bemühungen hat er einen Orden bekommen. Daraufhin hat er an einer Villa die Aufschrift »Russisches Offizierskurhaus« anbringen lassen. Da jedoch die russischen Offiziere ausblieben, musste er die Aufschrift wieder entfernen und nannte das Haus von da an »Russische Villa«.

Schon als Prinz fühlte sich Anton von Sachsen an diesem romantischen Platz des Schlosses Weesenstein wohl. Doch erst als König glückte ihm 1830 der Kauf von Schloss und Herrschaft Weesenstein. Das Anwesen blieb im Privatbesitz und wurde zur Wohn- und Wirkungsstätte König Johanns von Sachsen, der hier die kommentierte Übersetzung der »Göttlichen Komödie« des Dante Alighieri vom Italienischen ins Deutsche zu seinem Lebensinhalt machte. Schon damals war das Schloss ein Anziehungspunkt für Ausflügler, wie in den »Einschreibebüchern für Fremde« ersichtlich. In den ehemaligen Braukeller des Schlosses wurde 1865 eine Küche eingebaut, die heute als Restaurant genutzt wird. In dieser Küche wurde auch für die Bediensteten das Essen zubereitet. Es war die Zeit, als die kleinen Vorderhaxen und die Rippchen vom Schwein zu den Delikatessen in der sächsischen Küche gehörten. Man saß um den Küchentisch und schälte das Fleisch vom Knochen, natürlich mit den Fingern. Dazu gab es ein ganz besonderes Kraut, aus gekochtem Sauer- oder Rotkohl bestehend, mit Rosinen und Apfelstückchen, gebunden mit Honig und Rahm. Der Bindekraft der Kartoffelstärke traute man noch nicht. Einmal erschien Prinz Johann von Sachsen unverhofft in dem Küchengewölbe und sah Küchenhilfen und Gesinde bei Rippchen und Kraut gemütlich schwatzen, worauf er abdrehte und murmelte: »Die babbeln und babbeln.« Seitdem heißt das Gericht eben »Weesensteiner Gebabbel«.

Eine schillernde Figur aus der Sächsischen Schweiz ist Rudolf Sendig aus Bad Schandau, im Volksmund »Fürst Rudolf« genannt: Als gelernter Koch betätigte er sich viel als Hotelier und Vordenker in Sachen Touristik. Durch seine gewinnende Persönlichkeit und seine Begabung, mit überzeugenden Ideen verschlossene Kassenschränke immer wieder zugunsten seiner Pläne zu öffnen, vergrößerte er stetig sein Imperium. So mietete und baute er in Bad Schandau Villen für adlige Gäste, wie dem König von Sachsen, der alljährlich zur Hirschjagd kam. Auf der Ostrauer Höhe, oberhalb von Bad Schandau, wollte er eine Feriensiedlung bauen. Das war 1904. Blockhäuser aus Fertigteilen wurden komplett mit Inneneinrichtung gefertigt, und es wurde eine Straße gebaut. Damit seine Villengäste in Bad Schandau die Ostrauer Höhe bequem erreichen konnten, ging Rudolf Sendig aufs Ganze und ließ an der 50 Meter hohen Felswand am Elbufer einen elektrischen Personenaufzug errichten, der noch heute in Betrieb ist.

Eine besondere Kunstfertigkeit kam auf Schleichwegen in die Sächsische Schweiz, oder genauer gesagt, nach Sebnitz, das an der sächsisch-tschechischen Grenze liegt. Nordböhmen, damals österreich-ungarisch, war im 19. Jahrhundert ein Zen-

Schloss Weesenstein *ist ein Kleinod unter den sächischen Burgen und Schlössern. Viele Baustile sind hier miteinander vereint.*

trum der Kunstblumenfertigung. Nach dem Beitritt Sachsens zum Deutschen Zollverein wurden diese Waren bei der Einfuhr mit hohen Zöllen belegt. Kunstblumen waren jedoch beliebt und modern, und der Bedarf war groß. Zunächst schmuggelten die böhmischen Händler die Ware nach Sachsen, dann mieteten sie in Grenzorten, wie Sebnitz, Räume und produzierten somit zollfreie Produkte. Dies hatte zudem den Vorteil, dass die böhmischen Blumenmacher ihre Steuern nicht am Arbeitsort, sondern am Wohnort zu zahlen hatten. In Sachsen gab es aber schon seit dem 18. Jahrhundert eine eigene Kunstblumenfertigung. Der Streit war also vorprogrammiert. Die Eifersüchteleien wurden erst beigelegt, als man erkannte, dass die Blumenherstellung ein Ersatz für die unwirtschaftliche Handweberei sein konnte. Nun begannen viele sächsische Mädchen und Frauen bei den böhmischen Blumenarbeiterinnen die Kunst des Blumenmachens zu erlernen. Die Werkstätten waren meist Familienbetriebe. Alle Familienmitglieder, von den Großeltern bis zu den Kindern, fertigten in der »Blumenstube« in Arbeitsteilung die kunstvollen Gebilde. Die Heimarbeiter hatten in den Wintermonaten Hochsaison. Das kam der ländlichen Bevölkerung sehr gelegen, denn im Sommer verdienten sie ihr Brot in der Land- und Forstwirtschaft. Die Löhne waren niedrig. 1913 lag der Tageslohn eines Heimarbeiters oft unter einer Mark. Die Kinder mussten täglich erst ein bestimmtes Pensum Arbeit erledigen, ehe sie ihre Schulaufgaben machen durften. Was sie verdienten, verwendeten die Eltern meist zur Abdeckung der Haushaltskosten. Die Arbeit musste wöchentlich beim Händler in Sebnitz abgeliefert werden. Da Geld für eine Bahnfahrt knapp war, wurde der weite Weg oft zu Fuß zurückgelegt. Die Blumenmacher aus Sebnitz hatten es nie leicht, weil sie immer gegen ausländische Konkurrenz, später hauptsächlich aus Frankreich und Asien, ankämpfen mussten. In den 50er Jahren wurden alle einschlägigen Betriebe in der DDR zu dem VEB Kunstblume vereinigt. Der größte Teil der Produktion wurde in den folgenden Jahren als Devisenbringer in die Bundesrepublik verkauft – als namenlose und billige Erzeugnisse in kunstgewerblichen Geschäften im Westen.

Jede Kunstblume ist ein Unikat: *Knospen, Stempel, Staubgefäße und Dolden sind für jede Blumenart einzigartig.*

Die Herstellung der künstlichen Pflanzengebilde hat sich bis heute nicht geändert. Es ist Handwerk im wahrsten Sinne des Wortes. Seide, Samt, Batist oder Baumwollstoffe werden zunächst eingefärbt und appretiert. Mit Schere oder Stanzwerkzeugen wird der Stoff in Form gebracht. Um den Blüten und Blättern das endgültige Aussehen zu geben, werden sie von Hand gepresst und gedrückt. Binderinnen fügen die Einzelteile zu Blumen zusammen, um sie danach zu prachtvollen Arrangements zusammenzubinden und möglichst weltweit zu verkaufen.

Blick auf das Städtchen Bad Schandau *im Elbsandsteingebirge.*

Die kunstvollen Seidenblumen, die in Sebnitz seit etwa 100 Jahren in Handarbeit hergestellt werden, finden auch in Goethes Faust Beachtung: »Denn wir halten es verdienstlich, lobenswürdig ganz und gar, unsere Blumen, glänzend-künstlich, blühen fort das ganze Jahr. Allerlei gefärbten Schnitzeln ward symmetrisch Recht getan; Mögt ihr Stück für Stück bewitzeln, doch das Ganze zieht euch an.«

Sächsische Schweiz

Hotels und Restaurants

▮ Park- und Sporthotel Margarethenhof in Gohrisch: Siehe Seite 130.
Pfaffendorfer Straße 89, 01824 Gohrisch; Telefon 03 50 21/62 30, Fax 03 50 21/6 25 99

▮ Königliche Schlossküche im Schloss Weesenstein: Siehe Seite 132.
Am Schlossberg 1, Schloss Weesenstein, 01809 Müglitztal;
Telefon und Fax 03 50 27/57 38

▮ Parkhotel in Bad Schandau: Siehe Seite 134.
Rudolf-Sendig-Straße 12, 01814 Bad Schandau; Telefon 03 50 22/52-0, Fax 03 50 22/5 22 15

Romantisch wohnen *lässt es sich in den Türmchenzimmern des »Strandhotels« der Stadt Wehlen.*

▮ Strandhotel in Stadt Wehlen: Dieses Hotel kann auf eine wechselvolle Geschichte zurückblicken (Entbindungsheim und Flüchtlingslager, verstaatlichte Gaststätte). Heute ist es ein Kleinod. Besonders reizvoll sind die Türmchenzimmer; 30 Zimmer.
Markt 9, 01829 Stadt Wehlen;
Telefon 03 50 24/7 04 24

Schlossschänke in Pirna: Sächsische Küche; im Sommer Köstlichkeiten vom Grill im Biergarten.
Im Sommer kein Ruhetag; im Winter Mo Ruhetag
Schlosshof 4, 01796 Pirna;
Telefon 0 35 01/75 64 56

▮ Wanderstiefel in Hinterhermsdorf: In einem typischen Umgebindehaus aus dem 17. Jahrhundert ist die gemütliche Gaststätte untergebracht.
Öffnungszeiten: täglich 11.00–21.00 Uhr, außer Do; März und November täglich 11.00–21.00 Uhr, außer Mi und Do
Schandauer Straße 64, 01855 Hinterhermsdorf; Telefon 03 59 74/5 05 70

▮ Offizierskasino in Königstein: Einstige Metzgerei der Festung Königstein; sächsische Hausmannskost.
Öffnungszeiten: April–September 9.00–20.00 Uhr; Oktober 9.00–18.00 Uhr; November–März 9.00–17.00 Uhr; 24. Dezember geschlossen
Festung Königstein, 01824 Königstein; Telefon 03 50 21/6 46 90

▮ Berghotel Augustusberg in Bad Bottleuba: Komfortables Hotel mit Sauna, Dampfbad, Solarium und Fitnesscenter; 23 Zimmer, 6 Zimmer in der Villa Augustusberg.
01816 Bad Bottleuba (über Bahratal zu erreichen); Telefon 03 50 23/6 25 04, Fax 03 50 23/6 24 08

Idyllisch gelegen *am Fuß des Schlossbergs befindet sich die kleine Pension »Pension am Schlossberg«.*

▮ Pension am Schlossberg in Pirna: Die kleine Pension befindet sich am Fuße des Schlossberges mit Garten und Terrasse; 4 Zimmer.
Am Schlossberg 2, 01796 Pirna
Telefon und Fax 0 35 01/52 37 72

▮ Landgasthaus Zum Schwarzbachtal in Lohsdorf: Das Bauernhaus ist mit alten Möbeln ausgestattet; gutbürgerliche Küche; Kochkurse; 4 Zimmer.
01848 Hohnstein, Ortsteil Lohsdorf
Telefon und Fax 03 59 75/8 03 45

Gutbürgerlich *lässt es sich im Landgasthaus »Zum Schwarzbachtal« in Lohsdorf speisen; bei sonnigem Wetter auf der Terrasse.*

Sehenswürdigkeiten

▮ Kunstblumen- und Heimatmuseum Prof. Alfred Meiche in Sebnitz: Persönlichkeiten der Gegend wird hier ein Andenken bewahrt; Volkskunst, historisches Museumscafé mit Musik zum Nachmittagskaffee.
Öffnungszeiten: Di–So 10.00–16.30 Uhr
Hertigswalder Straße 12, 01855 Sebnitz;
Telefon 03 59 71/5 25 90;
Museumscafé: Telefon 03 59 71/5 84 30

▮ Hochofenruine Brausenstein in Bielatal (Abzweigung Ottomühle): Die Hochöfen aus Sandstein galten im 15. Jahrhundet als technischer Fortschritt, sie waren hitze- und formbeständig. Die Besichtigung ist kostenlos.

▮ Schloss Pillnitz: Es gehört zu den schönsten Barockschlössern Deutschlands und war das Geschenk von August dem Starken an Gräfin Cosel. Das Gartenrestaurant bietet Speis und Trank sowie einen Blick auf die japanische Kamelie, die im Frühjahr blüht.

▮ DORFKIRCHE in Reinhardtsdorf: Kirche aus dem 17. Jahrhundert (Bauernbarock) mit Erbgerichtloge, 300 Jahre altem Gestühl, Pranger neben dem West-portal, bunter Kanzelkorb mit kleinem Teufel; besonders kostbar ist der Flügelaltar mit den geschnitzten Figuren.

Besonders sehenswert: *die Dorfkirche Reinhardtsdorf aus dem 17. Jahrhundert.*

▮ BAROCKSCHLOSS RAMMENAU: Eine der schönsten Landbarockanlagen in Sachsen mit kulturellen Veranstaltungen und Ausstellungen. Johann Gottlieb Fichte wurde hier eine Gedenkstätte gewidmet.
Öffnungszeiten: im Sommer täglich 10.00–17.30 Uhr; im Winter 10.00–16.00 Uhr
Am Schloss 4, 01877 Rammenau;
Telefon und Fax 0 35 94/70 35 59

▮ BAROCKGARTEN GROSSSEDLITZ in Heidenau: August der Starke ließ dieses Schloss von bekannten Künstlern schaffen. Der Garten gilt als einer der vollkommensten der deutschen, barocken Gartenkunst; Veranstaltungen und Ausstellungen in der Unteren Orangerie.
Öffnungszeiten: im Sommer 7.00–20.00 Uhr; im Winter 8.00–18.00 Uhr
Parkstraße 85, 01809 Heidenau
Telefon 0 35 29/5 63 90

▮ VORDERES KIRNITZSCHTAL: Im hinteren Teil des Naturschutzparkes können Sie schöne Wanderungen unternehmen. Fahren Sie mit der Straßenbahn von Bad Schandau zum Lichtenhainer Wasserfall. Unterwegs können Sie in einer der alten Mühlen, die heute Gaststätten sind, einkehren und sich für die Tour stärken.

▮ FESTUNG KÖNIGSTEIN: Zuerst böhmische Burg, dann Ausbau zur Festung mit Zugbrücke. In den Kasemattengewölben bewahrte man im Krieg Dresdner Kunstwerke auf. Hier wurden Feste gefeiert sowie das größte Weinfass der Welt gebaut. Berühmte Männer, wie Frank Wedekind und August Bebel, hielt man in der Festung Georgenburg gefangen.
Auskunft: Festung Königstein
Öffnungszeiten: Ostern–September 9.00– 20.00 Uhr; Oktober 9.00–18.00 Uhr; November–April 9.00–17.00 Uhr
01824 Königstein;
Telefon 03 50 21/6 46 07
oder Touristeninformation,
Telefon 03 50 21/6 88 92

Bei einer Wanderung *auf den Königstein sollte man die gleichnamige Festung unbedingt besichtigen.*

▮ SCHLOSS WEESENSTEIN in Müglitztal: Das Schloss aus dem 16. Jahrhundert ist innen neugotisch. Das Eingangsportal mit Wappen gilt als ein Meisterwerk sächsischer Renaissance.
Öffnungszeiten: im Sommer täglich 9.00–18.00 Uhr; im Winter 9.00–17.00 Uhr
Am Schlossberg 1, 01809 Müglitztal;
Telefon 03 50 27/54 36

VERANSTALTUNGEN

▮ HOHNSTEINER PUPPENSPIELFEST: Ende Mai wird mit internationaler Beteiligung das Puppenspielfest durchgeführt.
Auskunft: Touristeninformation
01848 Hohnstein;
Telefon 03 59 75/8 68 13

▮ SCHLOSSFEST WEESENSTEIN im Müglitztal: Das Fest wird an Pfingsten gefeiert und versetzt den Besucher zurück in das Mittelalter.
Telefon 03 50 27/54 36

Umschlossen von Berghängen *im Müglitztal, liegt das Schloss Weesenstein.*

▮ SANDSTEIN & MUSIK in Pirna: Von März bis Dezember finden Konzerte mit international bekannten Künstlern in Kirchen, Museen und Schlössern statt.
Auskunft: Sandstein & Musik e.V. Klosterstraße 5 a, 01796 Pirna; Telefon 0 35 01/44 65 72, Fax 0 35 01/44 64 72

▮ STRIEZELMARKT in Dresden: Jedes Jahr vom 1. Advent bis Weihnachten lockt im Herzen Dresdens der vorweihnachtliche Markt viele Besucher an. Der älteste Weihnachtsmarkt in Deutschland wurde 1434 erstmals urkundlich erwähnt. Im Mittelpunkt steht der Originale Dresdner Christstollen, der sich im 17. Jahrhundert aus dem einfachen Hefestriezel entwickelt hat. Im Rahmen des Marktes findet alljährlich das Stollenfest statt.

VERSCHIEDENES

▮ RADDAMPFERFAHRT: Ältester Raddampfer der Welt.
Fahrplanauskunft: Telefon 01 80/5 30 47 47
Sächsische Dampfschifffahrts GmbH & Co.

Conti Elbschifffahrts KH,
Hertha-Lindner-Straße 10, 01067 Dresden;
Telefon 0351/86 60 90, Fax 03 51/4 96 93 50

▮ FÜR SPORTLICHE: Der 428 Meter hohe Pfaffenstein (bei Pfaffendorf) ist das Ziel vieler Kletterer: An 32 frei stehenden Felsenfiguren kann man sein Können erproben. Gesperrt für Kletterer ist hingegen die »steinerne Jungfrau«. Die Legende besagt, dass sie von ihrer Mutter zu Stein verwandelt wurde.

▮ FELSENBÜHNE RATHEN: Sie gilt als die schönste Naturbühne Europas. Der »Freischütz« von Carl Maria von Weber wirkt an diesem Ort besonders realistisch. Aber auch andere Aufführungen, wie die Oper »Hänsel und Gretel«, sind hier ein Erlebnis (Mitte Mai bis Mitte September); zu Fuß 20 Minuten von Rathen.

Theaterkasse 01824 Rathen;
Telefon und Fax 03 50 24/7 04 96 oder
Landesbühne Sachsen
Meißner Straße 152, 01445 Radebeul;
Telefon 03 51/8 95 42 14

Die Felsenbühne Rathen *gilt als die schönste Naturbühne Europas.*

▮ WANDERUNGEN IM NATIONALPARK bei Königstein.

Auskunft: Nationalparkverwaltung
Sächsische Schweiz
Schandauer Straße 36, 01824 Königstein;
Telefon 03 50 21/6 82 29

▮ MÄRCHENSTUNDE IM SCHLOSS WEESENSTEIN: Der Schauspieler Rolf Hoppe liest hier für Kinder Märchen vor. Dazu gibt es Kakao und Kuchen; Adventsgeschichten zur Weihnachtszeit; Hexenfasching.

Auskunft: 01809 Müglitztal;
Telefon 03 50 27/54 36

Eine Verschnaufpause *kann man in der Tee- und Kräuterstube am Markt in Hohnstein einlegen.*

▮ TEE- UND KRÄUTERSTUBE am Markt in Hohnstein: Hier wurde Christoph Gottlieb Schröter, der Erfinder des Hammerklaviers, geboren.

Pechhüttenweg 1, 01848 Hohnstein;
Telefon 03 59 75/8 00 36

EINKAUFEN

▮ HOHNSTEINER HANDSPIELPUPPENWERKSTATT: Die weltberühmten Handspielpuppen werden nach den Originalen, wie sie Ende der zwanziger Jahre entstanden sind, aus gut abgelagertem Lindenholz in Handarbeit hergestellt. Bestellen kann man 26 verschiedene Köpfe (9 bis 18 Zentimeter) oder komplette Puppen (35 bis 70 Zentimeter).

Öffnungszeiten: nach Vereinbarung
Hohnsteiner Handspielpuppenwerkstatt
Wolfgang Berger
01848 Hohnstein
Telefon 03 59 75/8 16 57

▮ GALERIE GROSSMANN IN PIRNA: Kunstdrucke, Gemälde und Grafiken mit Motiven aus der Gegend.

Kirchplatz 5, 01796 Pirna;
Telefon 0 35 01/52 80 42

▮ SCHAUWERKSTATT DER SEIDENBLUMENMANUFAKTUR IN SEBNITZ: Hier können Sie die bekannten Sebnitzer Kunstblumen, die sich kaum von echten Blüten unterscheiden, kaufen. Sie sind ein typisches Mitbringsel aus dieser Gegend.

Schillerstraße 3, 01855 Sebnitz;
Telefon 0 35 97/5 31 81

▮ KUNSTHANDWERKERMARKT IN KÖNIGSTEIN: Von April bis Oktober wird am Fuße der Festung Königstein täglich von 10.00 bis 18.00 Uhr der Kunsthandwerkermarkt abgehalten.

Auskunft: Touristeninformation
01824 Königstein;
Telefon 03 50 21/6 88 92

Die Töpferei Hasse *in Bad Schandau bietet Töpferwaren mit einer aparten Farbgestaltung an.*

▮ TÖPFEREI HASSE IN BAD SCHANDAU: Eine alte Tradition, das Brennen im offenen Feuer, wird hier noch gepflegt. Das Resultat zeigt sich in einer außergewöhnlich schönen Oberfläche und aparten Farbgestaltung.

Öffnungszeiten: täglich 9.00–19.00 Uhr
Kirnitzschtal 3, 01814 Bad Schandau;
Telefon 03 50 22/4 30 56

▮ *Mit aller Kraft und einer letzten Schleife nach Süden nagt sich der Main durch das Buntsandsteingebirge, bevor er dem Rhein zufließt. Hinter den Wald- und Rebenhängen nach Norden erstreckt sich die wellige Hochfläche des Spessarts.* ▮

Main-Spessart

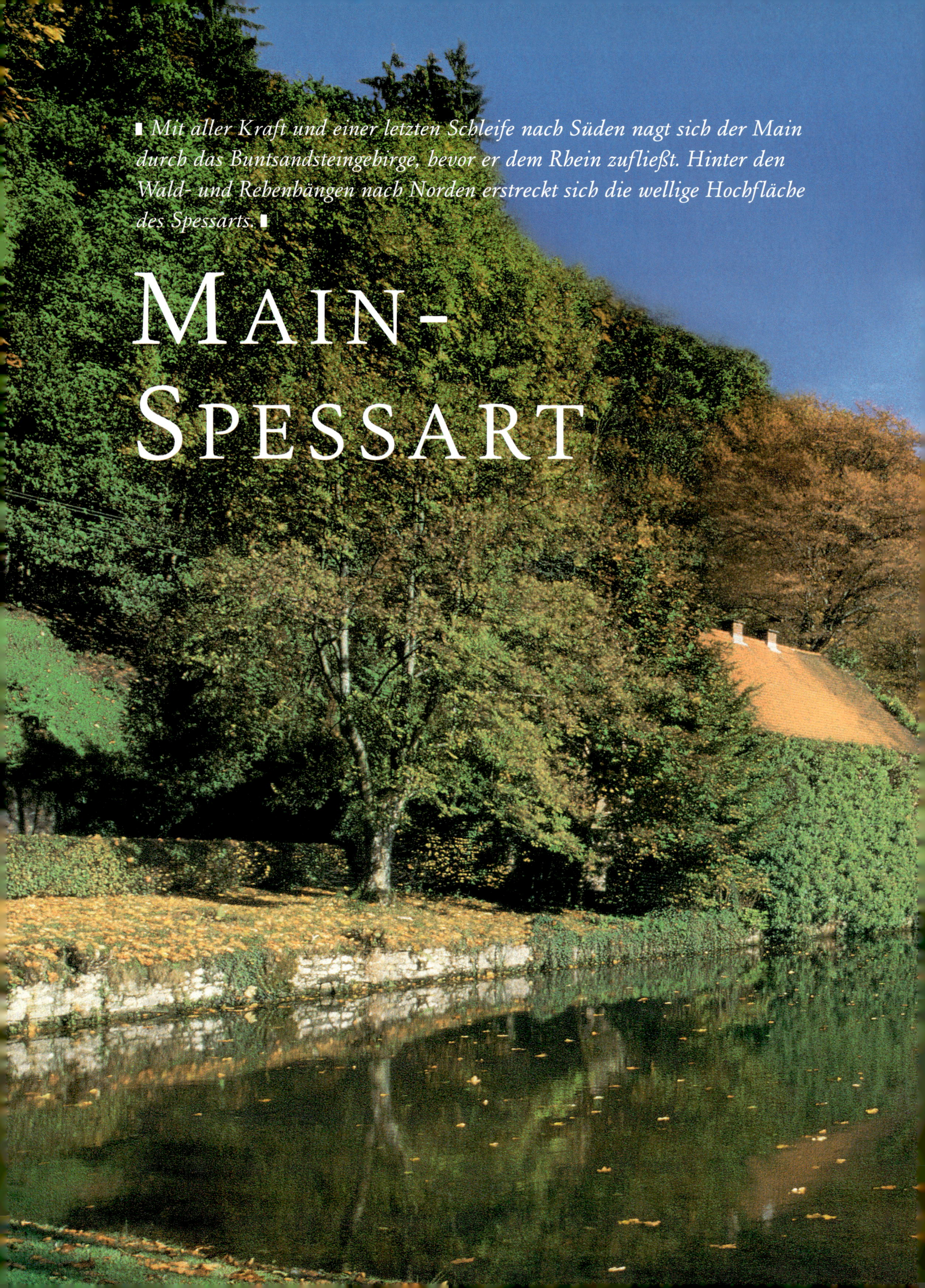

»Spechteshart« *bedeutet Spechtswald, und tatsächlich hört der erholungssuchende Wanderer in den Wäldern des Spessarts immer wieder das Hämmern der Bunt-, Grün-, Grau- und Schwarzspechte an den alten Eichen und Buchen.*

Unendliche Weite, Hügel und Wälder *prägen den Charakter der einmaligen Spessartlandschaft, in der herbe Schönheit und liebliche Anmut sich abwechseln.*

Mit rund 175 000 Hektar Waldfläche *zählt der Spessart zu den größten geschlossenen Waldgebieten Deutschlands.*

Wer durch den Spessart reist, blickt auf eine Idylle aus dichten Wäldern, soweit das Auge reicht. An diesem Landschaftsbild hat sich seit Jahrhunderten nicht sehr viel geändert. In dem ursprünglich reinen Laubholzgebiet haben sich seit etwa 200 Jahren Nadelholzforste ausgebreitet. Zur wertvollsten Baumart des Spessartwaldes zählt die Traubeneiche, deren Früchte in früheren Notzeiten als Mehlersatz verwendet wurden. Heute wird das Holz als Furniereiche hoch geschätzt. Da auch die Eichhörnchen, Eichelhäher und Wildschweine Eicheln lieben, sorgen sie für eine natürliche Verbreitung dieser Baumart.

Die Flüsse Main und Sinn trennen den bayerischen Teil des Spessarts von den Landschaften Mainfranken, Odenwald und Rhön. In Hessen begrenzt das Kinzigtal die »grüne Insel«. Die Kinzig ist ein typischer Spessartfluss. Zunächst ein wildromantischer, murmelnder Bach, der nach Schneeschmelze und Regengüssen kaum zu bändigen ist. Erst kurz vor seiner Mündung in den Main wird das Wasser ruhiger und lädt zu Kanutouren ein. Die Engstelle des Flusses bei Gelnhausen ist zwar hochwassergefährdet, strategisch jedoch günstig. Deshalb stand dort auf einer Flussinsel seit dem ausgehenden 12. Jahrhundert die unter Kaiser Friedrich Barbarossa vollendete Reichsburg. Über 20000 Eichenstämme wurden in den schlammigen Boden gerammt, um den Fundamenten Halt zu geben. Doch leider war dieser Aufwand vergeblich, denn das Bauwerk senkte sich, und die kaiserliche Pfalz verfiel. Es war die Jagdlust, die den rotbärtigen Kaiser in den Spessart trieb – ein Gebiet, das schon einige Jahrhunderte zuvor als königliches Jagdrevier erwähnt wurde.

»Jedes Leben ist bedroht, mancher ist schon mausetot! Drum, ihr Leut, nehmt euch in Acht, weil in der Nacht der Räuber wacht!«, so heißt es in der Erzählung »Das Wirtshaus im Spessart« von Wilhelm Hauff, die auch die Vorlage für den gleichnamigen Film war. Reisende, die heute die Autobahn-Raststätte »Spessart« an der Anschlussstelle Rohrbrunn ansteuern, müssen sich nicht mehr vor Räubern fürchten, oder vielleicht doch? In den fünfziger Jahren stand an dieser Stelle der kleine Gasthof »Wirtshaus im Spessart«, der beim Bau der Autobahn abgerissen wurde.

Ob es dieses Wirtshaus war, das Wilhelm Hauff zu seiner Geschichte anregte, weiß man nicht genau. Denn als das Märchen 1828 geschrieben wurde, war das Räuberunwesen bereits zu einer Legende geworden: Der letzte Räuber des Spessarts wurde 1812 in Heidelberg enthauptet.

Die Räuberei im Spessart hatte einen historischen Hintergrund: Die Landbevölkerung war seit dem 17. Jahrhundert ständig von Not und Tod bedroht und die Landesherren weigerten sich, ihre Jagdreviere zu roden. So wurde mit der Zeit das Land knapp. Die bestehenden Ländereien schrumpften außerdem durch Erbteilung von Generation zu Generation und konnten die Familien nicht mehr ernähren. Andere Erwerbsquellen, wie Glashütten und Bergbau, versiegten. Die Familienväter mussten zwangsläufig nach anderen Einkunftsquellen suchen und verfielen schließlich zum Teil der Räuberei. Der dünn besiedelte Spessart mit seinen zersplitterten Herrschaftsbereichen war dafür bestens geeignet. Die Banden konnten nach einem Überfall schnell über die Landesgrenzen wechseln und verschwanden im dichten Wald in ihrem Unterschlupf. Obwohl ein Romantiker, versucht Wilhelm Hauff dem Hintergrund dieser »Erwerbsquelle« gerecht zu werden, indem er den Räuberhauptmann im Wirtshaus edel sprechen lässt: »Sehen Sie in mir keinen gemeinen Dieb, keinen Kehlabschneider. Ich bin ein unglücklicher Mann, den widrige Verhältnisse zu diesem Leben zwangen.«

Es ist wenig verwunderlich, dass viele Märchen im Spessart ihren Ursprung haben – so auch die der Gebrüder Grimm, die hier lebten. Die Vorlage für Schneewittchen, eines ihrer schönsten, stammt zwar aus dem Mittelmeerraum, doch die Handlung des Märchens erinnert an historische Begebenheiten im und um das Mainstädtchen Lohr. Das jedenfalls war das Ergebnis von Recherchen einer engagierten Stammtischrunde. Schneewittchen, alias Maria Sophia Margaretha Catharina von Erthal, wurde 1729 in Lohr geboren. Es gab auch eine Stiefmutter, Claudia Elisabeth, verwitwete von Venningen. Und wenn man von Lohr über die sieben Spessartberge geht, kommt man in den Biebergrund, wo früher Männer von kleinem Wuchs nach kristallinem Gestein schürften. Im Schloss von Lohr hängt ein Spiegel mit der Inschrift »Elle brille à la lumière« – »Sie ist so schön wie das Licht«. Damit könnte die Frage: »Spieglein, Spieglein an der Wand, wer ist die Schönste im ganzen Land?« beantwortet worden sein. Wenn das keine Beweise für die Schneewittchenstadt Lohr sind!

Wie auch immer, das Märchen mit dem Spiegel ist in der Mainstadt gut aufgehoben, zumal hier über 100 Jahre lang eine kurfürstliche Spiegelmanufaktur bestand und im 18. Jahrhundert Prunkspiegel der Exportschlager waren. Viele Spessartsiedlungen sind schließlich durch die hiesige Glasindustrie entstanden, denn Quarzsand, Pottasche, Soda und Kalkstein sind Rohstoffe für die Glasproduktion und im Spessart zu finden oder können dort hergestellt werden. So wurde Pottasche aus Holz gewonnen und Holz war der Brennstoff für die Schmelzöfen. Aus Holz produzierte man in den Köhlereien Holzkohle, die in der Metallgewinnung, aber auch von den Salzsiedern zur Befeuerung der Sudöfen benötigt wurde.

Die Gebrüder Grimm *lebten im Spessart und fanden Inspirationen für viele ihrer Märchen. So auch für »Schneewittchen«.*

Im Schloss Lohr *hängt der sprechende Spiegel aus dem Märchen Schneewittchen. Und auch die Umgebung des Mainstädtchens Lohr erinnert an die Beschreibung der Geschichte mit den sieben Zwergen.*

In Marktheidenfeld am Main *im Weinhaus »Anker« hat der Sternekoch Hermann Kerscher in den 30 Jahren, seit er für die Küche verantwortlich zeichnet, aus einem eher bescheidenen Wirtshaus ein Spitzenrestaurant gemacht. Gemeinsam mit Johannes Deppisch, einem führenden Winzer der Region, kombiniert er Essen und Wein zu einem unvergesslichen Erlebnis.*

»Ich halte nichts von den hochgestochenen Kreationen der so genannten modernen Küche. Der ursprüngliche Geschmack muss im Vordergrund stehen. Natürlich fein gekocht, das darf der Gast erwarten«, plaudert Hermann Kerscher und präsentiert schmunzelnd sein Fischgratin.

Gratin vom Mainzander auf Spinat

Für 8 Personen

- *1 kg Spinat*
- *2 kleine Zwiebeln*
- *1 Knoblauchzehe*
- *180 g kalte Butter*
- *1 Messerspitze gemahlener Kümmel*
- *100 ml Weißwein*
- *150 g Crème fraîche oder 200 g Schmand*
- *800 g Zanderfilet*
- *Salz, Pfeffer aus der Mühle*
- *100 g steif geschlagene Sahne*

1 Den Spinat waschen, putzen und gut abtropfen lassen. Zwiebeln und Knoblauch schälen und fein hacken. 2 Esslöffel Butter in einer großen Pfanne erhitzen, die Hälfte der Zwiebeln und des Knoblauchs darin glasig dünsten, dann den Spinat zugeben und zugedeckt 5 Minuten unter gelegentlichem Rühren dünsten.

2 In einer Kasserolle 3 Esslöffel Butter erhitzen und die restlichen Zwiebeln und den Knoblauch mit dem Kümmel darin glasig dünsten. Mit dem Weißwein ablöschen und alles offen 10 Minuten einkochen lassen. Crème fraîche oder Schmand einrühren und die Sauce leicht kochen lassen.

3 Das Zanderfilet in nicht zu dünne Scheiben schneiden. Den Spinat auf einer Platte anrichten, die Zanderscheiben darauflegen. Die Sauce mit Salz und Pfeffer würzen und die restliche kalte Butter unterschlagen, zum Schluss die Sahne unterheben. Die Sauce über dem Zander verteilen und alles auf der oberen Schiene im Backofen mit eingeschalteter Oberhitze 5 Minuten gratinieren.

Zubereitungszeit: 1 Stunde

Gebeizter Lammrücken mit Schalotten-Rotwein-Konfitüre

Für 6–8 Personen

- *2 Möhren*
- *1 Lauchstange*
- *4 Knoblauchzehen*
- *1 Bund glatte Petersilie*
- *1 Rosmarinzweig*
- *1 kleiner Thymianzweig*
- *1–2 kleine Lorbeerblätter*
- *1 TL zerstoßener weißer Pfeffer*
- *1 EL Pökelsalz (vom Metzger)*
- *500 g Lammrückenstränge, fein säuberlich pariert, ohne Fett und Silberhäutchen*
- *Salz, Pfeffer aus der Mühle*
- *3 EL feinstes Olivenöl*
- *2 EL Zitronensaft*

Schalotten-Rotwein-Konfitüre

- *400 g geschälte Schalotten*
- *100 g Zucker*
- *300 ml kräftiger Rotwein*
- *50 ml Balsamico-Essig*
- *2 EL Honig*
- *je 1 kleiner Thymian- und Rosmarinzweig*
- *1 Lorbeerblatt*
- *Schnittlauchröllchen, gehackte Petersilie und Friséesalat zum Anrichten*

1 Die Möhren und den Lauch waschen, putzen und in 3 Zentimeter große Stücke schneiden. Die Knoblauchzehen schälen. Die Petersilie waschen, trockenschütteln und mit 2 Knoblauchzehen grob hacken. Mit dem Gemüse durch die grobe Scheibe des Fleischwolfs drehen.

2 Rosmarin- und Thymianzweig waschen und trockenschütteln. Rosmarinnadeln und Thymianblättchen von den Zweigen zupfen. Übrigen Knoblauch fein hacken. Das durchgedrehte Gemüse mit den Kräutern, den Lorbeerblättern, dem zerstoßenen Pfeffer

und dem Pökelsalz vermischen. Das Lammfleisch mit der Hälfte davon einreiben und anschließend dicht nebeneinander in ein Gefäß legen. Mit der übrigen Gemüsemischung bedecken und diese fest andrücken. Das Gefäß mit Alufolie abdecken und etwa 24 Stunden kalt stellen.

3 Für die Konfitüre die Schalotten in dünne Scheiben hobeln, in einen flachen Topf geben. Zucker, Rotwein, Essig, Honig, Kräuterzweige und Lorbeer zugeben.

4 Alles bei schwacher Hitze so lange kochen, bis die Schalotten glänzen und eine konfitüreartige Konsistenz erreicht ist. Die Konfitüre vom Herd nehmen und kalt stellen.

5 Das Fleisch aus dem Gefäß nehmen, die Gemüse-Kräuter-Masse abstreifen, das Fleisch unter kaltem Wasser waschen und trockentupfen.

6 Mit einem sehr scharfen Messer in hauchdünne Scheiben schneiden und diese kreisförmig auf Tellern anrichten. Mit Salz und Pfeffer bestreuen.

7 Olivenöl und Zitronensaft verrühren und das Fleisch damit bepinseln. Mit Schnittlauchröllchen und Petersilie bestreuen. Den Friséesalat rund um die Fleischscheiben verteilen und die Konfitüre in die Mitte geben.

Zubereitungszeit: 1 Stunde
Ruhezeit: 24 Stunden

Im »Spitzen Turm« *in Wertheim werden Weinproben angeboten, um die Weine der Region kennen und schätzen zu lernen.*

Das Rezept für den gebeizten Lammrücken ist eine Kreation von Ingo Holland, »Zum alten Rentamt« in Klingenberg.

Das Fischgratin ist der beste Beweis für die erlesene regionale Küche von Hermann Kerscher.

Sternekoch Fritz Schilling *hat für unseren Dreh ein letztes Mal im Restaurant »Schweizer Stuben« in Wertheim-Bettingen seine Kochkunst bewiesen. Einige Tage später hat er sie für immer verlassen, um sich in München neuen Aufgaben zu widmen.*

Oliven, besser gesagt Olivenöle, sind die Leidenschaft von Fritz Schilling. Der Olivenzweig ziert sogar seine Kochjacke. »Wenn Essen Lebenslust ist, dann ist das Olivenöl die Lebenswürze«, philosophiert der sympathische Kochkünstler.

Durch aromatische Zutaten kreiert Fritz Schilling unvergessliche Geschmackserlebnisse. Die Raffinesse seiner Küche liegt darin, den natürlichen Geschmack der Komponenten optimal aufeinander abzustimmen und miteinander zu kombinieren, wie seine gepökelte Kalbshaxe beweist.

Gepökelte Kalbshaxe mit Meerrettichkruste

Für 4 Personen

- *1 Zwiebel*
- *1 Lorbeerblatt*
- *4 Gewürznelken*
- *1 kleine Petersilienwurzel*
- *1/4 Sellerieknolle*
- *1 Möhre, 1/2 Lauchstange*
- *1 Kalbshaxe, vom Metzger 2 Tage zuvor pökeln lassen*
- *je 1 EL Pfefferkörner, Senfkörner und Wacholderbeeren, Salz*
- *1 Schuss trockener Weißwein*
- *1 Spritzer Weißweinessig*

Meerrettichkruste

- *3 Scheiben Weißbrot ohne Rinde*
- *1 Stück Meerrettichwurzel, etwa 15 cm*
- *125 g Butter, 2 Eigelbe*
- *Salz, weißer Pfeffer aus der Mühle*

1 Die Zwiebel halbieren und mit dem Lorbeerblatt und den Gewürznelken spicken. Das Gemüse waschen, putzen, schälen und in Würfel und Ringe schneiden.

2 Die Kalbshaxe in einen Topf geben, Zwiebel und Gemüse sowie die Gewürze, Salz, Wein und Essig zufügen und die Haxe mit Wasser bedecken, aufkochen und bei schwacher Hitze in 2 bis 2 1/2 Stunden gar ziehen lassen. Aus dem Sud nehmen, abtropfen und etwas abkühlen lassen.

3 Für die Meerrettichkruste das Brot zerpflücken. Meerrettich schälen und fein reiben. Die Butter mit den Eigelben schaumig schlagen, Brot und Meerrettich untermischen, mit Salz und Pfeffer würzen.

4 Haxe in Stücke schneiden und in eine flache Form legen. Mit der Meerrettichbutter bestreichen und auf der oberen Schiene im Backofen mit eingeschalteter Oberhitze 5 bis 10 Minuten gratinieren. Mit Petersiliensauce, Kohlrabinudeln, Ofenkartoffeln servieren.

Zubereitungszeit: 1 Stunde

Petersiliensauce

Für 4 Personen
- *1 kleine weiße Zwiebel*
- *1/2 kleine Petersilienwurzel*
- *3 EL Butter*
- *1/4 l Kalbsbrühe*
- *1 TL Speisestärke*
- *Salz, Pfeffer aus der Mühle*
- *70 g Schlagsahne*
- *1 Hand voll Petersilienblättchen*

1 Die Zwiebel und die Petersilienwurzel schälen und in feine Würfel schneiden.

2 Die Butter in einer Kasserolle erhitzen. Die Zwiebel und die Petersilienwurzel darin andünsten.

3 Mit der Kalbsbrühe ablöschen und offen so lange kochen lassen, bis die Gemüsewürfel weich sind.

4 Die Speisestärke mit etwas kaltem Wasser anrühren und die Sauce damit binden. Mit Salz und Pfeffer würzen, die Sahne angießen und die Petersilienblättchen zugeben.

5 Die Sauce einmal aufkochen, dann mit dem Stabmixer pürieren und durch ein feines Sieb passieren. Anschließend nochmals erwärmen und sofort servieren.

Zubereitungszeit: 30 Minuten

Blättchen und Wurzel der Petersilie *verleihen der links beschriebenen Sauce ein süßliches, zart nach Sellerie schmeckendes Aroma. Besonders würzig und leicht scharf schmeckt Petersilie frisch geerntet im Sommer.*

Kohlrabinudeln

Für 4 Personen
- *2 mittelgroße Kohlrabiknollen*
- *2 EL Butter*
- *Salz*
- *1 Prise geriebene Muskatnuss*
- *1 Prise Zucker*

1 Die Kohlrabiknollen waschen, das Grün entfernen und die Knollen schälen. Dann mit dem Sparschäler in dünne Streifen schneiden.

2 Die Butter in einem Topf erhitzen und die Kohlrabistreifen darin unter ständigem Rühren andünsten.

3 Die Kohlrabinudeln mit Salz, Muskatnuss und Zucker würzen, 50 Milliliter Wasser zugeben und das Gemüse zugedeckt in 7 bis 10 Minuten bissfest garen. Sofort servieren.

Zubereitungszeit: 30 Minuten

Zu diesem Hauptgang sollten Sie einen »Roten« aus Franken reichen.

Sternekoch Ingo Holland *im »Alten Rentamt« in Klingenberg ist für seine kreativen Dessertkreationen weithin bekannt. Seine Liebe gehört aber auch, wie sollte es in Klingenberg anders sein, einem schönen Roten.*

Dank enger Freundschaften mit Winzern, die für Qualitätsweine ausgezeichnet wurden, wächst das Sortiment hervorragender Weine bei Ingo Holland stetig an.

Kartoffel-Ziegenkäse-Knödel

Für 6 Personen

- *je 500 g mehlig und fest kochende Kartoffeln*
- *Salz*
- *120 g Ziegenfrischkäse, ersatzweise Ziegenquark*
- *80 g Butter*
- *2 EL Brösel aus altbackenen Brötchen*
- *2 EL Puderzucker*

1 Die Kartoffeln schälen und fein reiben, in ein Tuch geben und kräftig auspressen, bis sie fast trocken sind. Dabei den Saft auffangen, kurz stehen lassen und vorsichtig abgießen, so dass nur noch die Stärke im Gefäß verbleibt. Die Stärke mit den Kartoffeln vermischen.

2 Kartoffeln kräftig salzen, gerade so viel Wasser zugeben, dass sich der Teig gut formen lässt. Ziegenkäse mit einem Eisportionierer zu 6 kleinen Kugeln formen, Diese rundum mit Kartoffelmasse umhüllen.

3 Reichlich Wasser zum Kochen bringen und die Knödel darin so lange kochen, bis sie nach oben steigen. Nun die Hitze reduzieren und die Knödel noch 3 Minuten im Wasser ziehen lassen.

4 Zum Servieren die Butter erhitzen und die Brösel darin schwenken. Auf jeden Dessertteller 2 Esslöffel Tannenwipfelgelee geben. Die Knödel in die Mitte setzen und die Brösel darauf verteilen. Alles großzügig mit Puderzucker bestreuen, sofort servieren.

Zubereitungszeit: 40 Minuten

Viel mehr als nur ein kleines Dessert: Kartoffel-Ziegenkäse-Knödel mit Tannenspitzengelee.

Tannenspitzengelee

Für 2 Gläser mit je 500 g Inhalt
- *100 g zarte Tannenspitzen*
- *1 kg Gelierzucker*

1 Die Tannenspitzen sammeln und die Nadeln in einem geschlossenen Topf mit 2 Liter Wasser 4 bis 5 Stunden bei schwacher Hitze kochen lassen.

2 Die Flüssigkeit durch ein feines Sieb gießen und abkühlen lassen. Von der Flüssigkeit 3/4 Liter abmessen und mit dem Gelierzucker erhitzen. Mindestens 5 Minuten kräftig kochen lassen, dann die Gelierprobe machen. Ist das Gelee noch zu dünnflüssig, einige Minuten weiterkochen lassen.

3 Das fertige Tannenwipfelgelee in heiß ausgespülte Gläser füllen. Diese gut verschließen und einige Tage kalt stellen, erst dann verwenden.

Zubereitungszeit: 30 Minuten
Kochzeit: 4–5 Stunden

Gemütlich und fürstlich speisen *lässt sich im »Alten Rentamt« in Klingenberg.*

Schokoladen-Himbeer-Gratin

Für 10 Personen
- *4 Eiweiße*
- *130 g Zucker*
- *1/4 l Milch*
- *20 g Speisestärke*
- *6 Eigelbe*
- *200 g Zartbitterkuvertüre*
- *2 EL Kakaopulver*
- *10 dünne Biskuitkreise, je 5 cm Durchmesser*
- *500 g frische Himbeeren, gewaschen*
- *Puderzucker*
- *Schokoladenspäne zum Garnieren*

Vanilleeis
- *1/2 l Schlagsahne*
- *100 g Zucker*
- *ausgekratztes Mark von 2 Vanilleschoten*
- *6 Eigelbe*

1 Eiweiße zuerst halbsteif schlagen, dann nach und nach den Zucker zugeben und steif schlagen. Milch aufkochen. Die Speisestärke mit etwas kalter Milch und den Eigelben anrühren. In die heiße Milch gießen und unter Rühren nochmals aufkochen.

2 Die Kuvertüre auf dem heißen Wasserbad schmelzen und mit dem Kakao sowie einem Drittel des Eischnees unter die Milchcreme ziehen. Dann den restlichen Eischnee unterheben. 10 Ringformen mit jeweils einem Durchmesser von 5 Zentimeter und einer Höhe von 1 1/2 Zentimeter mit einer Biskuitscheibe auslegen. Diese mit etwa der Hälfte Himbeeren belegen und mit der Schokoladencreme auffüllen. 2 Stunden auskühlen lassen. Ringe entfernen und die Törtchen mit Puderzucker bestreuen. Unter den heißen Grill stellen und gratinieren.

3 Für das Vanilleeis die Sahne mit dem Zucker aufkochen und über die mit dem Vanillemark verrührten Eigelbe gießen. Unter Rühren erhitzen, bis die Creme bindet und eine Rose bildet. Durch ein feines Sieb gießen und, bis auf einen kleinen Rest, in der Eismaschine cremig gefrieren.

4 Restliche Himbeeren pürieren, durch ein Sieb streichen und mit Zucker abschmecken. Gratins mit Himbeerpüree und Vanillesauce verzieren und mit Schokoladenspänen garnieren. Vanilleeis dazu reichen.

Zubereitungszeit: 1 Stunde
Kühl- und Gefrierzeiten: 2 Stunden

Das raffinierte Schokoladen-Himbeer-Gratin empfiehlt Fritz Schilling als Dessert im Rahmen des Main-Spessart-Menüs.

Wer in der Region Main-Spessart unterwegs ist, *sollte unbedingt das Wasserschloss Mespelbrunn besuchen. Erbaut wurde es im 16. Jahrhundert und renoviert zu Beginn dieses Jahrhunderts.*

Die Universitätsstadt Würzburg ist mehr als eine Reise wert – und eine Weinprobe im Juliusspital ein besonderes Erlebnis. Es ist eines der weltweit bekanntesten Weingüter Deutschlands, das bereits im 16. Jahrhundert gegründet wurde.

Im Tal der Elsava, die in einer Bachaue gemächlich zum Main hinfließt, kann der Wanderer Biber und den blau schillernden Eisvogel beobachten. Talaufwärts spiegelt sich im Wasser des Weihers ein Schloss wie aus dem Märchen: Mespelbrunn. Als Wahrzeichen des Spessarts diente es auch als Kulisse für den Film »Das Wirtshaus im Spessart«.

Im 16. Jahrhundert bauten die Rittersleute Echter die Wasserburg zu einem behaglichen Renaissanceschloss aus und machten es zu ihrem Stammsitz. Die Echters liebten die Stille der Wälder mehr als die Pracht der fürstlichen Höfe. Das mag aber vielleicht auch an dem Bann von Kaiser Barbarossa gelegen haben, der die Brüder Echter zu diesem abgeschiedenen Leben zwang. Ein Spross der Echters, Julius Echter von Mespelbrunn, wurde Fürstbischof in Würzburg. Er gründete vor 400 Jahren das Juliusspital, eines der größten und renommiertesten deutschen Weingüter. Ihre letzte Ruhestätte fand die ritterliche Familie Echter in der Wallfahrtskirche Hessenthal. Die Wallfahrt gründet sich auf eine Legende, wonach ein Ritter, dessen Schwert auf rätselhafte Weise blutig geworden war, zum Glauben an Wunder bekehrt wurde.

In der neuen Wallfahrtskirche können Sie eine Kostbarkeit besichtigen: Die berühmte Gruppe der Beweinung Christi von Tilman Riemenschneider.

Im Sommer 1927 weilte Kurt Tucholsky als Feriengast im Spessart. Er schreibt über diese Gegend: »Dies ist eine alte Landschaft. Die gibt es gar nicht mehr; hier ist die Zeit stehen geblieben«. Das war sein Eindruck vom stillen Hafenlohrtal.

Dieser Ortsname deutet auf die »Hafen«, damit bezeichnet man südlich der Mainlinie irdene Töpfe. Der Ort Hafenlohr ist weithin für sein Töpferhandwerk bekannt. Ton findet sich in dieser Gegend in den alten Ablagerungen des Mains und in den unteren Schichten des oberen Buntsandsteins. Mit nur gut 1000 Einwohnern ist Rothenfels mit seiner Burg über der Fachwerkromantik die kleinste Stadt Bayerns. In diesem Talabschnitt des Mains künden viele Burgen von einer mittelalterlichen Vergangenheit. Burg Rothenfels, Schloss Homburg, die Henneburg oder das Schloss Löwenstein-Wertheim-Freudenberg, das einmal eine der schönsten Burgen war. Auf dem Schlossberg wacht sie über die Mündung der Tauber in den Main und die Stadt zu ihren Füßen. Doch im Dreißigjährigen Krieg konnte die einst stolze Burg den Schweden nicht standhalten und übrig geblieben ist eine Ruine.

Kurz nach unseren Dreharbeiten in dieser Region war es mal wieder soweit: In die Altstadt von Wertheim und Miltenberg schwappten die grau-braunen Fluten des Mains. Allerdings war es nicht so

Homburg am Main *und andere Städtchen in diesem Tal des Main, sind Zeugnisse mittelalterlicher Vergangenheit. Hier trifft man auf viele Burgen und Schlösser.*

schlimm wie beim Jahrhunderthochwasser im Januar 1995, als die meisten Orte am Main »Land unter« meldeten. Das Hochwasser gehört hier, besonders im Spätwinter, zu den regelmäßigen Erscheinungen. Dann steigen die Wassermengen bedrohlich an. Im engen Durchbruch zwischen Spessart und Odenwald, wo die Dörfer und Städte ganz dicht an die Ufer heranrücken, hinterlassen die Wassermassen schlimme Schäden, vor denen sich die Anrainer nur begrenzt schützen können. Staunend blickt man auf die Hochwassermarken vergangener Zeiten und hofft jedes Mal, dass es nicht so schlimm kommen wird.

Buntsandstein war das von Baumeistern und Bildhauern so geschätzte Material, das die Gegend des südlichen Spessarts in die Kleinstaaterei trieb. Die Sandsteinquader aus den leuchtend roten Felswänden waren ein einträgliches Geschäft für die Städte im Main-Spessart. Alle, die was zu sagen hatten, wollten von dem stattlichen Kuchen ein Stück abhaben. Die Mainzer Erzbischöfe pochten in Miltenberg auf ihr Recht, wenige Kilometer stromaufwärts wachten die Grafen von Wertheim und Freudenberg über ihren Besitz, und stromabwärts, quasi in Sichtweite von Miltenberg, konkurrierten die Schenken von Klingenberg im Handel mit dem Sandstein. Der Besitzkampf um Miltenberg ging nach dem napoleonischen Aufräumen auf politischer Ebene weiter. Baden, Hessen und Bayern lösten sich in kurzen Abständen mit der herrschaftlichen Hoheit ab. Erst 1816 wurde Miltenberg endgültig bayerisch. Der historische Stadtkern rund um den Marktplatz, dem »Schnatterloch«, mit den prächtigen Fachwerkhäusern lädt zum Verweilen ein. Vielleicht im »Hohen Haus« oder dem »Hotel zum Riesen«, einem der ältesten Gasthäuser Deutschlands aus dem Jahre 1590, oder im alten Weinhaus zu Füßen der Mildenburg. Miltenberg und die anderen Orte südlich des Mains gehören geologisch schon zum Odenwald. Landschaftlich bilden Odenwald und Spessart ohnehin eine Einheit, denn der Buntsandstein setzt sich in einem breiten Streifen über den Main in südlicher Richtung fort. Die Gesteinsschichten weisen kaum Fossilien auf. Nur gelegentlich findet man auf den Oberflächen Spuren eines urzeitlichen Lebewesens, das bis heute noch nicht erforscht ist. Wegen der handförmigen Umrisse der Abdrücke nennt man es »Handtier« oder Chirotherium. Vielleicht war es eine Art Dinosaurier und bildet somit den Ursprung der Sage vom Drachen, den Siegfried, der Held aus dem Nibelungenepos, einst im Odenwald besiegt haben soll. An der Zittenfelder Quelle soll Siegfried von Hagen heimtückisch ermordet worden sein. Doch den Ort der Tat nehmen mindestens fünf andere Quellen im Odenwald für sich in Anspruch.

Von der Mildenburg aus *blickt man auf den Ort Miltenberg mit seiner Kirche und zahlreichen Fachwerkhäusern aus dem 15. bis 17. Jahrhundert.*

Dort, wo die Tauber in den Main mündet, *liegt das romantische Städtchen Wertheim. Es entstand im Schutz der im 12. Jahrhundert angelegten Burg, die allerdings nur noch als Ruine besteht. Heute ist Wertheim das Zentrum der Glasindustrie. Sehenswert sind u.a. das Rathaus aus der Renaissance und die Fachwerkhäuser aus dem 16. Jahrhundert.*

Weit mehr als eine Glasbläserei *mit angeschlossenem Verkaufsraum ist das Glashaus Wertheim. In Workshops, die von Künstlern aus aller Welt geleitet werden, können interessierte Laien das Glasblasen erlernen. Dadurch entsteht »ein Schmelztiegel internationaler Kreativität«, so die Philosophie des Hauses.*

Willi Stritzinger, *Kellermeister des Weinguts der Stadt Klingenberg.*

Was die Rieslingtraube bei den Weißweinen liefert, bringt der blaue Spätburgunder den deutschen Rotweinen: die besten Qualitäten.

Hier, in den Lagen *des städtischen Weingutes von Klingenberg, gedeiht die Spätburgunder-Traube besonders gut.*

Die »Roten« aus Franken

Spricht man von fränkischem Wein, ist meist von Weißwein die Rede. Und zwar von einem trockenen Wein von hoher Qualität, der in der für die Region so typischen Bocksbeutelflasche abgefüllt ist. Doch Weinliebhaber wissen besonders den roten Frankenwein immer mehr zu schätzen, dem die fränkischen Winzer in den letzten Jahren besonders viel Aufmerksamkeit gewidmet haben.

Das Mainviereck ist das kleinste der drei Weinanbaugebiete Frankens. Doch dieses Viereck hat wahre Spitzenweine zu bieten, vor allem Rotweine.

Zu den besten Rotweinen Frankens zählen die leichten Frühburgunder aus der Gegend um Miltenberg und die gehaltvollen Spätburgunder aus den Lagen »Centgrafenberg« und »Mainhölle« in Bürgstadt. Nicht zu vergessen sind die Rotweine aus Klingenberg, die einen hervorragenden Ruf genießen.

Ihren besonderen Charakter verdanken die Rotweine vom Main-Spessart dem Boden, auf dem sie gedeihen. Während im übrigen Franken die Reben hauptsächlich auf Muschelkalk wachsen, sind die Weinlagen im Mainviereck meist auf Buntsandstein angelegt. Auf diesem kargen, steinigen, skelettreichen Boden gedeihen Rotweine besonders gut. Dieses kristalline Gestein verleiht dem Wein Frische und ein verhaltenes Bukett.

Der niedrige pH-Wert des roten Bodens bewirkt eine starke Leuchtkraft im roten Wein, macht ihn schlank und elegant. Bei den höheren Säurewerten von Kalkböden indes können Mikroben, die für weiße Reben völlig problemlos sind, den roten Sorten

Prall, süß und saftig – *so sollen die roten Beeren der ausgewählten Sorten am Rebstock hängen.*

schaden. Das enge Maintal wirkt zudem als Wärmespeicher, was den Trauben in den Steillagen mit bis zu 100 Prozent Steigung gut tut. Dabei wirken die Buntsandsteinterrassen wie Solarspeicher. Sie fangen die Sonnenwärme tagsüber ein und geben sie in der Nacht an die Reben weiter. Meistens ist in den Weinbergen des Mainvierecks die Spätburgundertraube anzutreffen. In den Lagen des städtischen Weingutes von Klingenberg sind über 80 Prozent dieser Rebsorte gepflanzt. Der Rest verteilt sich auf die Sorten Portugieser und Schwarzriesling, eine Traubenart, die früher in der Region weit verbreitet war.

Der »normale« Spätburgunder wird hauptsächlich in den typisch fränkischen Bocksbeutelflaschen abgefüllt, während der in Barriquefässern gereifte Tropfen in den typischen Burgunderflaschen angeboten wird. Der Geschmack ist samtig-mild und vollmundig. Junge Spätburgunderweine

Weinlese in Klingenberg: *Weniger ist mehr, das ist die Devise bei der Produktion des roten Frankenweins.*

erinnern etwas an Brombeeren, ältere dagegen an Bittermandel.

Wie in anderen Weinanbaugebieten gilt auch hier: Qualität entsteht nur durch Ertragsbegrenzung. Das unterscheidet den hochwertigen Qualitätswein vom Massenangebot.

Das bedeutet: rigoroses Anschneiden, damit der Rebstock tief wurzelt, und Ausdünnen, damit er seine Kraft nicht auf viele Trauben verzettelt, sondern sich in wenigen konzentriert. Weniger Ertrag bei mehr Arbeit – das zieht nach den Regeln der Marktwirtschaft einen hohen Preis nach sich. Doch der Weinkenner akzeptiert diesen höheren Preis gern, denn der Wein bietet dafür auch deutlich mehr Genuss. Und darauf kommt es ja schließlich an.

Obwohl gerade mal vier Prozent des Frankenweins rot ausgebaut werden, lässt sich das Anbaugebiet auf einem immerhin 50 Kilometer langen Wanderweg näher erkunden. Der durch einen Weinpokal gekennzeichnete Weg beginnt in Großwallstadt, südlich von Aschaffenburg, und führt durch Sandstein, Weinberge, Wiesen, Felder und entlang des Mains bis nach Miltenberg und Bürgstadt. Der Wanderweg führt durch Städte mit schönen alten Ortskernen und Fachwerkhäusern und zum Teil noch gut erhaltenen Ringmauern.

Natürlich bietet es sich an, immer wieder eine Pause für eine Weinprobe einzulegen. Große Betriebe sind normalerweise während der gängigen Geschäftszeiten für Weinproben geöffnet, bei kleineren sollte man etwas planvoller vorgehen und sich rechtzeitig anmelden. Für eine solche Weinwanderung sollte man sich vorzugsweise im Herbst, wenn die Zeit der Wein- und Winzerfeste gekommen ist, entscheiden. Dann wird der junge, noch gärende Wein, der »Bremser«, zu »Blauen Zipfeln« (Bratwürste in Essigsud), zu »Blootz« (Hefeteig mit Quark oder Zwiebeln) oder »Gerupftem« (mit Zwiebeln und Paprika angemachter Camembert) getrunken. Ist die Zeit des jungen Weins vorbei, genießt man den roten oder weißen Frankenwein beispielsweise zu Spargel im Frühsommer oder zu Karpfen und Wild. Insgesamt ist die mainfränkische Küche deftig, gehobener wird sie im Taubertal.

Den größten Teil *der roten Trauben macht im Mainviereck die Spätburgundertraube aus. Der geringere Teil verteilt sich auf die Sorten Portugieser und Schwarzriesling.*

Die »Roten« *aus Franken können direkt im Weingut Klingenberg gekostet und gekauft werden.*

Wald, Wasser und Wein, *dazu eine romantische Burgruine und gepflegte Spazierwege locken viele Besucher in das malerische Städtchen Klingenberg.*

Blick *auf das Weinstädtchen Klingenberg.*

Klingenberg wurde bereits im Jahre 776 als Weinbauort erwähnt. Dieser Ort hat neben Sandsteinklippen noch einen weiteren lukrativen Bodenschatz zu bieten: blauen Ton. Das ist ein äußerst begehrtes Material, vor allem zur Herstellung von Bleistiften. Der Abbau der Tonvorkommen erfolgt seit Anfang des 18. Jahrhunderts unter städtischer Regie. Die Rendite war derart hoch, dass man allen Bürgern Steuerfreiheit gewähren konnte. Für Conradus Colbo, den Mundschenk Kaiser Friedrich Barbarossas, war aber wohl der Wein von Klingenberg ausschlaggebend dafür, dass er 1170 auf einem Bergsporn über dem Maintal die Clingenburg baute. Im Schutze ihrer Mauern siedelten sich Bedienstete, Handwerker, Winzer und Fischer an. In den verwinkelten Gassen der Altstadt von Klingenberg kann man noch heute den Geist einer typischen Burgsiedlung spüren.

Seinen größten Ruhm verdankt Klingenberg jedoch dem Wein. Der Schwedenkönig Gustav Adolf ließ sich ein Fuder des edlen Roten sogar nach Aschaffenburg bringen und auch die Fürstbischöfe und König Ludwig I. von Bayern schätzten den Klingenberger Wein, der heute – typisch Klingenberg – unter städtischer Regie angebaut wird. Das Weingut der Stadt Klingenberg wurde 1912 gegründet und ist mit einer Rebfläche von 20 Hektar das größte Weingut am Untermain. Die Weine wachsen auf der Buntsandsteinterrassenlage Schlossberg, was per se eine überdurchschnittliche Qualität garantiert.

Kennen Sie das »bayerische Nizza«? Das war die Bezeichnung, die König Ludwig I. von Bayern Aschaffenburg verlieh und das er bereits als Kronprinz zu seiner Sommerresidenz machte. Am Mainufer, in Sichtweite zum Schloss Johannisburg, ließ er 1843 in die Weinberge das Pompejanum, nach dem Vorbild der in Pompeji ausgegrabenen Villa von Kastor und Pollux, errichten. Auf diese Weise wollte er seine Begeisterung für römische Vorbilder seinen

Untertanen vermitteln. Schloss Johannisburg ist eines der bedeutendsten Beispiele der Renaissancebaukunst in Deutschland. Mächtig thront die Anlage über dem Main.
Die kurfürstlichen Erzbischöfe von Mainz, die hier öfter residierten als in Mainz, hatten sich den Bau des mächtigen Schlosses immerhin 900 000 Gulden kosten lassen. Das entspricht heute ungefähr 45 Millionen Mark. Finanziert wurde das Ganze aus dem beschlagnahmten Vermögen zum Tode verurteilter Hexen, entsprechend viele hatten dafür ihr Leben lassen müssen.

Bei einer Reise in die Vergangenheit stößt man im Main-Spessart unweigerlich auf Zeugnisse der Römer. Der Spessart entsprach ihren Vorstellungen von Germanien: unheimlicher Wald und ungezähmte Wildnis, in denen ein paar Barbaren hausten. Der Moenus, wie sie den Main nannten, war ihnen gerade recht. Zum einen nutzten sie ihn im großen Stil für den Transport von Gütern und Soldaten, zum anderen war er als »nasser Limes« eine natürliche Reichsgrenze, die sie mit zahlreichen Kastellen verstärkten. In Miltenberg standen gleich zwei Kastelle, wegen der Bedeutung des Handelsplatzes. An der Mainfurt bei Obernburg entstand unter dem römischen Kaiser Domitian um 85 nach Christus das Kastell Nemaninga. 500 römische Soldaten versahen hier ihren Dienst, um die besetzten Gebiete vor den Germanenstämmen zu schützen. Fast 200 Jahre hielten die Römer durch, bevor sie sich um 260 nach Christus vom Main zurückzogen.

Nirgends ist die Luft sauberer und sauerstoffreicher als in den Wäldern des Spessarts. Im Herbst ist hier das Paradies für Sammler und Jäger. Brombeeren, Himbeeren und Heidelbeeren reifen an den sonnenbeschienenen Hängen, Pilze sind noch keine Rarität. Und natürlich gibt es reichlich Wild. In den Wirtshäusern im Spessart wird vor allem fränkisch und hessisch gekocht. Fränkischer Rehschlegel zum Beispiel, in Rotwein gebeizt und mit vielen Wacholderbeeren zubereitet, oder Wildschweinbraten mit Preiselbeeren. Man findet aber auf der Karte neben dem maintypischen Zander auch »Meefischla«, die kleinen, fingerlangen und daumendicken Weißfische aus dem Main, die knusprig gebraten mit Kopf und Schwanz verzehrt werden. Nicht zu vergessen die köstlichen Spessartforellen. Ab November kommen Karpfen gebacken oder blau auf den Tisch. Das gemeinsame Karpfenessen im Wirtshaus ist hier fast so beliebt wie die Grünkohlschlemmereien im Norden unseres Landes. Man schätzt das mit Weißwein und Wacholderbeeren angerichtete Sauerkraut und isst es gern zusammen mit Presssack. Auch Leber-, Blut- und Bratwurst gehören dazu und Bratwürste sowieso – zu allen Tageszeiten. Es gibt sie in vielerlei Formen und mit unterschiedlicher Füllung. Mal duften sie zart nach Muskat, mal nach Knoblauch. Nahrhafte Eintöpfe wie die »Schnitz und Schnitz« aus Rauchfleisch, getrockneten Äpfeln und Kartoffeln werden im bayerischen Spessart gern gegessen. Und der hessische Kochkäse findet auch jenseits der Landesgrenze Liebhaber. Von der Rhön reicht das Verbreitungsgebiet des Hefekuchens, des überwiegend herzhaften »Blootz«, tief in den Spessart hinein. Der »Zwiebelblootz« schmeckt beispielsweise gut zum Apfelwein, wobei letzterer neben diversen Obstwässern eine Spezialität des Vorspessarts und Maingaus ist. Genauso gut passt der Zwiebelblootz aber auch zum Bier, das mit weichem Buntsandsteinwasser in hervorragenden Qualitäten gebraut wird, oder zum Wein aus dem Main-Spessart.

Die Wälder des Spessarts *sind ein Paradies für Jäger und Sammler. Wenig verwunderlich ist es deshalb, dass auf den Speisekarten dieser Region Wildspezialitäten, nach fränkischer und hessischer Rezeptur zubereitet, angeboten werden.*

Bei einem Besuch im Gasthaus lernt man nicht nur die Spessartküche, sondern auch die Menschen der Region am besten kennen.

Main-Spessart

Hotels und Restaurants

Weinhaus Anker in Marktheidenfeld: Siehe Seite 150.

Öffnungszeiten: Mo und Di mittags Ruhetag
Obertorstraße 6, 97828 Marktheidenfeld;
Restaurant: Telefon 0 93 91/17 36,
Fax 0 93 91/17 42

Im »Weinhaus Anker« *in Marktheidenfeld können Feinschmecker genüsslich schlemmen.*

Zum Alten Rentamt in Klingenberg: Siehe Seite 154.

Öffnungszeiten: Mo und Di Ruhetag;
Mi–Fr nur Abendessen
Hauptstraße 25 a, 63911 Klingenberg;
Telefon 0 93 72/26 50, Fax 0 93 72/29 77

Hotel Zum Koppen in Gemünden: Eines der ältesten urkundlich erwähnten Gasthäuser Deutschlands (16. Jahrhundert); historischer Weinkeller mit Kreuzgewölbe; fränkische Spezialitäten und saisonale Küche; 10 Zimmer.

Obertorstraße 22, 97737 Gemünden;
Telefon 0 93 51/9 75 00 oder 33 12,
Fax 0 93 51/97 50 44

Braustüble Lohr: Fränkische Küche, Bier aus eigener Brauerei; im Sommer ist der Biergarten ein Anziehungspunkt.

Öffnungszeiten: Sa Ruhetag
Alfred-Stumpf-Straße 2, 97816 Lohr;
Telefon 0 93 52/93 41

Hotel Krone in Lohr: Typische Regionalküche in denkmalgeschütztem Fachwerkbau; 10 Zimmer.

Lohrtorstraße 2, 97816 Lohr;
Telefon 0 93 52/25 29, Fax 0 93 52/37 29

Wer einen Spaziergang *durch das Mainstädtchen Lohr gemacht hat, kann anschließend im »Hotel Krone« die Regionalküche genießen.*

Spessarthotel Gut Dürnhof in Rieneck: Ferien auf dem Bauernhof mit Hotelkomfort; Goldmedaillengewinner beim Wettbewerb des Freistaates Bayern »Umweltbewusster Hotel- und Gaststättenbetrieb«; Reiten, Angeln, Schwimmen, Tennis, Hotelpark mit See, Vollwertkost, eigener Bio-Garten, 30 Zimmer.

97794 Rieneck; Telefon 0 93 54/10 01,
Fax 0 93 54/15 12

Landhotel Zur alten Post in Lohr-Sendelbach: Lohrer Bier, Frankenweine und Schmankerl gibt es in den gemütlichen Gasträumen; 11 Zimmer.

Steinfelder Straße 1,
97816 Lohr-Sendelbach; Telefon
0 93 52/8 75 20, Fax 0 93 52/87 52 24

Hotel Alte Brauerei in Karlstadt: Exklusivität und fränkische Gemütlichkeit verbinden sich hier. Es gibt gutbürgerliche österreichische Küche, aber auch deftige fränkische Gerichte; Konferenzraum, 20 Zimmer.

Hauptstraße 58, 97783 Karlstadt; Telefon
0 93 53/9 77 10, Fax 0 93 53/97 71 71

Schweizer Stuben in Wertheim-Bettingen: Siehe Seite 152. Hotelanlage mit 36 Zimmern.

Öffnungszeiten: Schweizer Stuben: wochentags nur Abendessen; Di und im Januar geschlossen;
Taverna La Vigna: So, Mo sowie im Februar 3 Wochen geschlossen;
Schober: Mi, Do und im Januar geschlossen
Geiselbrunnweg 11, 97877 Wertheim-Bettingen;
Telefon 0 93 42/30 70, Fax 0 93 42/30 71 55

Die »Schweizer Stuben« *in Wertheim-Bettingen zählen zu den bekanntesten Feinschmecker-Adressen.*

Sehenswürdigkeiten

Weinbau- und Heimatmuseum in Klingenberg: Im ehemaligen Brauereigebäude wird über Arbeit und Leben der Winzer, Bergleute, Schiffer und Fischer informiert, und man kann sich einen Überblick über das Leben der Frau zu Beginn des 20. Jahrhunderts verschaffen.

Öffnungszeiten: nach Vereinbarung
63911 Klingenberg;
Telefon 0 93 72/22 58 (Frau Beringer)
oder 0 93 72/39 59 (Herr Hartmann)

Pfarrkirche St. Michael in Lohr: Die Kirche wurde zwischen dem 13. und 15. Jahrhundert auf Fundamenten, deren Ursprung bis ins 8./9. Jahrhundert zurückgeht, errichtet. Die Sakristei stammt aus der Frühromanik. Im Chor befinden sich Epitaphien der Grafen von Rieneck (15./16. Jahrhundert). Die Kanzel hat 1804 der Bildhauer Georg Schäfter aus Karlstadt gestaltet.

▮ MUSEUM PAPIERMÜHLE HOMBURG in Markt Triefenstein. Im Museum wird die Geschichte der Mühle gezeigt. Handgeschöpfte Papiere werden zum Verkauf angeboten.
Öffnungszeiten: Mai–Oktober Di–Fr 10.00–12.00; 14.00–16.00 Uhr; Sa und So 10.00– 12.00 Uhr, 14.00–17.00 Uhr; im Winter geschlossen
Führungen: Sa, So und nach Voranmeldung
Gartenstraße 7, 97815 Markt Triefenstein; Telefon und Fax 0 93 95/9 92 22

Im Museum Papiermühle *Homburg wird die Geschichte des Papiermachens lebendig.*

KURMAINZER SCHLOSS UND SPESSART-MUSEUM in Lohr: Der Mittelbau dieser Schlossanlage war einst ein Stockwerk höher und stammt aus dem 14. Jahrhundert. Im 16./17. Jahrhundert wurde das Schloss umgebaut und erweitert. Bis 1559 war es die Residenz der Grafen von Rieneck. Heute ist das Schloss Sitz des Spessart-Museums. Im Museum sind über 5000 kunstgewerbliche Objekte, wie etwa Keramik und Gläser vom 15. bis 19. Jahrhundert, ausgestellt.
Öffnungszeiten: Di–Sa 10.00–12.00 Uhr, 14.00–16.00 Uhr; So und Feiertage 10.00–17.00 Uhr
Im Schloss, 97816 Lohr am Main; Telefon 0 93 52/20 61

▮ STÄDTISCHES SCHULMUSEUM in Lohr: Alles, was im weitesten Sinne mit der Schule zu tun hat, kann man hier besichtigen. Das Museum bietet u. a. zwei komplett eingerichtete Klassenzimmer, eine Lehrerwohnung und über 3000 Exponate zur Schulgeschichte.
Öffnungszeiten: Mi–So 14.00–16.00 Uhr
Sendelbacher Straße 21, Lohr am Main; Telefon 0 93 59/3 17

▮ GLASMUSEUM in Wertheim: 2 500 Jahre Glasgeschichte können Sie hier anhand von vielen Beispielen verfolgen. Labortechnisches Glas wird dem Besucher durch eine Lehrschau näher gebracht; auch ein Glasbläser steht bereit.
Öffnungszeiten: April–Oktober Di–So 10.00–12.00 Uhr, 14.00–16.30 Uhr; im Dezember 14.00–17.00 Uhr
Mühlenstraße 24, 97877 Wertheim; Telefon und Fax 0 93 42/68 66

▮ GLASHAUS WERTHEIM in Wertheim-Bestenheid: Hier kann man den Glasbläsern bei der Arbeit zusehen und an Workshops teilnehmen.
Schwarzwaldstraße 6, 97877 Wertheim-Bestenheid; Telefon 0 93 42/52 16, Fax 0 93 42/8 44 25

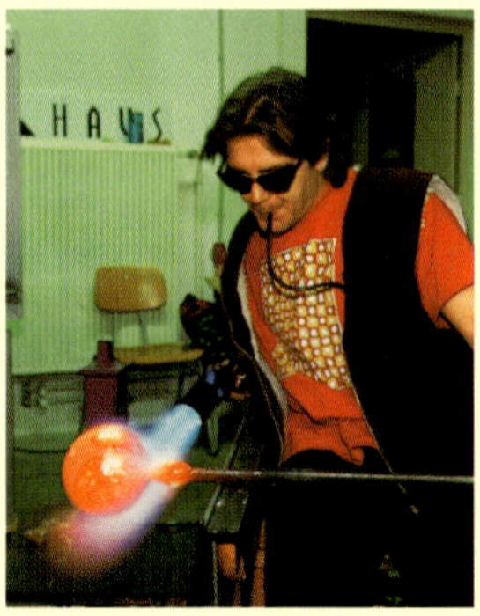

Im Glashaus Wertheim *kann man den Glasbläsern nicht nur bei der Arbeit zusehen, sondern das Glasblasen auch erlernen.*

▮ KLOSTER BRONNBACH in Tauberbischofsheim: Die Innenausstattung der ehemaligen Zisterzienserabtei ist in prachtvollem Barock gehalten, so beispielsweise der im 18. Jahrhundert erbaute Josephssaal. Das Chorgestühl in der Abteikirche sowie der Kreuzgang stammen aus spätromanischer und frühgotischer Zeit, ebenso der Kapitelsaal. In den Sommermonaten halten Dominikanermönche Gottesdienste sowie geistliche Seminare ab. Bekannt sind die Bronnbacher Musiktage.
Auskunft: Landratsamt Main-Tauber-Kreis 97941 Tauberbischofsheim; Telefon 0 93 41/82-214

Ein Abstecher von Wertheim aus *zum Kloster Bronnbach, einer ehemaligen Zisterzienserabtei, lohnt sich.*

▮ GRAFSCHAFTSMUSEUM in Wertheim: Im ehemaligen Stadthof des Bronnbacher Klosters sind Meisterwerke der Kunst sowie Volkskunst untergebracht. Außerdem befindet sich hier das Otto-Modersohn-Kabinett. Auch Kleider- und Trachtenausstellung, Scherenschnitte aus dem 19. Jahrhundert sowie eine Münzsammlung hat das Museum zu bieten.
Öffnungszeiten: Di–Fr 9.30–12.00 Uhr, 14.00–16.30 Uhr; Sa, So, Feiertage 14.30–17.00 Uhr; 24. und 31. Dezember geschlossen
Im Alten Rathaus, 97877 Wertheim

VERSCHIEDENES

▮ WEINPROBE IM SPITZEN TURM in Wertheim: In dem ehemaligen Wach- und Aussichtsturm (36,5 Meter) werden heute im 1. Stock Weinproben veranstaltet.
Auskunft: Touristeninformation Romantisches Wertheim; Am Spitzen Turm, 97877 Wertheim; Telefon 0 93 42/10 66 oder 10 67

Bierseminar in Lohr: In drei Stunden können Sie hier ein Grundseminar absolvieren und erhalten danach ein Diplom. Bei der Brauereibesichtigung erfahren Sie alles über Bier, danach wird probiert.

Mindestteilnehmer 10 Personen
Auskunft: Touristeninformation
97816 Lohr; Telefon 0 93 52/84 84 60

Im Wein- und Heimatmuseum *der Stadt Klingenberg wird über Leben und Arbeit der Winzer, Bergleute, Schiffer und Fischer ausführlich informiert.*

Wandern auf Schneewittchens Spuren bei Lohr: Maria Sophia Margaretha Catharina, Freifräulein von Erthal, genannt Schneewittchen, soll am 19. Juni 1729 im Kurmainzer Schloss in Lohr geboren und aufgewachsen sein. Hier befindet sich auch der »sprechende Spiegel«. Auf einem 35 Kilometer langen Wanderweg wird der Wanderer an markante Stellen, wie Valentinusbergkapelle, Burgruine Bardenstein und zu den sieben Bergen geführt. Der 270. Geburtstag von Schneewittchen wird am 19. Juni 1999 im Rahmen eines Altstadtfestes gefeiert.

Auskunft: Touristeninformation
97816 Lohr;
Telefon 0 93 52/84 84 60

Spessart-Räuber-Überfall in Lohr: Der Überfall ist ein schaurig-schönes Erlebnis. Glücklicherweise hat man vorher Gelegenheit, sich mit einer rustikalen Räubermahlzeit zu stärken.

Auskunft: Touristeninformation
97816 Lohr;
Telefon 0 93 52/84 84 60

Rundwanderweg auf dem Schlossberg, Gemünden: Folgen Sie dem Natur- und Geschichtslehrpfad vom Marktplatz auf die Scherenburg. Von hier haben Sie einen wunderbaren Blick auf Altgemünden und von der Burgterrasse sehen Sie bis zu den Spessarthöhen und in das Saaletal. Im Scherenburg-Keller können Sie rasten – und dann geht es weiter zu den Resten der Slorburg und über das Feuchtbiotop zurück zum Marktplatz.

Auskunft: Touristeninformation
Telefon 0 93 51/38 30

Schnapsprobe mit Bauernbrotzeit in Gemünden-Seifriedsburg: Brotzeit aus eigenen Produkten, selbst gebrannte Schnäpse sowie Liköre aus heimischen Früchten können Sie bei Anneliese und Reinhold Lippert genießen.

Öffnungszeiten: Do und Fr ab 17.00 Uhr; Sa ab 15.00 Uhr; So ganztags
Kaspar-Volpert-Straße 24
97737 Gemünden-Seifriedsburg;
Telefon 0 93 51/13 34

Eine gute Auswahl *an Spitzenweinen und Spirituosen gibt's im Weingut Neubauer in Erlenbach.*

Spessart-Sommer in Lohr: Eine Reihe von interessanten Veranstaltungen bietet Lohr jedes Jahr im Rahmen des Spessart-Sommers: Sommerfeste, Altstadtfest, Kleinkunstfestival und das City-Festival mit Live-Musik. Juni bis August.

Auskunft: Touristeninformation
97816 Lohr; Telefon 0 93 52/84 84 60

Wertheimer Michaelismesse: Große Verkaufsmesse mit Vergnügungspark und Festprogramm im Oktober.

Auskunft: Touristeninformation
97877 Wertheim; Telefon 0 93 42/10 66

Einkaufen

Einkaufen auf dem Bauernhof in Fellen: Außer Geflügel, Lamm und Eiern gibt es auch Christbäume bei Richard Weis.

Barbarossastraße 7, 97778 Fellen;
Telefon 0 93 56/20 57

Bauernmalerei *von Elisabeth Geis in Triefstein.*

Bauernmalerei und Korbwaren Elisabeth Geis in Triefstein.

Würzburger Straße 33, 97855 Triefstein;
Telefon 0 93 95/80 88

Weingut Neubauer in Erlenbach: Wein, Likör, Honig und im Herbst Federweißen sowie Äpfel.

Brückentor 28, 97837 Erlenbach bei Marktheidenfeld; Telefon 0 93 91/21 30

Bauernmärkte in Marktheidenfeld und Gemünden:
Jeden Freitag 8.00–18.00 Uhr
in der Lohrer Altstadt:
jeden ersten Samstag im Monat 8.00–13.00 Uhr.

Ungefähr 120 Kilometer südlich von Berlin und nördlich von Dresden befindet sich eine amphibische Niederungslandschaft, durchzogen von der Hauptspree und ihren zahllosen Seitenarmen. Ein riesiges Netzwerk von Kanälen teilt das Land und durchdringt die Wälder.

SPREEWALD

»Wer im Spreewald ertrinkt, ist nur zu faul zum Aufstehen«, lautet ein Spreewälder Sprichwort. Dieses Niederungsgebiet ist in einer Schwemmsandzone des Baruther Urstromtals entstanden. In diesem Tal flossen einst die Tauwasser der letzten Eiszeit ab. Übrig geblieben ist der Spreewald in einer Nord-Süd-Ausdehnung von 75 Kilometern und einer Breite von bis zu 16 Kilometern.

Idyllische landschaftliche Impressionen, *wie hier bei Lübbenau, und eine unglaubliche Ruhe, locken erholungsbedürftige Touristen von nah und fern immer wieder in die Spreewaldregion.*

Tradition *wird im Spreewald groß geschrieben. Seit jeher pflegen die Sorben ihr Brauchtum, was sich besonders in der Folklore bei Tanz und Spiel zeigt.*

Der Spreewald war über Jahrtausende hinweg ein dicht zusammenhängendes sumpfiges Waldgebiet, kaum zugänglich und kaum genutzt. Um den Verfolgungen der deutschen Eroberer zu entgehen, zogen sich die Sorben, die auch als Wenden bezeichnete slawische Volksgruppe, in den Spreewald zurück und lebten dort bis ins 19. Jahrhundert hinein unbehelligt von den Gleichmachern der Geschichte. Die Nationalsozialisten versuchten in den dreißiger Jahren unseres Jahrhunderts die Sorben zu germanisieren. Sie verboten alles, was auf ihre Identität hinwies: Vereinigungen, Presse, Malerei, Bauwerke und Literatur. Sie untersagten den Gebrauch ihrer Sprache und benannten selbst Orte und Flüsse um. Doch die Sorben ließen sich nicht unterkriegen und pflegten intensiv ihr Brauchtum. Heute leben in der Lausitz in der Gegend um Cottbus und Bautzen und im Spreewald rund 60 000 Menschen, die zum Teil noch sorbisch sprechen, eine dem Polnischen und Tschechischen verwandte Sprache.

Zurück zum Spreewald und seinen Bewohnern. Letztere entwässerten die sumpfige Spreeniederung und bestellten das Land. Der fruchtbare Boden lässt jährlich zwei Ernten zu. Und so ist der Gemüseanbau ein wichtiger Erwerbszweig seit jeher. Bevor die Eisenbahn den Spreewald erreichte, haben die Spreewälder ihr Gemüse auf Kähne gepackt und sind damit bis Berlin gefahren. Dafür haben sie acht Tage gebraucht.

Der Spreewald mit seiner romantischen Flusslandschaft und seinem Fischreichtum ist ein Paradies für Angler und Fischliebhaber. Zander, Hecht, Schleie, Forelle, Karpfen, Aal und Wels werden in den Küchen wunderbar und abwechslungsreich zubereitet.

Doch der Spreewald ist nicht nur ein Paradies für Vegetarier. Durch die vielen Fließe sind in der Spreewaldregion auch über 30 Seen und Teiche entstanden. Die Teichlandschaften werden vor allem für die Fischzucht genutzt, denn die geringe Fließgeschwindigkeit der Wasserarme bietet ideale Bedingungen für alle heimischen Süßwasserfische zum Laichen und Aufwachsen. Und Fische aus dem Spreewald bereichern somit das Angebot der hiesigen Gastronomie. Besonders beliebt sind Zander, Hecht, Schleie, Forelle, Karpfen, Aal und Wels, die in den Küchen nach alten überlieferten Rezepten meisterlich zubereitet werden.

Gegen Ende des 19. Jahrhunderts setzte der Fremdenverkehr in dieser idyllischen Region ein. Viele Naturfreunde entdeckten die einzigartige Spreewald-Landschaft, vor allem die Großstädter aus Dresden, Leipzig und Berlin flohen damals schon zuhauf aus ihren hektischen Städten.

Das erste Spreewaldhotel, der »Fröhliche Hecht«, entstand in Lehde, in dem sich zahlreiche Kunstmaler einmieteten. Mit ihren Landschaftsbildern machten sie den Spreewald binnen kurzer Zeit weit über Deutschland bekannt. So kamen viele Fremde und ließen sich auf den Holzkähnen durch die Fließe staken. Bis heute sind diese Kähne die wichtigsten Fahrzeuge. Pechgeschwärzt werden sie mit einem Stak, einer langen Stange, vorangetrieben. 1908 gründeten die Lübbenauer Kahnfährmänner ihren Verein, dem heute einige 100 Frauen und Männer angehören.

Wer in den Spreewald kommt, *den empfängt eine besondere Art von Beschaulichkeit, die schnell den Alltagsstress vergessen lässt. Die Straßen sind von Alleen gesäumt; sie führen durch Auen- und Kiefernwald und sind immer wieder begleitet von den spreewaldtypischen Kanälen.*

Was im Landgasthof »Zum grünen Strand der Spree« *in Schlepzig gut mundet, kommt aus der Küche von Jörn Haupt und Davis Geier.*

Zwei junge Köche aus Sachsen, denen man die strenge Ausbildung in der Sterne-Küche des Bareiss im Schwarzwald anmerkt, sorgen für die kreative und dabei bodenständige Küche im Landgasthof »Zum grünen Strand der Spree.«

Zanderfilet auf Ölrauke mit Linsenvinaigrette

Für 4 Personen

Linsenvinaigrette

- *150 g kleine, geschälte rote Linsen*
- *2 rote Zwiebeln*
- *4 Strauchtomaten*
- *1 Bund Schnittlauch*
- *50 ml weißer Balsamico-Essig*
- etwas *Honig*
- *50 ml Sonnenblumenöl*
- *50 ml Walnussöl*
- *Salz, schwarzer Pfeffer aus der Mühle*
- *400 g Ölrauke oder Rucola*

Zanderfilet

- *50 g Butter*
- *600 g Zanderfilet*
- *Salz*

1 Für die Linsenvinaigrette die Linsen in kochendem Wasser 3 bis 5 Minuten garen, bis sie weich sind, aber noch Biss haben. Abgießen und abkühlen lassen. Die Zwiebeln schälen und in kleine Würfel schneiden. Die Tomaten waschen, die Stielansätze entfernen und die Tomaten ebenfalls in Würfel schneiden. Schnittlauch waschen, trockenschütteln und in Röllchen schneiden. Alle Zutaten in eine Schüssel geben.

2 Den Balsamico-Essig mit dem Honig verrühren. Dann nach und nach beide Ölsorten unterrühren. Alles mit Salz und Pfeffer nach Belieben abschmecken. Die Vinaigrette unter das vorbereitete Linsengemüse rühren. Die Ölrauke waschen, trockenschütteln und auf 4 Tellern anrichten.

3 Die Butter in einer großen Pfanne aufschäumen lassen. Die Zanderfilets salzen und in der Butter von beiden Seiten goldbraun braten. Die Filets auf die Rauke geben, etwas Linsenvinaigrette darübergeben und sofort servieren.

Zubereitungszeit: 30 Minuten

Gebratenes Zanderfilet auf Ölrauke mit Linsenvinaigrette: Die beiden jungen Köche präsentieren Regionales besonders kreativ.

Sorbische Hochzeitssuppe

Für 4 Personen

Suppe

- *1 Möhre*
- *100 g Sellerieknolle*
- *1 Zwiebel*
- *50 g Schweineschmalz*
- *1 kleiner Blumenkohl*
- *1 l Fleischbrühe*
- *Salz*
- *50 g Suppennudeln*

Leberklößchen

- *200 g Leber*
- *1 Ei*
- *1 Messerspitze geriebene Muskatnuss*
- *Salz, schwarzer Pfeffer aus der Mühle*
- *2 EL Semmelbrösel*

Eierstich

- *1 EL Butter*
- *2 Eier*
- *2 EL Schlagsahne*
- *Salz*

1 Für die Suppe die Möhre und die Sellerieknolle waschen, putzen und klein schneiden. Die Zwiebel schälen und fein hacken.

2 Das Schmalz in einem Topf erhitzen. Das Gemüse darin 10 Minuten bei schwacher Hitze dünsten, dann beiseite stellen.

3 Den Blumenkohl waschen, putzen und in Röschen teilen. In Salzwasser 10 Minuten kochen lassen, abgießen und mit kaltem Wasser abschrecken.

4 Für die Klößchen die Leber durch den Fleischwolf drehen und mit dem Ei, dem Muskat, Salz, Pfeffer und den Semmelbröseln vermischen. Die Masse für 1 Stunde kalt stellen. Danach aus dem Leberteig kleine Klößchen formen.

5 Für den Eierstich die Butter in einem Topf zerlassen und wieder abkühlen lassen. Die Eier mit der Sahne und der zerlassenen Butter verquirlen, durch ein Sieb gießen und nach Geschmack mit Salz abschmecken. Die Eiermasse in eine entsprechend große Tasse füllen. Im heißen Wasserbad 1/2 Stunde ziehen lassen, bis die Eiermasse stockt. Herausnehmen und abkühlen lassen.

6 Die Brühe in einem Topf erhitzen. Die Suppennudeln und die Leberklößchen hineingeben. Die Brühe kurz aufkochen und alles bei schwacher Hitze etwa 15 Minuten kochen lassen.

7 Das Gemüse in die Suppe geben und darin erwärmen. Mit einem Teelöffel Klößchen vom Eierstich abstechen und zum Schluss in die Suppe geben.

8 Die Suppe nicht mehr kochen lassen und sofort auf vorgewärmte Teller füllen und servieren. Nach Belieben mit Schnittlauchröllchen garnieren.

Zubereitungszeit: 1 Stunde 30 Minuten
Kühlzeit: 1 Stunde

Noch heute pflegt *der kleine Volksstamm der Sorben sein Brauchtum. Trachten werden getragen und vor allem zu festlichen Anlässen wird nach traditionellen Rezepten gekocht.*

Hochzeiten werden überall besonders festlich gefeiert. Das entsprechende Mahl wird meist mit einer Hochzeitssuppe eingeleitet, die kleine Fleischklößchen, Eierstich und Gemüse enthält.

Oliver Heilmeyer, *ein gebürtiger Schweizer, kam im Schwarzwald zu gastronomischen Ehren. Im Hotel »Zur Bleiche« in Burg, das auf eine lange Tradition zurückblickt, sorgt er für das leibliche Wohl.*

Entrecôte mit Pilzen, Zwiebellauch und Apfel-Kartoffel-Gratin

Für 4 Personen

Gratin

- *2 säuerliche, mürbe Äpfel*
- *4 mittelgroße fest kochende Kartoffeln*
- *Salz, geriebene Muskatnuss*
- *200 g Schlagsahne*

Entrecôtes

- *4 Entrecôte-Steaks vom Kalb von je etwa 200 g (Zwischenrippenstücke, aus dem Rücken geschnitten)*
- *Salz, schwarzer Pfeffer aus der Mühle*
- *edelsüßes Paprikapulver*
- *4 EL Mehl, 4 EL Öl, 2 EL Butter*

Gemüse und Pilze

- *80 g Butter*
- *24 kleine, blanchierte Frühlingszwiebeln*
- *1 Prise Zucker, 1 Knoblauchzehe*
- *4 in Scheiben geschnittene Steinpilze*
- *Salz, schwarzer Pfeffer aus der Mühle*

1 Backofen auf 180 °C vorheizen. Äpfel und Kartoffeln schälen, in Scheiben schneiden und in einer Schüssel mischen. Mit Salz und Muskat würzen. Scheiben in eine feuerfeste Form schichten. Mit Sahne übergießen. Gratin im Ofen etwa 45 Minuten garen.

2 Entrecôte mit Salz, Pfeffer und Paprika würzen und in Mehl wenden. Öl in einer ofenfesten Pfanne erhitzen. Fleisch darin anbraten. Nach 2 Minuten wenden und Butter zugeben. Fleisch im Ofen in 8 Minuten fertig garen, herausnehmen und warm stellen.

3 Etwa 30 Gramm Butter in einer Kasserolle erhitzen. Frühlingszwiebeln darin mit dem Zucker schwenken. Herausnehmen und warm stellen. Knoblauch schälen, längs halbieren. Übrige Butter erhitzen. Steinpilze sowie Knoblauch darin braten. Salzen und pfeffern und mit dem Entrecôte und dem Apfel-Kartoffel-Gratin servieren.

Zubereitungszeit: 1 Stunde

Ein Kräutergarten ist Oliver Heilmeyers große Leidenschaft. Als Gast kommt man in den Genuss dieses Hobbys, indem seine Gerichte geschmacklich mit Kräutern abgerundet und mit aparten, essbaren Blüten dekoriert werden.

Das Entrecôte wird mit roten Blüten geschmückt.

Spreewälder Kürbisgulasch

Für 4–6 Personen

- *750 g Rindfleisch*
- *3 große Zwiebeln*
- *1 Zweig frischer Thymian*
- *2–3 EL Butterschmalz*
- *1/2 l Fleischbrühe*
- *1 Salatgurke*
- *500 g süß-sauer eingelegter Kürbis*
- *1 TL Kapern*
- *1 EL Speisestärke*
- *Salz*
- *Pfeffer aus der Mühle*
- *1 Prise Zucker*

1 Das Rindfleisch waschen, trockentupfen und in mundgerechte Würfel schneiden. Die Zwiebeln schälen und in Ringe schneiden. Von den Thymianzweigen die Blättchen abzupfen.

2 Das Butterschmalz in einem Topf erhitzen und die Fleischwürfel darin kräftig anbraten. Zwiebeln und Thymian dazugeben. Alles mit der Fleischbrühe aufgießen und im geschlossenen Topf bei schwacher Hitze etwa 1 1/2 Stunden kochen lassen, dabei gelegentlich umrühren.

3 Inzwischen die Salatgurke schälen, halbieren und mit einem Löffel die Kerne herauskratzen. Die Gurkenhälften in kleine Würfel schneiden.

4 Am Ende der Garzeit die Gurkenwürfel, die Kürbisstückchen und die Kapern unter das Gulasch rühren. Alles zusammen weitere 10 Minuten sanft kochen lassen.

5 Zum Schluss die Speisestärke mit etwas kaltem Wasser anrühren und das Kürbisgulasch damit binden. Das Ganze mit Salz, Pfeffer und Zucker pikant abschmecken.

Zubereitungszeit: 2 Stunden

Rumpsteaks mit Gurkensauce

Für 4 Personen

- *1 Salatgurke*
- *1 Fleischtomate*
- *4 Rumpsteaks, je 150 g*
- *Salz*
- *Pfeffer aus der Mühle*
- *6 EL Öl*
- *2 EL Butter*
- *125 g Schlagsahne*
- *1 Bund Dill*

1 Die Gurke schälen, halbieren und entkernen. Die Gurkenhälften in Würfel schneiden. Die Tomate mit kochend heißem Wasser übergießen, häuten, halbieren und die Kernchen herausdrücken.

2 Die Steaks mit Salz und Pfeffer bestreuen und im heißen Öl braten. inzwischen in einem kleinen Topf die Butter erhitzen und die vorbereiteten Gemüsewürfel darin kurz schmoren. Die Sahne dazugießen und das Gemüse unter Rühren aufkochen. Zum Schluss die Spitzen vom Dill abzupfen und untermischen.

3 Die gebratenen Steaks auf vorgewärmte Teller geben und die Gurkensauce dazu anrichten.

Zubereitungszeit: 20–30 Minuten

Fließe durchziehen *den Spreewald.*

Der fruchtbare, dunkle Boden des Spreewalds bietet Gemüse, allen voran Gurken, optimale Wachstumsbedingungen. Von daher stehen Gemüsebeilagen und -gerichte ganz oben in der Liste der bodenständigen Spreewälder Küche.

In Lübben tischt Torsten Pospiech *im Hotel »Spreeblick« nicht nur Buttermilch-Hefeplinzen mit Apfelmus, sondern auch andere traditionelle Spreewälder Gerichte auf.*

Im Hotel »Spreeblick« werden alte Traditionen hochgehalten: Bodenständiges ist ein Muss in der Küche von Torsten Pospiech, der zutiefst mit dem Spreewald verbunden ist. Überliefert und unverfälscht sollen die Spezialitäten sein, die er seinen Gästen serviert. Die kommen deshalb von weit her und danken es ihm.

Eigentlich wollte Torsten Pospiech keine Buttermilch-Hefeplinzen für uns zubereiten: »Das ist doch zu einfach fürs Fernsehen«, sein Kommentar. Doch geschmeckt hat sie einfach vorzüglich!

Buttermilch-Hefeplinzen

Für 6 Personen

- *1/2 l Buttermilch*
- *30 g Hefe*
- *3 Eier*
- *40 g Zucker*
- *1 Prise Salz*
- *250 g Mehl*
- *100 ml Leinöl*

Außerdem

- *Zimtzucker oder Apfelmus zum Servieren*

1 Die Buttermilch in einem Topf lauwarm erhitzen, vom Herd nehmen und die Hefe darin unter Rühren vollständig auflösen. Diesen Hefeansatz in eine Rührschüssel geben. Die Eier trennen, die Eiweiße zu sehr steifem Schnee aufschlagen.

2 Die Eigelbe, den Zucker und das Salz zum Hefeansatz in die Schüssel geben und gut unterrühren. Das Mehl darübersieben und ebenfalls unterrühren. Zum Schluss den Eischnee auf den Teig geben und mit einem großen Schneebesen vorsichtig unterheben. Den Teig anschließend zugedeckt an einem warmen Ort 1 Stunde gehen lassen.

3 In einer Pfanne etwas Leinöl erhitzen und nach und nach in dem restlichen Öl 12 Hefeplinzen von jeder Seite goldgelb ausbacken. Die fertigen Plinzen im 50 °C heißen Backofen warm stellen. Die Buttermilch-Hefeplinzen heiß mit Zimtzucker oder mit Apfelmus servieren.

Zubereitungszeit: 2 Stunden

Süsse Eieräpfel

Für 6 Personen
- *3 säuerliche Äpfel*
- *2 EL Rosinen*
- *2 EL Butter*
- *Saft von 1/2 Zitrone*
- *1 Päckchen Vanillezucker*
- *2 cl Weinbrand*
- *Salz*
- *3 Eier*

1 Die Äpfel schälen, vom Kerngehäuse befreien und halbieren. Die Apfelhälften grob raspeln. Die Rosinen waschen und in Wasser einweichen.

2 Die Butter in einem Topf erhitzen und die geraspelten Äpfel darin kurz dünsten. Die Rosinen abtropfen lassen und hinzufügen.

3 Die Apfel-Rosinen-Mischung mit dem Zitronensaft, dem Vanillezucker, dem Weinbrand und einer Prise Salz abschmecken. Die Eier verquirlen, über die Apfelmasse geben und stocken lassen.

Zubereitungszeit: 30 Minuten

Auf fruchtbarem Boden *wachsen in dieser Region Obst und Gemüse, die über kurze Wasserwege zum Verbraucher gelangen.*

Werder'sche Kirschkaltschale mit Schneeklösschen

Für 4 Personen

Kaltschale
- *500 g Sauerkirschen*
- *1/4 l leichter Rotwein*
- *4 aufgeschlagene, fein gehackte Kirschkerne*
- *1 Stückchen Zimtstange*
- *150 g Zucker*

Schneeklößchen
- *2 Eiweiße*
- *50 g Zucker*
- *abgeriebene Schale von 1/2 Zitrone*
- *1 Prise gemahlener Zimt*

1 Die Sauerkirschen waschen und entsteinen, den dabei entstandenen Saft auffangen. 3/4 l Wasser, den Rotwein und die Kirschkerne mit der Zimtstange und dem Zucker zum Kochen bringen. Die Kirschen mit dem Saft darin bei schwacher Hitze in 15 bis 20 Minuten garen. Abkühlen lassen, dann in den Kühlschrank stellen. In einem flachen Topf 1 Liter Wasser zum Kochen bringen.

3 Für die Klößchen die Eiweiße steif schlagen. Den Zucker und die Zitronenschale hinzufügen und weitere 3 Minuten schlagen, bis die Masse baiserartig ist.

3 Von dem Eischnee mit einem Löffel Klößchen abstechen und diese auf das heiße, aber nicht mehr kochende Wasser setzen. Die Klößchen zugedeckt in etwa 5 Minuten gar ziehen lassen. Herausnehmen, abtropfen lassen und auf die gut gekühlte Kirschsuppe setzen. Mit etwas Zimtpulver bestäuben und sofort servieren.

Zubereitungszeit: 1 Stunde 30 Minuten

Im Sommer *werden frisch geerntete Kirschen zu Kuchen, Kaltschalen und anderen Desserts zubereitet.*

Nistende Storchenpaare *auf Dächern gehören zum Dorfbild von Schlepzig, einem Dorf im Unterspreewald. Schlepzig ist eines der drei Dörfer in Deutschland, in welchen die meisten Störche zu Hause sind.*

Reetgedeckte Häuser, *eine intakte Natur, Fließlandschaften mit Kanälen und idyllische Ortschaften prägen das Bild des Spreewalds. Hier könnte man glauben, die Zeit sei stehen geblieben.*

Der Artenreichtum an Flora und Fauna ist im Unterspreewald besonders groß. Über 800 verschiedene Schmetterlingsarten gaukeln durch den Spreewald.

Wer durch den Spreewald reist, taucht ein in eine romantische Flusslandschaft. Zwischen hohen Erlen und Moorbirken, an denen oft wilder Hopfen emporrankt, blühen in verborgenen Nebenarmen der Spree Wasserfedern, Sumpfschwertlilien und die große Mummel, die wunderschöne Teichrose. Auf ihren fast runden Blättern dümpeln kleine Frösche, regungslos. Mit einem platschenden Plopp verschwindet ab und zu mal einer zwischen den Stängeln in dem leicht grünlichen Wasser. Die blaue Prachtlibelle fliegt blitzschnell zur Seite, nachdem sie fast still in der Luft zu schweben schien. Die Sonne erreicht nur zögerlich in kringelnden Tupfern die Wasseroberfläche. Die Karpfen lassen sich den Rücken wärmen, und wer Glück hat, sieht sie manchmal, die andernorts selten gewordenen Vögel wie den Eisvogel, Kiebitz oder Milan, die hier noch Lebensraum finden. Storchenpaare brüten auf Wohnhausdächern, Schwarzstörche, Kraniche und Fischadler ziehen durch die Landschaft. Manchmal begegnet dem Wasserwanderer auch eine harmlose Ringelnatter. Ebenso gibt es noch Fischottern im Spreewald. Es ist die Stille von Wald und Wasser, die hier fasziniert. Und wen kümmern da im Sommer die Schwärme von Mücken und Bremsen.

Ein Abstecher nach Lehde in das Freilandmuseum lohnt sich immer. Gibt es dem Besucher doch einen guten Einblick in das Leben der sorbischen Bauern und Fischer im 18. und 19. Jahrhundert in den schilfgedeckten Blockhäusern. Wieder sei Theodor Fontane zitiert, der begeistert schrieb: »Es ist die Lagunenstadt im Taschenformat. Man kann nichts Lieblicheres sehen als dieses Lehde, das aus ebenso vielen Inseln besteht, wie es Häuser hat. Die Spree bildet die große Dorfstrasse. Dicht daran steht das Wohnhaus, ziemlich nah daran die Stallgebäude, während klafterweise aufgeschichtetes Erlenholz als schützender Kreis um das Inselchen herum-

Schon Fontane *wusste die Spreewaldküche, wie hier im Hotel »Zehnpfund« in Thale während eines Sommeraufenthalts, zu schätzen.*

läuft. Obstbäume und Düngerhaufen, Blumenbeete und Fischkästen teilen sich im übrigen Terrain und geben eine Fülle reizender Bilder.«
Der Alltag spielt sich im Spreewaldinneren auf dem Wasser ab, und zwar mit dem Kahn. Haustiere werden darauf zur Wiese gefahren, der Traktor zum Feld, der Postbote stakt Pakete und Briefe auf dem Kahn, die Kinder fahren darauf mit den Ranzen zur Schule und der Bräutigam führt seine Braut auf dem Kahn zum Traualtar.

Jahrhundertelang war Lübben die größte Stadt des Spreewalds. Dass Lübbenau heute mehr Einwohner hat als Lübben, liegt ganz allein daran, dass mit dem Bau des Kohlekraftwerkes sich der Ort um das Vierfache vergrößert hat.
Markanter Blickfang von Lübben ist das Spätrenaissanceschloss mit einem prächtigen Wappensaal. Die Geschichte dieser einmaligen Wasserburg reicht weit zurück. Sie führt bis in das 6. Jahrhundert, als sich an der »Furth der Spree« der slawische Volksstamm der Wenden ansiedelte.
Interessant ist, dass die Wenden erst seit der Bibelübersetzung eine Schriftsprache besitzen. Viele Geschichten sind also von Generation zu Generation mündlich weitergegeben worden. Wer mit offenen Augen die Zeugnisse der alten Zeit betrachtet, findet immer wieder die Darstellung des Antlitzes eines Wolfes. Der Wolf soll das Synonym für den Slawen darstellen und der Ring in seiner Schnauze den unterworfenen Slawen symbolisieren.

Eine Kahnfahrt im Spreewald *erinnerte Theodor Fontane an die Stadt der Dogen: »Und dass dem Netze dieser Spreekanäle/ Nichts von dem Zauber von Venedig fehle, Durchfurcht das endlos wirre Flussrevier/ In seinem Boot der Spreewald-Gondolier«.*

Mitten in Lübben erstreckt sich der »Hain«, ein 21 Hektar großer Auwald. Eine Kahnfahrt durch dieses Naturschutzgebiet ist ein besonderes Erlebnis, und der Besucher wird hier wieder an die wendische Vergangenheit dieser Region erinnert. So findet man beispielsweise auf einem alten Stein die Aufschrift »Liuba«. Der Sage nach verehrten die Wenden in den Tiefen des Lübbener Hains Liuba, die Göttin der Liebe.
Viele dieser Steine sind Zeugen vergangener Geschichte und Geschichten wie die des Lübbener Weinbaues. Die Chronik berichtet, dass in der Niederlausitz 1476 so viel Wein produziert wurde, dass man den Rebensaft sogar per Schiff versandte. Der Überlieferung nach war dieses Getränk jedoch so sauer, dass man es nur als Essig verwenden konnte, und so wurde der Weinbau wieder aufgegeben. Ein Spruch aus dieser Zeit drückt dies treffend aus: »Wein vom märkischen Rebengehege geht durch die Kehle wie eine Säge.«
1866 erwarb die Stadt Lübben den Weinberg und nutzte ihn als Friedhof. Noch heute sagen die Lübbener zu allzu gestressten Leuten: »Wenn du so weiter machst, landest du bald auf dem Weinberg.«

Bis auf den heutigen Tag *pflegt der seit Jahrhunderten im Spreewald lebende Volksstamm der Wenden oder Sorben seine Sitten und Bräuche.*

Der Alltag spielt sich im Spreewaldinneren auf dem Wasser und mit dem Kahn ab. Haustiere werden mit dem Kahn zur Wiese gefahren, der Traktor darauf zum Feld, der Postbote stakt Pakete und Briefe, die Kinder den Ranzen zur Schule und der Bräutigam seine Braut zum Traualtar.

Die gemeine Gurke – *Cucumis savitus –, das bedeutet so viel wie Kümmerling.*

Gewürzgurken in Salzlake: *Mittelgroße Einlegegurken abbürsten und einige Stunden wässern. Anschließend mit einer Stricknadel einmal anstechen und die Gurken abwechselnd mit Dill, Estragon, Wein- oder Sauerkirschblättern und anderen Kräutern in einen Steinguttopf schichten. Eine Lake aus 40 bis 50 Gramm Salz pro Liter Wasser herstellen und die Gurken damit bedecken. Mit einem Brett und einem Stein beschweren und mit einem Tuch abdecken. 6 bis 10 Tage in der Küche stehen lassen, dann an einem kühlen Ort aufbewahren. Die Gurken können schon ab dem 10. Tag gekostet werden, die Gärung ist allerdings erst nach 3 bis 4 Wochen abgeschlossen.*

Gurken nach Spreewälder Art

Kaum ein anderes Gemüse lässt sich so famos in Essig einlegen wie die Gurke. Im Spreewald hat man es dabei zu wahrer Meisterschaft gebracht, hier stecken die leckeren Gürkchen mit allerlei Kräutern und Zwiebeln unter einem Deckel.

»Südfrucht vergeht – saure Gurke besteht.« So lautete 1907 der Slogan über den Gurkenanbau im Spreewald. Dabei dauerte es viele Jahrhunderte, ehe die Gurke bei den Deutschen salonfähig wurde.

Der römische Kaiser Nero ließ sich bei seinen kulinarischen Ausschweifungen täglich Gurken auftischen. Denn seinerzeit erfreute sich die Gurke bei den Römern als Gemüse großer Beliebtheit. Um den ständigen Bedarf des gurkenhungrigen Herrschers decken zu können, richteten die kaiserlichen Hofgärtner sogar Treibkästen auf Rädern ein. So befanden sich die kleinen fahrbaren Beete überall dort, wo auch der Kaiser sich aufhielt. Die übrige Bevölkerung begnügte sich vorwiegend mit konservierten Gurken. Sie legten sie in Sand, Heu oder Salzwasser ein, bis die neue Ernte verfügbar war.

Von den Hunnen und Tartaren haben die slawischen Stämme den Gurkenanbau übernommen. So haben die heutigen Sorben damals auch die wichtigsten Kulturpflanzen für die Zubereitung von Gurken in den Spreewald mitgebracht. Zu den bekanntesten und heute noch üblichen Kräuterbeigaben gehören Zwiebeln, Meerrettich, Dill, Senf, Knoblauch und Sauerkirschblätter.

Die im Spreewald ansässigen Sorben hüteten das Geheimnis der Gurkenanbaumethoden aufs Sorgsamste. Das änderte sich erst nach dem Zuzug holländischer Tuchmacher. Die Weber hatten nicht nur ihr handwerkliches Können mit nach Lübbenau gebracht, sondern auch Gurkenkörner, da sie ja selbst aus einem Gurkenanbaugebiet kamen. Nachdem es mit der Tuchmacherei bergab ging, verlegte man sich auf den Gurkenanbau, der mehr Erfolg einbrachte. Erst im 17. Jahrhundert fand die Gurke einen festen Platz auf fast allen deutschen Gemüsebeeten. Im 18. Jahrhundert war es König Friedrich Wilhelm I. von Preußen ein Dorn im Auge, dass viel Geld aus Berlin für Gurken in das ausländische Lübbenau ging. Er legte

Neben Gurken *wachsen in der dunklen Erde des Spreewalds Kohl, Kürbisse und Meerrettich wie kaum sonst wo.*

deshalb im preußischen Unterspreewald eine Kolonie an und warb Lübbenauer Familien ab. Er verschenkte Häuser unter der Bedingung, dass die neuen Besitzer Lübbenauer Gurken anbauen und nach Berlin bringen. Spreewälder Gurken ein guter Devisenbringer waren. Nach der Wende und damit auch mit der Öffnung der Märkte besannen sich die Gurkenanbauer und -verarbeiter auf die alte Tradition der Spreewaldgurke, schon

Die Bedeutung des Spreewalds als Gurkenanbaugebiet *wird mit dieser Scherzpostkarte aus dem Jahre 1920 auf humorvolle Art hervorgehoben.*

Das Projekt schlug jedoch fehl, denn die Neusiedler wollten wieder in ihre Heimatstadt. Geblieben ist aus der Zeit der Name der Kolonie: Neu-Lübbenau. Der Gurkenanbau in Lübbenau florierte so gut, dass große Mengen per Kahn nach Berlin und Dresden gebracht wurden. Der humusreiche Boden und die Klimaverhältnisse sind besonders günstig für die Gurkenkultur. Heute beträgt das Anbaugebiet für Gurkeneinleger ca. 350 Hektar. So wurde die »saure Jurke« zum festen Bestandteil auf Tafel und Tisch.
Hatte sie doch drei markante Vorteile: wohlschmeckend, bekömmlich und billig! Natürlich hatte die Spreewaldgurke auch ihre »saure Gurkenzeit«. Mitte des 20. Jahrhunderts wuchs der Konkurrenzdruck durch andere Anbaugebiete. Einen weiteren Aufschwung brachte aber die DDR-Zeit, da die allein deshalb, um sich von der Konkurrenz mit der Bezeichnung »Gurken nach Spreewälder Art« abzugrenzen.
Wodurch zeichnet sich nun der urwüchsig herzhafte Geschmack der original Spreewaldgurke aus? Es ist die Frische des Gemüses und der Kräuter, aber auch die Konservierungsmethode. Die Zubereitung von Lake und Gewürzbeigaben ist in der Regel ein gut gehütetes Familiengeheimnis. Das Säuern von Gurken ist jedoch recht einfach. Durch die Salzlake wird der Gurke der Fruchtzucker entzogen, dadurch bilden sich Milchsäurebakterien, die den Säuerungsvorgang einleiten. Hinzu kommen noch Kräuter, wie Zitronenmelisse, Liebstöckel, Estragon, Dill, Basilikum, Thymian und Borretsch, ferner Wein-, Kirsch- und/oder Nussblätter, die den speziellen Geschmack hervorbringen.

Zum vielfältigen Gemüseanbau *zählt auch Mais.*

Kräuter aller Art gedeihen in dichten, tiefgrünen Büscheln; ebenso finden Tomaten, Bohnen, Zwiebeln und Lauch in dem schweren, humusreichen Boden des Schwemmlandes natürliche Kraft.

Der Boden des Spreewaldes *und die günstigen Klimaverhältnisse sind beste Voraussetzungen für den Gemüseanbau.*

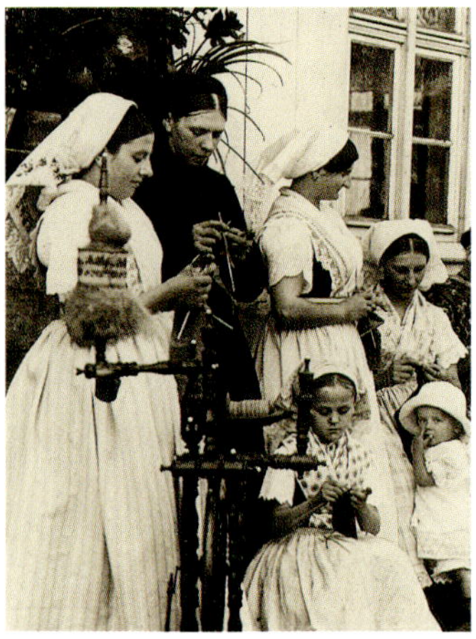

Dieses Foto *wurde um 1910 aufgenommen und stellt Spreewälder Frauen und Mädchen mit Strickstrümpfen vor einem Bauernhaus dar.*

Zunächst als Dank und Verehrung, *später auch als Bitte um Schutz, zieren die Windlatten in Form der Schlange noch heute den Dachfirst vieler Häuser im Spreewald.*

Wer auf dem Marktplatz in Lübbenau steht, gewinnt den Eindruck, die Zeit sei seit Fontanes Reise stehen geblieben. Der Ort konnte sich die Heiterkeit und Gelassenheit der ehemaligen Ackerbürgerstadt bewahren. Die Postdistanzsäule erinnert daran, dass Theodor Fontane damals für die Reise von Berlin nach Lübbenau mit der Postkutsche zwölf Stunden brauchte. Das Schloss in Lübbenau ist seit dem Jahre 1621 im Besitz der Grafen zu Lynar. Sie waren es übrigens auch, die bereits 1730 das Deutsche als Amts- und Gerichtssprache einführten.

Das Dorf Burg im Oberspreewald ist eine Perle unter den Spreewalddörfern und ein Zentrum wendischer Kultur. Es ist das größte Dorf in Deutschland, nicht gemessen an der Anzahl der Einwohner, sondern aufgrund seiner Flächenausdehnung. Etwa 800 Spreewaldhöfe zählt die Gemeinde. Neben der wendischen Urbevölkerung siedelten hier auf Veranlassung des Preussenkönigs Österreicher, Sachsen, Schlesier und Tschechen, meist ausgemusterte Soldaten aus dem preußischen Heer. Die meist reetgedeckten Holzbalkenhäuser stehen auf niedrigen, zwischen Fließen und Kanälen angelegten Erhebungen, so genannten »Kaupen«. An vielen Häusern sieht man noch die schönen Windlattenverzierungen an den Giebeln, die meist Schlangenköpfe darstellen. Der Sage nach soll die Schlange bei nahendem Hochwasser angezeigt haben, dass Gefahr drohte. Dadurch konnte so manches Hausgerät vor der Vernichtung durch das Hochwasser gerettet werden. Der Oberspreewald ist besonders im Frühling schön, wenn Fließe, Pusch und Wiesen mit den alten Kopfweiden ein liebliches Bild bieten. Früher flochten die Spreewaldbauern im Winter Körbe aus ungeschälter Weide, die sie zur Ernte des Gemüses und auch der Kartoffeln dringend benötigten.

Ein schöner Brauch wird im Spreewald zu Ostern gepflegt: Heute noch holen die Kinder bei ihren Paten die »Pingel«, eine Gabe aus Eiern, Ostersemmeln und einem kleinen Geschenk. Jeder Pate will dem Patenkind natürlich die buntesten Eier schenken, und so ist hier eine besonders filigrane Kunst der Ostereiermalerei entstanden.

Im Spreewald standen lange Zeit der Flachsanbau und die Leinenweberei hoch im Kurs, und Lausitzer Linnen war in ganz Europa berühmt. 1748 siedelte der Preußenkönig in Burg 18 Weberfamilien an und legte am heutigen Platz des »Hotels zur Bleiche« eine große Bleiche an. Die Namen sind geblieben, doch das Handwerk ging wegen der Maschinenweberei ein. Etwas hat jedoch die Zeit überdauert: Das Leinöl. Es darf in keiner Spreewälder Küche fehlen. Der Heimatdichter Otto Lukas drückt dies auf seine Weise aus: »Was macht den Lausitzer stark? Kartoffel, Leineel und Quark/ Was schmeckt am besten zur Sunntagsruh? Kaffee und Plinze dazu./ Was wird er

Im Spreewald scheint die Welt noch in Ordnung: *Immer wieder trifft man auf freilaufende Gänse, Enten oder Hühner.*

Der Alltag spielt sich im Spreewald vielfach auf dem Wasser ab. *So transportieren die Bauern ihre Ernte in Kähnen, die sie die Kanäle entlang staken, zu ihrem Bestimmungsort.*

Bei einem Besuch im Spreewaldmuseum Lehde, *das zum Spreewaldmuseum in Lübbenau gehört, werden alte Traditionen und vergangene Zeiten lebendig.*

immer lieben? Grützwurscht und große Grieben./ Was macht bei Hitze frisch? Wenn Schlippermilch kommt uff'n Tisch./ Was gibt Mut und Zorn? Alter Cottbuser Korn./ Was klärt den Kopp bei Mann und Frau? Saure Gurken aus Lübbenau.«

Neben dem beliebten Arme-Leute-Essen »Pellkartoffeln, Leinöl und Quark« gibt es im Spreewald eine üppige Palette köstlicher Gerichte wie die Spreewälder Gurkensuppe, in der sich das leichte, kalorienarme Gemüse mit dem kräftigen Geschmack von Pökelrippchen verbindet. Für Kürbis und Meerrettich, Karpfen und Hecht haben die Spreewälder ungewöhnliche Rezepte entwickelt. Vor allem sollte man ihre Fischeintöpfe probieren. Wer Glück hat, bekommt so etwas wie eine Spreewälder Bouillabaisse vorgesetzt, die aus Karauschen, Hecht, Zander, Wels, Krebsen und unterschiedlichen Weißfischen zubereitet ist, oder eine Buttermilchsuppe nach Spreewälder Art, die fast einen exotischen Charakter hat, denn Nüsse, Mandeln und verschiedene Früchte werden darin kurz aufgekocht.

Nun kommen wir nach Burg, der alten Streusiedlung im Spreewald, dem Paradies für Naturfreunde, das zugleich als Gesundheitszentrum an Bedeutung gewinnt. Mitten in der Natur empfängt uns das Hotel »Zur Bleiche«, das schon vor 100 Jahren eine Restauration war. Eine besondere Attraktion ist die angegliederte Landtherme, die keine Wünsche offen lässt. Das gilt auch für die Küche von Oliver Heilmeyer, der als gebürtiger Schweizer im Schwarzwald zu gastronomischen Ehren kam. Seine Interpretation der Spreewälder Küche unterscheidet sich nicht von dem, was in den alten Bundesländern als hohe Schule des Kochens bekannt ist. Sein ganzer Stolz ist ein Kräutergarten, der die Dimension eines Klostergartens erreicht. Was aus der Küche kommt, trägt seine Kräuter-Handschrift mit einem ganz besonderem Merkmal: Blüten. Sie zieren jedes Gericht.

Die Kunst der Ostereiermalerei *hat ihre Ursprünge im Spreewald. Hier wurden und werden noch immer Ostereier in unterschiedlichen Techniken filigran verziert.*

Gourmettipps
Schöne Aussicht
Ausflugstipps aus dem Inhalt
Spreewald-Kahnfahrten
Groß-Köris
Schlosshotel Teupitz
Teupitz
Märkisch-Buchholz
Köthener See
Leibsch
Neu Lübbenau
Krausnicker
144 m
Krausnick
NSG
Schlepzig
Zum gr. Strand d. Spree
Spree
Groß Leuthener See
Groß-Leuthen
Biebersdorf
Briesener See
Briesen
Lübben
Schloss Lübben
Auwald NSG
Hotel Spreeblick
»Spreewaldguste«
Butzen
Neu-Zauche
Alt-Zauche
Weinberg
Straupitz
Byhleguhrer See
Nordumfluter
Lehde
Freilandmuseum
Leipe
Burg-Kauper
Fehrow
Luckau
Lübbenau
Hauptspree
Südumfluter
Zur Bleiche
Burg
Werben
Stradow
Vetschau
Cottbus
Kolkwitz
Schloss Branitz
Calau
N
0
4 km
13
15
87
115
179
320

SPREEWALD

Hotels und Restaurants

■ Landgasthof Zum grünen Strand der Spree in Schlepzig: Siehe Seite 170.
Dorfstraße 53, 15910 Schlepzig; Telefon 03 54 72/66 20, Fax 03 54 72/4 73

■ Hotel-Restaurant Spreeblick in Lübben: Siehe Seite 174.
Sonntagabend und drei Wochen im Januar geschlossen
Gubener Straße 53, 15907 Lübben; Telefon 0 35 46/23 20, Fax 0 35 46/23 22 00

In Lübben *lohnt sich der Besuch des historischen Weinkellers unter dem Schlossturm.*

■ Historischer Weinkeller in Lübben: In einem Gewölbe unter dem Schlossturm liegt der gemütliche Weinkeller. Neben Steaks, Fisch und Lamm werden Gerichte aus dem Spreewald angeboten.
Mo Ruhetag
Ernst-von-Houwald-Damm 14, 15907 Lübben; Telefon 0 35 46/40 78, Fax 0 35 46/18 25 21

■ Schloss Lübbenau: Hier haben die ehemaligen Besitzer von Lübbenau residiert: die Grafen zu Lynar. Obere Preisklasse; 46 Zimmer.
Schlossbezirk 6, 03222 Lübbenau; Telefon 0 35 42/87 30, Fax 0 35 42/87 36 66

■ Spreewaldhotel Stephanshof liegt im Zentrum von Lübben, am Wasser mit eigener Anlegestelle, Verleih von Fahrrädern und Paddelbooten. Spreewälder Spezialitäten; 31 Zimmer.
Lehningsbergerweg 1, 15907 Lübben; Telefon 0 35 46/2 72 10, Fax 0 35 46/27 21 60

■ Zur Linde in Burg: Die regionale Küche wird hier ganz groß geschrieben. Restaurierter Bauernhof aus dem vorigen Jahrhundert; 16 Gästezimmer.
Hauptstraße 38, 03096 Burg; Telefon und Fax 03 56 03/2 09

■ Romantik-Hotel Zur Bleiche in Burg: Siehe Seite 172 und 181.
Bleichestraße 16, 03096 Burg; Telefon 03 56 03/6 20, Fax 03 56 03/6 02 92

Inmitten natürlicher Idylle *liegt das Romantik-Hotel »Zur Bleiche«, in dem Oliver Heilmeyer die Gäste kulinarisch verwöhnt.*

■ Schlosshotel Teupitz: Einst mittelalterliche Wasserburg, heute ein Vier-Sterne-Hotel – auf einer Halbinsel im Teupitzer See. Das Restaurant gilt als kulinarisches Highlight. Früher war das Hotel Staatsgästen und Parteifunktionären vorbehalten, heute lassen sich hier Feinschmecker aus aller Welt verwöhnen; 34 Zimmer, 4 Appartements.
Kirchstraße 8, 15755 Teupitz; Telefon 03 37 66/6 00, Fax 03 37 66/6 04 55

■ Waldhotel Eiche in Burg: Berühmte Gäste wie der »Alte Fritz« und Theodor Fontane zeugen von der langen Tradition des Hauses. Restaurants, Wintergarten und Terrasse sowie ein Biergarten laden zum Verweilen und Genießen ein. Küchenchef Burkhard Wald empfiehlt Spreewälder Fisch- oder Gurkensuppe, Barsch-, Wels- und Zanderfilet; 62 Zimmer.
Eicheweg 1, 03096 Burg im Spreewald; Telefon 03 56 03/6 70 00, Fax 03 56 03/6 72 22

Der Landgasthof *»Zum grünen Strand der Spree« bietet eine orignial Spreewälder Küche und ist ein idealer Ausgangspunkt für Entdeckungstouren in dieser Region.*

■ Residenz am Motzender See in Motzen: Eine knappe Autostunde südlich von Berlin bietet dieses Hotel beste Bedingungen zum Arbeiten und zum Erholen. Ideal für Seminare und Konferenzen, zugleich ein idyllische Umfeld zum Wandern, Radfahren, Rudern, Segeln oder Golfen. Nach Renovierung 1995 neu eröffnet. Das Restaurant bietet eine Auswahl an internationalen Spezialitäten; 63 Zimmer.
Töpchiner Straße 4, 15741 Motzen (8 Kilometer nördlich); Telefon 03 37 69/8 50, Fax 03 37 69/8 51 00

■ Landhotel Burg im Spreewald: Mitten im Spreewald finden Sie in diesem gepflegten Haus Erholung und Entspannung. Gehen Sie an den wunderbaren Kanälen spazieren, sitzen Sie im Biergarten oder genießen Sie die vielen Spreewaldspezialitäten; 42 Zimmer, 2 Appartements.
Ringchaussee 125, 03096 Burg-Kauper; Telefon 03 56 03/6 46, Fax 03 56 03/6 48 00

▮ SPREEWALD-IDYLL in Lübbenau: Hier war einst eine Gurkeneinlegerei untergebracht, heute ist es ein kleines Hotel mit Restaurant; 7 Zimmer.

Spreestraße 13, 03222 Lübbenau; Telefon 0 35 42/4 17 77, Fax 0 35 42/22 51

▮ ALTER SPREEWALDBAHNHOF in Burg-Dorf: Im alten Bahnhof, der bis 1970 noch in Betrieb war, können Sie sich Hausmannskost schmecken lassen. Hier hielt übrigens auch die Spreewaldguste (siehe Spreewaldmuseum).

Öffnungszeiten: Mai–Oktober 11.00–22.00 Uhr; Wochenende 10.30–24.00 Uhr; November–April wechselnde Öffnungszeiten
Am Bahnhof 1, 03096 Burg-Dorf; Telefon 03 56 03/8 42

In den Teichen *nordöstlich von Stradow finden Angler Karpfen, Hechte, Forellen und Quappen.*

▮ DUBKOW-MÜHLE: Wenn Sie an einem stillen Kanal in ruhiger, landschaftlich schöner Lage übernachten möchten, dann quartieren Sie sich hier ein. Von der hauseigenen Anlegestelle können Sie Kahnfahrten unternehmen oder auch Ihren eigenen Kahn festmachen; 16 Zimmer.

1 Kilometer von Leipe entfernt, auf der Straße nach Burg
Telefon 0 35 42/22 97, Fax 0 35 42/4 17 22

SEHENSWÜRDIGKEITEN

▮ STADTKIRCHE in Lübben: Seit 1930 heißt sie Paul-Gerhard-Kirche, nach dem protestantischen Liederdichter, der hier gestorben und vor dem Altar bestattet wurde. Besuchen Sie einmal ein Orgelkonzert in dieser Kirche.

Einen Einblick *in die Entwicklung der Landwirtschaft vermittelt das Agrarhistorische Museum in Schlepzig.*

▮ AGRARHISTORISCHES MUSEUM/ BAUERNMUSEUM in Schlepzig: In einem 200 Jahre alten Fachwerkhaus sind landwirtschaftliche Geräte ausgestellt.

Öffnungszeiten: April–Oktober Di–So 9.00–16.00 Uhr; 15. Oktober–April nach Vereinbarung
Dorfstraße 26, 15910 Schlepzig (12 Kilometer nördlich von Lübben über B 87, Abzweigung Schlepzig);
Telefon 03 54 72/2 25

▮ SCHLOSS LÜBBEN: Ein dreigeschossiger Backsteinbau, in der 2. Hälfte des 17. Jahrhunderts errichtet, ersetzte eine mittelalterliche Wasserburg. Umbau Anfang des 20. Jahrhunderts. Aus dieser Zeit stammen die Turmgalerie, das Nordportal und der Festsaal. Im Schlossturm finden kulturelle Veranstaltungen statt.

Ernst-von-Houwald-Damm, 15907 Lübben; Auskunft: Telefon 0 35 46/18 26 61

▮ MARKTPLATZ in Luckau: Hier stehen Sie auf einem der schönsten Marktplätze des Lausitzgebietes. Schauen Sie sich auch die St. Nikolaikirche, die Georgenkapelle und das Heilig-Geist-Hospital in der Lindenstraße an.

▮ SPREEWALDMUSEUM in Lübbenau: Spreewald-Gondoliere nannte Fontane die Fischer und Bauern, die den Spreewald mit seinen Wasserstraßen nur per Boot durchfahren können. Auch die Außenstelle des Spreewaldmuseums in Lehde kann nur per Kahn erreicht werden. Beide Museen zeigen Leben und Arbeit des sorbischen Wendlands und die Geschichte des Spreewalds.

Das Spreewaldmuseum Lehde *kann nur per Boot erreicht werden.*

▮ EINE ATTRAKTION ist die alte Spreewaldguste – eine Schmalspurlokomotive mit Waggons, die früher zwischen Lübben und Cottbus verkehrte.

Öffnungszeiten: April–15. September täglich 10.00–18.00 Uhr; außer Mo; 16. September–31. Oktober 10.00–17.00 Uhr; Mo geschlossen
03222 Lübbenau; Telefon 0 35 41/24 72

▮ FREILANDMUSEUM LEHDE: Bis 1929 war dieses Dorf, das heute fast gänzlich zu einem Museum geworden ist, nur mit dem Kahn zu erreichen. Vollständig eingerichtet sind ein Wohnstallhaus (um 1800), ein Stallgaleriegebäude sowie ein Giebelumgebindehaus.

Öffnungszeiten: 1. April–14. September täglich 10.00–18.00 Uhr; 15. September–31. Oktober täglich 10.00–17.00 Uhr
03222 Lübbenau/Lehde;
Telefon 0 35 42/26 82

Arznei- und Gewürzpflanzen-garten in der Nähe des Bismarckturms in Burg: Hier können Sie in einem Garten die wichtigsten Heil- und Gewürzpflanzen kennen lernen.
Öffnungszeiten: täglich bis 15.30 Uhr
An der Straße nach Straupitz, 03096 Burg;
Auskunft: Telefon 03 56 03/4 17

Bismarckturm in Burg-Dorf: Der Turm auf dem Schlossberg ist 29 Meter hoch und wurde 1913–17 erbaut. Die Mühe heraufzusteigen lohnt sich, denn die Aussicht ist einmalig.
Öffnungszeiten: Ostern–31. Oktober Di–So 10.00–18.00 Uhr; 2 Kilometer nördlich von Burg-Dorf
Auskunft: Telefon 03 56 03/4 17

Die renovierte Dorfkirche *in Straupitz wurde von Karl Friedrich Schinkel entworfen.*

Dorfkirche in Straupitz: Die 40 Meter hohen Zwillingstürme sind quadratisch und schon von weitem zu sehen.
15913 Straupitz

Holländermühle in Straupitz: Einmalig in Deutschland: Korn-, Öl- und Sägemühle unter einem Dach. Am Dienstag, Mittwoch und Donnerstag können Sie hier nachmittags frisches Leinöl kaufen.
Besichtigungen nach Vereinbarung
Lassower Straße 11 a, 15913 Straupitz;
Telefon 03 54 75/1 69 97

Niederlausitzer Landesmuseum Schloss Branitz bei Cottbus: Mitten im Park von Branitz, den der »grüne« Fürst Hermann Pückler anlegte, nachdem er die Herrschaft Muskau verkaufen musste, liegt das restaurierte Schloss – heute ein Museum. Das wendische Museum ist der sorbischen Volkskunde gewidmet, das neue Museum der Natur- und Umwelt. Vor allem das Mühlenmuseum bietet eine faszinierende Schau des Müllerhandwerks durch die Jahrhunderte.
Öffnungszeiten: April–Oktober täglich 10.00–18.00 Uhr; November–März nur bis 17.00 Uhr; Mo geschlossen
03042 Cottbus; Telefon 03 55/7 51 50

Veranstaltungen

Spreewaldfest in Lübbenau: Diese Sorbenschau im Juni vereinigt nicht nur die schönsten wendischen Trachten, sondern auch die köstlichsten kulinarischen Spezialitäten. Durch die milden Sommernächte gleiten auf allen Kanälen festlich geschmückte Musikkähne.
Auskunft: Fremdenverkehrsverband Spreewald;
03222 Lübbenau; Telefon 0 35 42/36 68

Michaelismarkt in Straupitz: Hahnenschlagen – ein sorbischer Brauch – und Folklore gibt es bei diesem Markt am 1. Samstag im Oktober.

Korn-, Öl- und Sägemühle *sind in der Holländermühle in Straupitz unter einem Dach.*

Verschiedenes

Spreewaldkahnfahrten in Lübben: Genießen Sie den Spreewald von April bis November vom Boot aus. Kahnfahrten starten von Lübbenau und Lübben. Achtung: Mücken- und Sonnenschutzmittel nicht vergessen!
Auskunft bei A. und U. Krüger,
Dorfstraße 87, 15907 Lübben;
Telefon 03 54 72/4 51

Wunderschöne Keramik *können Sie in Burg-Dorf erwerben.*

Keramik: Töpferei Piezonka
Weidenweg 15, 03096 Burg-Dorf
Ladengeschäft: Hauptstraße 41,
Telefon 03 56 03/5 98

Anglerparadies bei Stradow: Da lacht das Herz eines jeden Anglers. Es gibt überwiegend Karpfen, Hechte und Forellen. Angelkarten sind im Teichhaus (Hinweisschild) erhältlich.
Öffnungszeiten: Mo–Fr 8.00–17.00 Uhr; Sa, So, Feiertage 8.00–10.00 Uhr, 13.00– 14.00 Uhr;
03226 Stradow

Töpferei Tunsch in Crinitz: Serien- und Sonderanfertigungen von Keramiken aller Art. Besichtigungen und Keramikkurse nach Absprache.
Öffnungszeiten: täglich 8.00–18.00 Uhr
Groß Mehßowerstraße 6, 03246 Crinitz;
Telefon und Fax 03 53 24/4 44

»Mitten drin im deutschen Garten liegt verträumt die Hohe Rhön; reich an Kuppen, reich an Mooren, einsam still und weltverloren, herb und rau und dennoch schön …«, heißt es in einem Gedicht über diese Gebirgslandschaft zwischen Werra und Fränkischer Saale.

RHÖN

Im Sommer *sind die Bergwiesen der Hohen Rhön hellrosa von den Blüten der Schlangenwurz eingefärbt. Farbtupfer dazwischen sind gelbe Trollblumen und leuchtend rote Lichtnelken.*

Unweit von Schlüchtern, *bei Ramholz, hat der Ritter und Humanist Ulrich von Hutten 1488 auf der Steckelsburg das Licht der Welt erblickt. Er wurde zu einem entschiedenen Gegner des Papsttums und Befürworter Luthers.*

Eine Krisenregion mit rauem Klima und kargen Böden ohne Bodenschätze – das hat der Rhön zwar zum Beinamen »das Land der armen Leute« verholfen, doch war das wirtschaftliche Schattendasein dieser Region eine Wohltat für die Natur. Nahezu unverbraucht präsentiert sich diese charakteristische Mittelgebirgslandschaft am Dreiländereck von Bayern, Hessen und Thüringen mit sanft gerundeten Bergkegeln, weiten Matten und Wiesen und urtümlichen Mooren. Unvermutet stößt man auf seltene Anblicke und Naturerlebnisse: windzerzauste Baumgestalten, monströse Basaltblöcke, seltene Vertreter aus Fauna und Flora.

Erdgeschichtlich hat die Region eine erkennbare, 250 Millionen Jahre dauernde Entwicklung hinter sich. Zahlreiche Kuppen aus Quarzporphyren, Basalt und Phonolithgestein entstanden in grauer Vorzeit, als Lava aus Spalten der Erdkruste aufstieg und erstarrte. Heute erinnern sie als markante Erhebungen an die Vergangenheit.

Von der Burgruine Hauneck auf dem Stoppelsberg kann man erkennen, dass die Vulkankegel nicht wahllos in der Landschaft verstreut sind, sondern sich zu Reihen anordnen, und zwar von Nordwest nach Südost. Vor 10 Millionen Jahren erlosch die vulkanische Glut endgültig, Vulkanausbrüche sind heute in der Rhön unwahrscheinlich. Den Rhönschafen ist es zu verdanken, dass sich in dieser Kuppenlandschaft einzigartige Licht- und Kleinklimaverhältnisse bilden konnten. Wenn sie nicht seit Jahrhunderten die Kuppen abweiden würden, wäre die Rhön bestimmt wieder von dichten Buchenwäldern bedeckt. Junge, engagierte Schafhalter haben dazu beigetragen, dass die widerstandsfähige und genügsame Rasse wieder entdeckt wurde.

Die ausgedehnten Bergmatten mit kleinen Baumgruppen lassen den Blick weit schweifen. Deshalb wird die Rhön oft auch als das »Land der offenen Ferne« bezeichnet. 1991 wurde diese Region von der UNESCO als Biosphärenreservat benannt, eines von weltweit 300. 1993 wurde sie zur Landschaft des Jahres erkoren. Ausschlaggebend war nicht nur die unberührte Natur, sondern die Vollkommenheit der Kulturlandschaft, die der Mensch in Jahrhunderten extensiver Nutzung geformt hat.

Der Naturraum Rhön wird durch seine Moore geprägt. Im Roten Moor auf der hessischen und im Schwarzen Moor auf der bayerischen Seite wird vorbildlicher Naturschutz praktiziert. In den Randzonen des Moores sind Birkhühner zu Hause, die hier einen ihrer letzten intakten Lebensräume außerhalb der Alpen haben. In den Karpatenbirkenwäldern am Rand der Moore fühlen sich auch andere bedrohte Tierarten wie Bekassine, Waldschnepfe und Wiesenpieper wohl.

Doch das war nicht immer so: Im 19. Jahrhundert war der Torfbedarf für die vielen Heilbäder in der Rhön groß, was zu tiefen Löchern im Roten Moor geführt hat. Nachdem kein Torf mehr gestochen wurde, konnte sich die geschundene Natur erholen und wieder entwickeln. Dem ökologisch wertvollsten Schwarzen Moor drohte ein ähnliches Schicksal. In den Dreißigerjahren gab es einen so genannten Hochrhönplan mit dem Ziel, das Moor zu einem Fünftel aufzuforsten und das übrige Areal landwirtschaftlich intensiver zu nutzen. Glücklicherweise durchkreuzte die Natur diesen Plan, denn der nährstoffarme Boden und das raue Klima ließen das Vorhaben scheitern. So blieb das Schwarze Moor als einziges Strangmoor Mitteleuropas erhalten. Diese Moore sind vor allem in der Taiga verbreitet, wo ein ähnliches Klima wie in der Rhön herrscht.

Über 1000 Jahre lang herrschten die Fürstäbte von Fulda und die Fürstbischöfe von Würzburg über die Rhön. So gehörte die Burg Saaleck seit dem 13. Jahrhundert zur Abtei Fulda. Wenige Kilometer die Saale flussaufwärts steht die Trimburg, jahrhundertelang ein Bollwerk der Würzburger Fürstbischöfe. Nachdem Napoleon eine »politische Flurbereinigung« durchführte, wollten die Preußen und Bayern sich damit nicht abfinden. Noch im Juni 1866 lieferten sie sich eine blutige Schlacht bei Bad Kissingen, die von den Bayern siegreich beendet wurde.

Bei einer Fahrt durch die Rhön kann man an der Form der Dörfer erkennen, ob man sich im ehemaligen Machtbereich der Fuldaer oder Würzburger befindet. Die Würzburger bevorzugten geschlossene Straßendörfer als Siedlungsform; die Fürstäbte aus Fulda die Einzelhöfe. So hatten die Bauern nur kurze Wege auf das Feld und mehr Zeit zum Arbeiten.

Die ersten fränkischen Weinberge in der Rhön wurden 777 in einer Urkunde erwähnt, als Karl der Große das Königsgut Hammelburg dem Kloster Fulda schenkte. Weinbau ist in Hammelburg vom Klima her gesehen noch möglich. Der Muschelkalk gibt beispielsweise dem Müller-Thurgau eine besondere Note, Kenner nennen das die Haselnusswürze. In Hammelburg, der ältesten Weinstadt Frankens, werden die feinen Unterschiede zwischen den Lagen und Rebsorten gepflegt. Probieren Sie einmal einen Hammelburger Trautlestal oder einen Saalecker Schlossberg.

In der Herrenmühle, dem Stadtmuseum von Hammelburg, dreht sich alles um Brot und Wein. Mühlen sind überhaupt charakteristisch für das Tal der fränkischen Saale. Ein besonders schönes Exemplar ist die Neumühle in Wartmannsroth nördlich von Hammelburg, eine Idylle im Verborgenen, die sich zu einem Ort für Genießer entwickelt hat.

Hier, unterhalb der Burg Saaleck am Schlossberg, *soll die Spätlese »erfunden« worden sein. Angeblich hatten die Hammelburger Winzer vergessen, die Trauben rechtzeitig zu lesen. Nun hingen sie am Rebstock und begannen zu faulen. In der Abtei zu Fulda ging der Wein zur Neige und man wartete auf Nachschub. Da warfen die Winzer in ihrer Verzweiflung die angefaulten Trauben in die Kelter und siehe da – der Wein schmeckte besser als je zuvor.*

»Nix, nox, nebulae sunt optima munera Rhoenae« – Schnee, Nacht und Nebel sind die größten Schätze der Rhön, diese Erkenntnis stammt von den Fuldaer Klosterbrüdern. Und die Einheimischen sagen: »Neun Monate Winter, drei Monate Schnee.« In der Tat, die Rhön ist eine Kälteinsel: Bis zu 100 Tage lang liegt auf den Höhen eine geschlossene Schneedecke, es gibt bis zu 250 Tage mit Nebel und zudem viele mit Raureif.

Feinschmecker *fühlen sich im Hotel-Restaurant »Neumühle« wohl und genießen die von Richard Rechtenbach und Denis Anderhalt zubereiteten Gerichte.*

Richard Rechtenbach stöbert gerne in alten Kochbüchern, um Anregungen für seine Gerichte zu bekommen. »Jede Jahreszeit bietet regionale Köstlichkeiten, dabei kombiniere ich gerne traditionelle Gerichte mit neuen Geschmackskomponenten«, erklärt der ambitionierte Koch.

Kalbstafelspitz-Sülze mit Kräutermarinade

Für 8 Personen

- *1 Zwiebel*
- *700 g Möhren*
- *1 Lauchstange*
- *800 g Kalbstafelspitz*
- *5 Wacholderbeeren*
- *1 Lorbeerblatt*
- *10 Pfefferkörner*
- *Salz*
- *75 ml Weinessig*
- *10 Blatt weiße Gelatine*
- *200 g Salatblätter*

Kräutermarinade

- *3 Schalotten*
- *30 g gemischte frische Kräuter (z.B. Kerbel, Dill, Petersilie und Thymian)*
- *5 EL Rotweinessig*
- *5 EL Kräuteressig*
- *Salz, Pfeffer aus der Mühle*
- *10 EL Distelöl*

1 Die Zwiebel und 2 Möhren schälen, die Lauchstange waschen, putzen und das Gemüse in Würfel schneiden. Mit dem Kalbstafelspitz und den Gewürzen in einen großen Topf geben, mit reichlich leicht gesalzenem Wasser bedeckt aufkochen und in 1 bis 1 1/2 Stunden bei schwacher Hitze gar ziehen lassen. Das Fleisch aus der Brühe nehmen und abkühlen lassen.

2 Für die Kräutermarinade die Schalotten schälen und fein würfeln. Die Kräuter abbrausen, das Wasser abschütteln und die Blättchen fein hacken. Die beiden Essigsorten mit 150 Milliliter Wasser aufschlagen, Schalotten und Kräuter untermischen, mit Salz und Pfeffer würzen. Die Marinade mit Öl kräftig aufschlagen und beiseite stellen.

3 Die Brühe durch ein Haarsieb seihen und 1/2 Liter abmessen, mit Salz und Weinessig abschmecken. Die Brühe erhitzen. Die Gelatine in kaltem Wasser einweichen und in der Brühe auflösen.

4 Die restlichen Möhren schälen und längs in dünne Streifen schneiden. Die Möhrenstreifen in leicht gesalzenem Wasser 3 bis 4 Minuten blanchieren, dann in Eiswasser abschrecken und abtropfen lassen.

5 Den Tafelspitz in dünne Scheiben schneiden. Eine Dachrinnen- oder Rehrückenform mit Frischhaltefolie auslegen. Die Fleischscheiben einzeln durch die Sülzbrühe ziehen und in der Form damit eine Schicht auslegen. Für die zweite Schicht die Möhrenstreifen durch die Sülzbrühe ziehen und ebenfalls in die Form legen. So im Wechsel die Form mit Fleisch und Möhren füllen. Dabei über den Rand stehende Teile abschneiden.

6 Die restliche Sülzbrühe in die Form geben und alles zugedeckt im Kühlschrank in 2 Stunden fest werden lassen. Die Sülze stürzen, die Folie abziehen und die Sülze in 2 Zentimeter dicke Scheiben schneiden. Die Servierteller mit gewaschenen, trockengeschleuderten Salatblättern auslegen und die Sülze darauf anrichten. Mit der Kräutermarinade beträufeln und servieren.

Zubereitungszeit: 2 Stunden
Kühlzeit: 2 Stunden

Rhöner Mostsuppe

Für 4 Personen

- *1 Zwiebel*
- *60 g Butter*
- *60 g Mehl*
- *3/4 l Most oder Federweißer*
- *500 g Schlagsahne*
- *Salz, Pfeffer aus der Mühle*
- *Knoblauchcroûtons und Kräuter zum Garnieren*

1 Die Zwiebel schälen und in feine Würfel schneiden. Die Butter in einem Topf erhitzen und die Zwiebel darin glasig dünsten.

2 Das Mehl einstreuen und unter Rühren anschwitzen. Den Most nach und nach in den Topf geben und mit dem Schneebesen so lange rühren, bis sich alle Klümpchen aufgelöst haben.

2 Die Mostsuppe 5 Minuten leicht sprudelnd kochen lassen, dann die Sahne unterrühren und nochmals aufkochen lassen.

4 Die Suppe mit Salz und Pfeffer kräftig würzen und vor dem Servieren mit dem Stabmixer kurz durchmixen. Nach Belieben mit Knoblauchcroûtons und gehackten Kräutern garniert servieren.

Zubereitungszeit: 30 Minuten

Vor der Neumühle *kann man in der Saale angeln, und wenn einem der Hotelgäste das Anglerglück hold ist, darf er sich auf seine Forelle freuen, die Richard Rechtenbach hervorragend zubereitet. Dazu schmeckt ein guter Schoppen Hammelburger Wein.*

Das Rezept für die Rhöner Mostsuppe stammt von Armin Weinberg, Schloss Ramholz.

Eine Sülze vom Kalbstafelspitz zählt zu den Spezialitäten von Richard Rechtenbach und Denis Anderhalt.

In der »Orangerie«, *dem Restaurant von Schloss Ramholz in Schlüchtern, beweist Armin Weinberg seine hohe Kunst des Kochens. Doch nicht nur diese Kunst ist bei ihm bewundernswert, sondern auch die, trotz seines beruflichen Engagements Zeit für seine Familie zu haben.*

»Alles hat seine Zeit und die genieße ich dann in vollen Zügen«, ist Armin Weinbergs Philosophie. »Und wenn ich dann spät abends etwas für mich tun möchte, dann erlaube ich mir eine gute Brotzeit, einen schönen Rotwein und eine angenehme Zigarre, genau in dieser Reihenfolge.«

Lammrouladen vom Rhönlamm

Für 4 Personen

Füllung

- *200 g Pfifferlinge*
- *1 Zwiebel*
- *30 g Butter*
- *1 TL gerebelter Thymian*
- *Salz, Pfeffer aus der Mühle*
- *1 Bund Schnittlauch*
- *300 g Kalbsbrät*

Rouladen

- *1 kg ausgelöste Lammkeule*
- *Salz, Pfeffer aus der Mühle*
- *je 1 Zwiebel und Knoblauchzehe*
- *1 Bund Suppengrün*
- *50 g Bratfett*
- *je 2 Zweige Rosmarin und Thymian*
- *1 EL Tomatenmark*
- *1/2 l Apfelsaft*

1 Für die Füllung die Pfifferlinge putzen, waschen, auf einem Küchentuch abtropfen lassen und die Pilze in kleine Stücke schneiden. Die Zwiebel schälen und in kleine Würfel schneiden. Die Butter in einem Topf erhitzen und die Zwiebel mit dem Thymian darin andünsten. Die Pfifferlinge dazugeben und kurz mit andünsten. Alles mit Salz und Pfeffer abschmecken. Schnittlauch abbrausen, Wasser abschütteln und das Gewürz in feine Röllchen schneiden. Diese unter die Pilzmischung heben.

2 Die Pfifferlinge in einer Schüssel abkühlen lassen. Das Kalbsbrät dazugeben und gut untermengen, bis sich die Pilze mit dem Brät verbunden haben. Alles bis zur Weiterverarbeitung kalt stellen.

3 Für die Rouladen die Lammkeule in 12 gleich dicke Scheiben schneiden. Diese zwischen Gefrierbeutel legen und breitklopfen, dann mit Salz und Pfeffer bestreuen. Die Pfifferlingfüllung aufstreichen, das Fleisch zusammenrollen und mit Zahnstochern gut fixieren.

Lammrouladen vom Rhönlamm, eine regionale Spezialität von Armin Weinberg.

4 Zwiebel und Knoblauch schälen und in kleine Würfel schneiden, Suppengrün waschen, putzen, ebenfalls in kleine Würfel schneiden. Bratfett in einem Topf erhitzen. Die Lammrouladen darin rundum anbraten, herausnehmen. Zwiebel, Knoblauch, Gemüse, Rosmarin und Thymian in dem Topf unter Rühren andünsten. Tomatenmark unterrühren, alles mit Salz und Pfeffer würzen und mit Apfelsaft ablöschen. Die Rouladen in den Topf geben und alles zugedeckt bei schwacher Hitze etwa 1 Stunde garen.

5 Nach der Garzeit die Rouladen wieder aus dem Topf nehmen und die Sauce durch ein Sieb passieren. Nach Wunsch einkochen und vor dem Servieren mit Salz und Pfeffer abschmecken.

6 Sauce auf vorgewärmte Servierteller geben und die Lammrouladen schräg aufgeschnitten darauf setzen. Dazu Zitronenkartoffeln und Apfel-Birnen-Bohnen-Gemüse reichen.

Zubereitungszeit: 2 Stunden

Die »Orangerie«, *das Restaurant von Schloss Ramholz.*

Zitronenkartoffeln

Für 4 Personen
- *1 Knoblauchzehe*
- *600 g kleine, fest kochende Kartoffeln*
- *je 20 g Bratfett und Butter*
- *Salz, Pfeffer aus der Mühle*
- *6 unbehandelte Zitronen*
- *gehackte Petersilie zum Bestreuen*

1 Den Backofen auf 180 °C vorheizen. Knoblauch schälen und fein zerdrücken. Die Kartoffeln schälen und in Spalten schneiden. Das Fett und die Butter in einem Bräter erhitzen. Knoblauch und Kartoffeln hineingeben und darin wenden. Mit Salz und Pfeffer würzen und in der Mitte des Ofens etwa 45 Minuten offen garen. Die Zitronen waschen, dünn schälen und den Saft auspressen. Die Zitronenschalen zu den Kartoffeln in den Ofen geben.

2 Den Saft erst kurz bevor die Kartoffeln gar sind in den Bräter geben. Wenn die Kartoffeln goldbraun sind, aus dem Ofen nehmen und mit der Petersilie bestreut servieren.

Zubereitungszeit: 30 Minuten
Garzeit: 45 Minuten

Apfel-Birnen-Bohnen-Gemüse

Für 6 Personen
- *600 g Busch- oder Keniabohnen*
- *Salz, Pfeffer aus der Mühle*
- *1 Zwiebel, 3 Äpfel, 4 Birnen*
- *40 g Butter*
- *1 Zweig Bohnenkraut*
- *250 g Schlagsahne*

1 Die Bohnen waschen, putzen und im Ganzen in kochendem Salzwasser 2 Minuten blanchieren. Abschrecken und in 2 Zentimeter lange Stücke schneiden.

2 Zwiebel schälen, fein würfeln. Äpfel und Birnen schälen, in schmale Spalten schneiden. Zwiebel in der Butter glasig dünsten. Bohnen mit dem Bohnenkraut unterrühren.

3 Äpfel und Birnen unterheben und die Sahne dazugießen. Zugedeckt kochen, bis die Bohnen bissfest sind, mit Salz und Pfeffer abschmecken und servieren.

Zubereitungszeit: 40 Minuten

Wenn Justus Frantz seine Musiktage auf Schloss Ramholz zelebriert, ist in der »Orangerie«, dem Restaurant von Chefkoch Armin Weinberg, kein Platz mehr frei. Aber das ist nur einer der Höhepunkte in Weinbergs Jahresangebot. Schon in der »Alten Villa« präsentierte Armin Weinberg hohe Kochkunst. Die »Orangerie« jedoch ist der adäquate Rahmen für seine kreative Küche.

Genießen steht auch in Bad Kissingen im Vordergrund, *denn was Sternekoch Hermann Laudensack in seinem »Parkhotel« auf den Teller zaubert, ist ein kulinarisches Erlebnis. Sich das Schöne am Leben gönnen – das ist die Devise des Hauses.*

»Meine Gäste sollen sich wohl fühlen. Gastfreundschaft ist für mich wichtig, ja die Basis meiner Tätigkeit«, meint der rührige Koch und Hotelier Hermann Laudensack und widmet seine Aufmerksamkeit den Gästen, die gerade das Restaurant betreten.

Apfelauflauf mit Auslese-Rahmeis

Für 4 Personen

Apfelauflauf

- *2 süße Milchwecken*
- *100 g handwarme Butter*
- *Butter für die Förmchen*
- *120 g Zucker, Zucker für die Förmchen*
- *3 Eigelbe, 2 Äpfel*
- *1 cl Calvados*
- *3 Eiweiße*

Rahmeis

- *300 ml fränkische Auslese*
- *80 g Zucker, 4 Eigelbe*
- *100 g steif geschlagene Sahne*

Holunderschaum

- *50 ml leicht gesüßten Holundersaft*
- *50 ml Sekt*
- *2 Eigelbe*

1 Wein, Zucker, Eigelbe auf dem heißen Wasserbad aufschlagen. Auf Eiswasser kaltrühren. Sahne gleichmäßig unterziehen und die Masse in der Eismaschine gefrieren.

2 Backofen auf 180 °C vorheizen. Wecken entrinden und in feine Scheiben schneiden. 20 Gramm Butter in einer Pfanne erhitzen und die Weckenscheiben darin leicht anbraten. Die restliche Butter mit dem Zucker schaumig rühren, Eigelbe unterrühren.

3 Äpfel schälen, reiben und mit Calvados unter die Butter-Eier-Masse heben. Eiweiße steif schlagen, unterheben. 4 ofenfeste Förmchen mit etwa 10 Zentimeter Durchmesser mit Butter ausstreichen und mit Zucker ausstreuen. Auflaufmasse abwechselnd mit Weckenscheiben hineinschichten. Im Ofen im heißen Wasserbad gut 25 Minuten garen.

4 Für den Holunderschaum alle Zutaten auf dem heißen Wasserbad aufschlagen. Jeweils einen Auflauf auf Dessertteller stürzen, mit Holunderschaum und Eiskugel anrichten.

Zubereitungszeit: 1 1/2 Stunden

Dessert à la Hermann Laudensack: Apfelauflauf mit Auslese-Rahmeis und dazu Holunderschaum.

Nougatmousse

Für 8–10 Personen

- *3 Blatt weiße Gelatine*
- *400 g schnittfester Nougat*
- *2 Eier*
- *2 Eigelbe*
- *500 g geschlagene Sahne*
- *3/4 l Rumtopf mit Früchten*
- *Zimtpulver zum Garnieren*

1 Die Gelatine in kaltem Wasser einweichen. Das Nougat auf dem heißen Wasserbad schmelzen und leicht abkühlen lassen.

2 Eier und Eigelbe auf dem heißen Wasserbad schaumig schlagen und das Nougat unterrühren. Gelatine ausdrücken und ebenfalls unterrühren, bis sie vollständig geschmolzen ist. Die Masse vom Wasserbad nehmen und abkühlen lassen.

3 Die geschlagene Sahne unter die Mousse ziehen und zugedeckt in den Kühlschrank stellen, bis die Mousse fest ist.

4 Den Rumtopf leicht erwärmen und in vorgewärmten tiefen Tellern anrichten. Von der Mousse Nocken abstechen und in den Rumtopf setzen. Die Tellerränder mit Zimtpulver bestreuen, das Dessert sofort servieren.

Zubereitungszeit: 40 Minuten

Laudensacks »Parkhotel« *in Bad Kissingen – eine gute Adresse für Feinschmecker.*

Schmandkuchen

Für 1 Backblech

- *300 g Mehl*
- *25 g frische Hefe*
- *125 ml lauwarme Milch*
- *25 g Zucker, Salz*
- *1 Eigelb*
- *50 g weiche Butter, Butter für die Form*

Schmandcreme

- *1 l Milch*
- *1 aufgeschlitzte Vanilleschote*
- *4 Eigelbe*
- *80 g Speisestärke, 50 g Butter*
- *200 g Zucker, Salz*
- *500 g Schmand*
- Saft *und Schale von 1 Zitrone*
- *100 g Korinthen*

1 Mehl in eine Schüssel geben, eine Mulde in die Mitte drücken und die Hefe hineinbröckeln. Mit etwas Milch, Zucker und Mehl zu einem Vorteig anrühren. Zugedeckt bei Raumtemperatur etwa 15 Minuten gehen lassen. Nun alle übrigen Zutaten zugeben und zu einem geschmeidigen Teig verkneten. Weitere 10 Minuten zugedeckt gehen lassen.

2 Den Hefeteig dünn ausrollen und auf ein gefettetes Backblech legen, dabei einen Rand formen.

3 Für die Schmandcreme die Milch mit der Vanilleschote in einem Topf aufkochen. Die Hälfte der Speisestärke anrühren und die Vanillemilch damit andicken. Eigelbe, die Butter, die Hälfte des Zuckers und eine Prise Salz schaumig schlagen und die Vanillecreme ohne Vanilleschote mit dem elektrischen Handrührgerät darunterrühren. Die Creme auf Eiswasser kaltrühren.

4 Den Backofen auf 200 °C vorheizen. Schmand, restlichen Zucker und restliche Speisestärke sowie Zitronenschale und Saft glatt rühren. Mit den Korinthen unter die Vanillecreme ziehen. Die Schmandcreme gleichmäßig auf den Teig streichen. Den Kuchen etwa 1 Stunde backen.

Zubereitungszeit: 1 Stunde
Backzeit: 1 Stunde

Das Rezept für die Nougatmousse stammt von Armin Weinberg, Schloss Ramholz.

Die heutigen Anlagen des Kurhauses von Bad Kissingen *mit einer der größten Brunnen- und Wandelhallen Europas sind im Prinzregentenstil erbaut und stammen aus der Zeit um die Jahrhundertwende. Ursprünglich wurden sie von dem Würzburger Baumeister Balthasar Neumann im 18. Jahrhundert ausgebaut, leider ist heute davon nichts mehr erhalten.*

Auch Otto von Bismarck *zählte zu den prominenten Kurgästen von Bad Kissingen. Hier entging er knapp einem Attentat. Das letzte Gefecht zwischen Preußen und Bayern war gerade acht Jahre her. Bismarcks Kommentar zu dem Anschlag: »Die Sache ist zwar nicht kurmäßig, aber das Geschäft bringt es eben so mit sich.«*

Fünf Heilquellen haben das Mineral- und Moorheilbad Bad Brückenau über die Grenzen der Rhön hinaus bekannt gemacht. Als eines der ersten Heilbäder Deutschlands wurde es 1747 von dem damaligen Fürstabt in Fulda, Amandus von Buseck, gegründet. Zuvor stand hier an einer Furt über das Flüsschen Sinn eine Zollstation, wo Wegezoll für die Äbte in Fulda kassiert wurde. Anfang des 19. Jahrhunderts machte König Ludwig I. von Bayern Brückenau zu seinem Königsbad. Und was die Fürstäbte von Fulda konnten, konnten die Fürstbischöfe von Würzburg schon lange. Diesem Konkurrenzkampf verdankt das Heilbad Bad Kissingen seine Entwicklung zum Weltbad. Beim alljährlichen Rakoczy-Fest wird dort die Vergangenheit lebendig. Beim Festumzug gibt es ein Wiedersehen mit den historischen Persönlichkeiten, die dem Weltbad die Ehre gaben: Kaiser Franz Josef, Sisi, Zar Alexander II., die Bayernkönige Ludwig I. und II., und neben den Grössen des Geldadels war auch Reichskanzler Fürst Otto von Bismarck Gast in dem Heilbad.

Die Rhön zog Schriftsteller in ihren Bann. Theodor Fontane, Leo Tolstoi, aber auch Goethe waren mehrmals in dieser Region. Eine andere historische Persönlichkeit ist Johann Valentin Paul, der als Rhönpaulus von sich reden machte. Die bettelarmen Leute verehrten diesen legendären Rhön-Robin-Hood. Er bestahl die Reichen und teilte die Beute mit den Armen. 1780 setzten die Mächtigen dem Treiben ein Ende und richteten ihn hin. In den Augen der Adligen und Kirchenfürsten war das Volk an seiner Armut selbst schuld durch »fortwuchernde Genusssucht, Ungenügsamkeit und Sittenverderbnis, verwahrloste Kindererziehung, Überhandnahme außerehelicher Geburten …« Ein Gedankengut, das durch Aufklärung und die französische Revolution ein jähes Ende fand.

Wenden wir uns den Bergen der Rhön zu. Die höchste Erhebung, die Wasserkuppe, präsentiert sich eher bescheiden. Ihrem Namen macht sie jedoch alle Ehre. Nahezu 30 Bäche und Flüsse entspringen an ihren Hängen, darunter auch die Fulda. Deren Wasser vereinigen sich mit der Werra, um dann als Weser in die Nordsee zu fließen.

Die zweithöchste Erhebung der Rhön ist der Kreuzberg, der »heilige Berg der Franken«. Nach der Legende soll der heilige Kilian, Schutzpatron der Franken, um das Jahr 686 auf dem Berg ein Kreuz errichtet haben. Seitdem pilgern die Menschen über die steilen Treppen, vorbei an den vierzehn Kreuzwegstationen zum Kloster der Franziskanermönche. Der Aufstieg wird mehrfach belohnt, zum einen durch den grandiosen Ausblick, zum andern mit dem berühmten dunklen Klosterbier, das die Mönche seit 1731 hier brauen.

Eine so ursprüngliche Region hat natürlich Feste und Bräuche, die sich über die Jahrhunderte erhalten haben. Kirmes, Prozessionen, Dorffeste, Sonnwendfeiern, Bauernmärkte – das Jahr hat viele solcher Höhepunkte. Ein wichtiges Datum ist der erste Sonntag nach Fastnacht. Da wird der Hutzelsonntag gefeiert. Wenn es dunkel wird, zieht man mit Lampions oder Strohfackeln aus dem Dorf zum Hutzelfeuer, das auf einem nahe gelegenen Berg abgebrannt wird.

Zurück im Dorf gibt es dann das Kräppelessen mit Hutzelbrüh. Hutzeln sind gedörrte Zwetschgen-, Apfel- und Birnenschnitze. Anschließend ziehen die Jugendlichen von Haus zu Haus, singen das Hutzellied und bitten um eine kleine Spende.

Vor 100 Jahren konnte die Landwirtschaft die wachsende Bevölkerung nicht mehr ernähren. Wie überall, wurden die eh schon kleinen Flächen durch die geltende Erbteilung immer

Die Wasserkuppe ist ein Dorado für Segelflieger, *denn die Thermik über den Grashängen ist hier optimal. 1912 gelang Studenten aus Darmstadt auf der höchsten Erhebung der Rhön ein Gleitflug von 838 Metern und 1924 wurde dort die erste Segelflugschule der Welt gegründet.*

Vor etwa 100 Jahren *entwickelte sich in der Rhön neben der Holzschnitzerei und anderen Handwerken auch die Korbflechterei. Um ihre Produkte zu verkaufen, zogen die Einheimischen damals als so genannte Rhöngänger durch Deutschland.*

weiter zerstückelt. Um zu überleben, versuchten sich die Familienmitglieder in anderen Tätigkeiten. Holzschnitzerei oder Korbflechterei wurde ebenso zum Nebenverdienst wie die Herstellung von Peitschen oder Pantoffeln. Auch in der Leinen- und Plüschweberei versuchten manche ihr Glück. So genannte Rhöngänger boten ihre Erzeugnisse in ganz Deutschland feil.

Die Küche in der Rhön ist deftig und kalorienreich. Neuerdings kommt aber zartes Lammfleisch als Spezialität auf den Tisch, und zwar in allen Variationen: auf Wiesenheu, in »Wecksoß«, als Lammbratwurst oder Salami – einfach, aber köstlich. Die typischen Rhön-Delikatessen erinnern vom Namen her an die Gestalten aus »Grimms Märchen«: Kröpelsopp, Flurgönter, Hütes, Hutzelkräppel oder Zwibbelsploatz. Letzterer ist auch als Rhön-Pizza bekannt. Auf einem dünn ausgewalzten Brotteig werden Zwiebeln, Speck, Eigelb und Rahm verteilt. Dann im Backofen eine Stunde gebacken und möglichst heiß gegessen. Dorothea Grimm, die Ehefrau des berühmten Märchenerzählers Wilhelm Grimm, trug diese Rezepte zusammen. Ihr »Kunst- und Mirakelbuch« genanntes Kochbuch ist im Grimm-Museum Steinau ausgestellt. Dort sind die Rezepte für Schmandcreme und Schmandwaffeln aus Ziegenhain an der Schwalm nachzulesen oder vielleicht für einen Schmandhering, der dort auch heute noch gern serviert wird. Wurst spielt in der Rhön eine große Rolle, deshalb gibt es auch viele Variationen. Man unterscheidet rote (Schwarten-, Brat- und Cervelatwurst) von schwarzer Wurst (Leber- und Blutwurst). Schlachtplatte mit schwarzer Wurst und Rippchen steht in den meisten Gasthäusern auf der Speisekarte. Der Presskopf ist ebenfalls ein ursprüngliches Gericht. Neben dem Fleisch vom Schweinekopf gehören Brötchen, Zwiebeln, Gewürze und der namensgebende Saft in den Blutkuchen, den man vorzugsweise mit Pellkartoffeln und Endiviensalat genießt.

Je nach Landstrich ist die Regionalküche der Rhön hessisch, bayerisch oder thüringisch gefärbt. Auf jeden Fall wurde hier gelernt, mit ein bisschen Einfallsreichtum aus wenig viel zu machen.

Auch bei widrigen *Wetterverhältnissen begleitet der Schäfer seine Herde auf die saftigen Weiden der Rhön.*

Die wetterfesten Rhönschafe *ernähren sich hauptsächlich von wild gewachsenen Kräutern und Wiesenblumen.*

Das Rhönschaf

An der Rhön ziehen Naturschützer und Feinschmecker an einem Strang. Denn der Erhalt des hochbeinigen Rhönschafes garantiert einerseits den Erhalt des Gleichgewichts der Natur und andererseits den Genuss von besonders zartem, geschmacklich dem Wildbret ähnlichem Fleisch.

Die Schafrasse der Rhön – das Rhönschaf – ist der Adonis unter den deutschen Schafrassen: Hochbeinig, schlichtwollig, hornlos, ganz in weiß mit einem aparten, schwarzen, schmalen Nofretetekopf und unbewollt bis hinter die Ohren. Noch vor 100 Jahren tummelte sich diese Schafrasse von Thüringen bis zum Harz und im Quellgebiet der Werra. Ihr Bestand belief sich zu dieser Zeit auf einige 100 000 Tiere. Doch schrumpfte er seitdem zusehends, bis das Rhönschaf Mitte unseres Jahrhunderts schließlich mit nur noch 300 Exemplaren dem Aussterben gefährlich nahe war. Erst zehn Jahre später setzten Schutzmaßnahmen ein, so dass der Schafbestand der gefährdeten Rasse mittlerweile wieder auf über 1000 Muttertiere angestiegen ist.

Das Rhönschaf macht exemplarisch deutlich, wie sehr traditionelle Tierzucht im Wechselspiel mit der natürlichen Umwelt stattfand. Sie baut auf das im Erbgut gespeicherte jahrhunderttausende alte Wissen und lenkt es sanft und nutzbringend in die gewünschte Richtung. Ein wesentlicher Unterschied zu der sonst üblichen so genannten Hochleistungszucht. Zu den herausragenden Eigenschaften des Rhönschafes zählt seine Widerstandsfähigkeit gegenüber den klimatischen Bedingungen seiner Zuchtheimat, der Rhön. Bei einer mittleren Jahrestemperatur von nur 5 bis 7 °C, bei bis zu 1000 Millimeter Niederschlag im Jahr und bei hoher Wind- und Nebelhäufigkeit gedeiht das grazile Schaf aufs Prächtigste. Das allwetterfeste Rhönschaf bewährt sich zudem als ein ausgezeichneter Berggänger. Kräftige Beine mit harten Klauen geben ihm auch im unwegsamen Gelände des Mittelgebirges Trittsicherheit beim Weidegang.

Die Landschaft der Rhön mit Hochheiden und Halbtrockenrasen sowie mit ihren armen und oft schlecht erreichbaren Hanglagen bietet einen idealen Lebensraum für die Rhönschafe. Sie waren es auch, die den ursprünglichen Buchenwald zurückgedrängt und damit die Licht- und Kleinklimaverhältnisse verändert haben. Dadurch konnten sich ursprünglich auf Waldlichtungen und lichte Wälder beschränkte Pflanzenarten weiträumig ausbreiten. So beherbergen die Weideflächen der Schafe heute unter anderem Seidelbast, Türkenbund und Akelei, Gelben und Blauen Eisenhut, Trollblumen und Quellkraut, Glanzkerbel und Sammetrose, Knabenkräuter und Fransenenzian.

Die einzigartige Natur- und Landschaftsvielfalt der Rhön ist somit in entscheidendem Ausmaß den Rhönschafen zu verdanken. An die Erhaltung dieser alten Haustierrasse sind die Sicherung kleinbäuerlicher

Familienbetriebe und die Pflege einer alten Kulturlandschaft gekoppelt, verbunden mit dem Schutz wertvoller Lebensräume. Dies alles wird unter anderem durch Projekte vom BUND und dem Bund für Naturschutz unterstützt.
Dass Naturschutz auch Genuss bedeuten kann, wird jeder bestätigen, der das Fleisch des Rhönschafes gekostet hat. Immer mehr Köche und Metzger, und nicht zuletzt die Verbraucher gelangen zu dieser Erkenntnis. Schaffleisch hatte lange Zeit unter dem Rhönlammspeisen an Wildbretgerichte.
Der häufig als unangenehm empfundene Hammelgeruch, der bei den Fleischschafrassen durch Überwürzen und ausschließlich heiße Zubereitung zu verdrängen versucht wird, tritt beim Rhönschaf praktisch nicht auf. Daher können Gerichte aus dem Fleisch des Rhönschafes auch kalt aufgetragen werden. Ein weiterer Vorteil gerade dieses Fleisches liegt auch darin, dass die Qualität mit steigendem Alter der Tiere nicht absinkt, sondern, im Gegenteil, eher noch gewinnt.

Schon die Lämmer *lassen die Schönheit der ausgewachsenen Rhönschafe vermuten.*

Die Erhaltung alter Haustierrassen *wie die des Rhönschafes sichert die Existenz vieler kleiner bäuerlicher Familienbetriebe.*

Image zu leiden, dass es der »Küche armer Leute« zugeordnet wurde. Dagegen spricht, dass das Fleisch vom Rhönschaf bis in das vergangene Jahrhundert nicht nur an französischen Höfen, sogar auch in Pariser und Londoner Gourmet-Restaurants besonders geschätzt wurde. Das Fleisch der bis 85 Zentimeter hohen und bis 95 Kilogramm schweren kleinen Wiederkäuer ist ausgesprochen wohlschmeckend und weist einen dezenten Wildcharakter auf. Kein Wunder bei der kräuterreichen Vollwertkost auf den Naturweiden der Rhön! In den Wintermonaten erhalten die Tiere neben Heu aus naturbelassenen Wiesen auch Rüben, Hafer und – unter Verzicht auf Sojaschrot – ein Kraftfutter auf Bohnen- und Erbsenbasis. Deshalb erinnert der Geschmack der originalen »Beim Rhönlamm setzen sich Fettablagerungen wirklich nur außen an. Ich als Köchin habe mit anderen Rassen, bei denen richtige Fettstränge in das Schlegelfleisch eingewachsen waren, sehr schlechte Erfahrungen gemacht«, erklärt mir Bettina Neun vom Schafhof Neun in Weißenbach. Dieser Betrieb wurde jüngst in die Herdbuchzucht für Rhönschafe aufgenommen. »Seit einiger Zeit arbeiten wir mit einem Metzger zusammen. So können wir neben Lammfleisch einige wohlschmeckende Spezialitäten anbieten: Lammleberkäse, Lammpolnische, feine luftgetrocknete Lammwürstchen, Lammsalami oder feinwürzigen Lammschinken. Der Renner auf unserem Hoffest war übrigens ein Lammgyros!«, fügt Bettina Neun nicht ohne einen gewissen Stolz hinzu.

Über 1000 Muttertiere *samt ihrer Gefolgschaft weiden inzwischen wieder auf den Wiesen der Rhönlandschaft.*

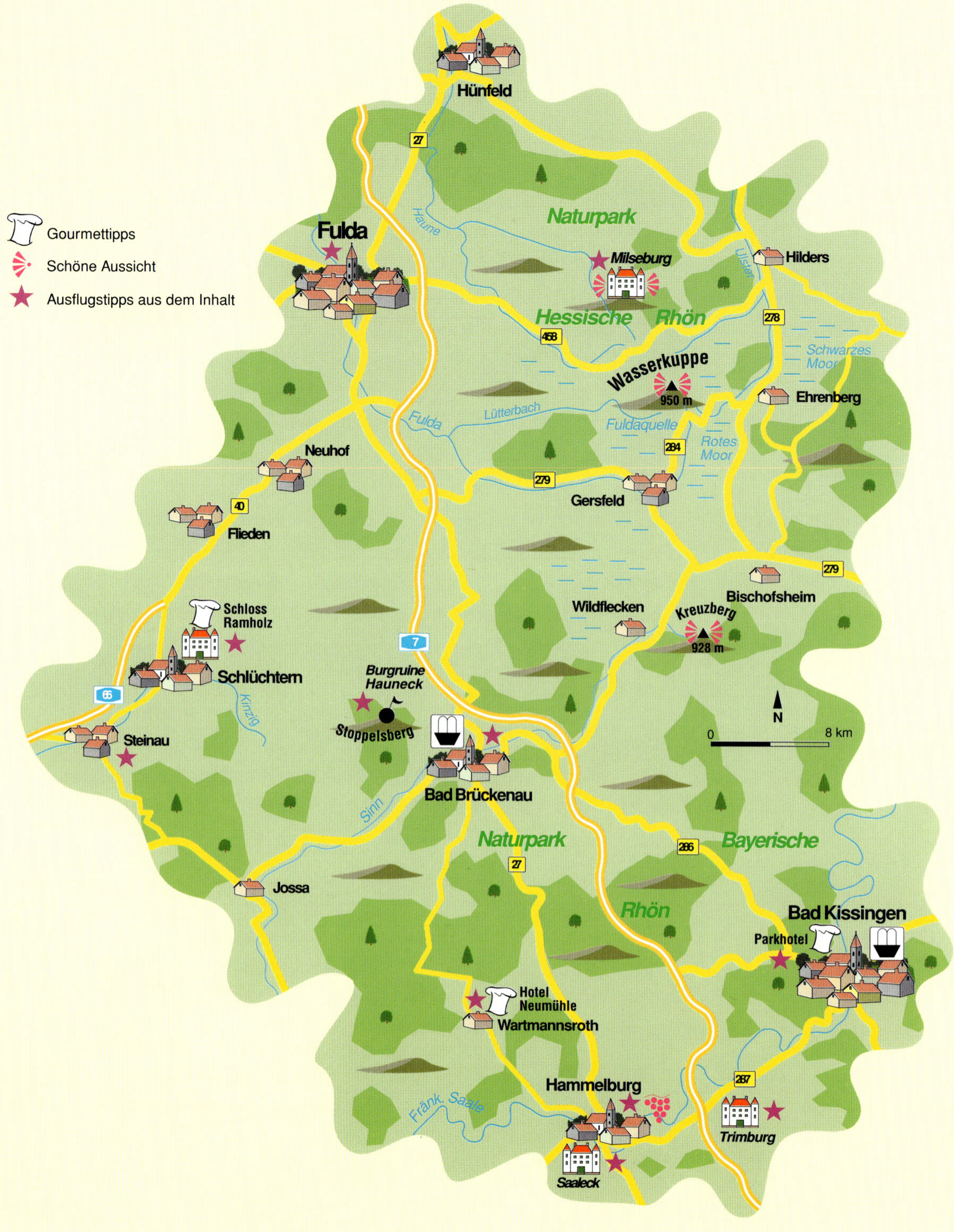
Gourmettipps
Schöne Aussicht
Ausflugstipps aus dem Inhalt
Hünfeld
27
Fulda
Haune
Naturpark
Milseburg
Hilders
Ulster
Hessische Rhön
458
278
Schwarzes Moor
Wasserkuppe
950 m
Ehrenberg
Fulda
Lütterbach
Fuldaquelle
Rotes Moor
284
Neuhof
279
Gersfeld
40
Flieden
279
Bischofsheim
Wildflecken
Kreuzberg
928 m
Schloss Ramholz
7
Schlüchtern
Burgruine Hauneck
66
Kinzig
N
Stoppelsberg
0
8 km
Steinau
Bad Brückenau
Sinn
Naturpark
286
Bayerische
27
Jossa
Rhön
Bad Kissingen
Parkhotel
Hotel Neumühle
Wartmannsroth
287
Hammelburg
Fränk. Saale
Trimburg
Saaleck

RHÖN

Hotels und Restaurants

Hotel-Restaurant Neumühle in Wartmannsroth: Siehe Seite 190; Hallenbad, Sauna, Solarium, Tennisplatz.
Im Januar geschlossen
Neumühle 54, 97797 Wartmannsroth; Telefon 0 97 32/80 30, Fax 0 97 32/8 03 79

Restaurant Schloss Ramholz in Schlüchtern: Siehe Seite 192.
Mo und Di Ruhetag
Parkstraße 4, 36381 Schlüchtern; Telefon 0 66 64/91 94 00, Fax 0 66 64/91 94 02

Laudensacks Parkhotel in Bad Kissingen: Siehe Seite 194. Beautyfarm, Wellness-Programm, 19 Zimmer.
Im Dezember geschlossen
Kurhausstraße 28, 97688 Bad Kissingen; Telefon 09 71/7 22 40, Fax 09 71/72 24 44

Nicht nur fürstlich wohnen *und essen kann man auf Schloss Saaleck. Der Gast darf beim Wein Außergewöhnliches erwarten.*

Hotel-Restaurant Schloss Saaleck in Hammelburg: Die gastliche Burg an der fränkischen Saale bietet außer Wild- und Geflügelgerichten zahlreiche Spezialitäten und ein großes Freizeitangebot.
Saaleckstraße 1, 97762 Hammelburg; Telefon 0 97 32/20 20

Schlundhaus in Bad Königshofen: Seit drei Generationen ist das Schlundhaus (1660) im Familienbesitz. Es zeichnet sich durch die feine Küche und eine Auswahl an erlesenen Weinen aus.
Das Sandsteingewölbe des Weinkellers stammt aus dem Jahr 750; 7 Zimmer.
Di Ruhetag
Marktplatz, 97631 Bad Königshofen; Telefon 0 97 61/15 62

Gasthof zum Biber in Speicherz-Motten: Dieser Gasthof kann auf eine 225-jährige Geschichte zurückblicken. Spezialitäten wie Hausmacherwurst oder Hagebuttenwein stammen aus eigener Metzgerei und Kellerei und werden im Spezialitätenladen verkauft; Kellerführungen, Tagungsräume, 43 Zimmer.
Drei Wochen im Januar geschlossen
Hauptstraße 15–18, 97786 Speicherz-Motten; Telefon 0 97 48/9 12 20, Fax 0 97 48/91 22 66

Gasthof Postkutsche in Motten-Kothen: Die aus dem Jahr 1468 stammende Postkutschenstation ist heute ein gepflegter Gasthof; im Winter Nudelabende bei Kaminfeuer, im Sommer Grillspezialitäten im Biergarten; 10 Zimmer.
Mi Ruhetag
Zum Schmelzhof 4, 97786 Motten-Kothen; Telefon 0 97 48/3 26

Zobels Landmetzgerei Gasthof zur Rhön in Tann: Herzhafte Rhöner Hausmacherwurst und Schinken aus eigener Metzgerei, die Spezialität Meterwurst, aber auch Hammel sowie Bachforelle munden hier ausgezeichnet.
Mi Ruhetag
Am Marktplatz, 36142 Tann; Telefon 0 66 82/2 44, Fax 0 66 82/87 18

Gasthof zur Krone und Rhöner Schaukelterei in Ehrenberg-Seiferts: Das Motto dieses Hauses lautet Rhöner Gastlichkeit im Einklang mit der Natur. Originelle Rhön-Produkte sowie Hausgemachtes aus der eigenen Kelterei werden hier geboten. Zu den Spezialitäten zählt das Rhönschaf sowie besondere Apfelweine; Gartenwirtschaft mit Kräuter-Infopfad, historische Gaudi-Kegelbahn, Kreativräume für Seminare und Konferenzen, 20 Wohlfühlzimmer.
Eisenacher Straße 24, 36115 Ehrenberg-Seiferts; Telefon 0 66 83/9 63 40, Fax 0 66 83/14 82

Brennerei und Gasthaus *unter einem Dach: Brennerei-Gasthaus »Dickas« in Bischofsheim.*

Brennerei-Gasthaus Dickas mit Rhöner Schaubrennerei in Bischofsheim: Hier gibt es Wurst- und Schinkenspezialitäten aus eigener Herstellung. Zugleich können Sie die Brennerei (1896) besichtigen und die Brände auch kosten; 5 Zimmer.
Mi Ruhetag
Josefstraße 9, 97653 Bischofsheim; Telefon 0 97 72/4 56, Fax 0 97 72/12 95

Sehenswürdigkeiten

▮ Schloss Aschach in Bad Bocklet: Im Schloss, dessen Geschichte bis ins 12. Jahrhundert zurückreicht, ist das Graf-Luxburg-Museum untergebracht. In 29 Räumen wird der Lebenssituation einer Adelsfamilie des ausgehenden 19. Jahrhunderts ein kulturhistorisches Denkmal gesetzt. Zu sehen sind auch fränkische Holzskulpturen, eine Asbacher Steingutmanufaktur sowie chinesische Bronzen und Orientteppiche.

Schloss Aschach, *direkt neben Bad Bocklet und zwischen Bad Kissingen und Bad Neustadt gelegen, beherbergt gleich mehrere Museen.*

Im ehemaligen Gärtnerhaus wurde ein Schulmuseum eröffnet. Im Innenhof können Sie im Terrassen-Café-Restaurant die Atmosphäre auf sich wirken lassen; Veranstaltungen, wie Museumsfest oder Schlosskonzerte.

Öffnungszeiten Museum: Mai–September Di–So 14.00–18.00 Uhr; im Oktober bis 17.00 Uhr
Öffnungszeiten Café: Mai–Oktober täglich 11.30–18.00 Uhr, außer Mo
Veranstaltungen: Kurverwaltung Bad Kissingen; Telefon 09 71/80 48-56 oder Kurverwaltung Bad Bocklet; Telefon 0 97 08/2 17; (keine Abendkasse)
Auskunft: Gemeindeverwaltung Frankenstraße 1, 97708 Bad Bocklet; Telefon 0 97 08/3 58 oder 61 42, Fax 0 97 08/61 04

▮ Tabakpfeifenmuseum in Oberelsbach: Im »Alten Schulhaus« wurde 1996 das Deutsche Tabakpfeifenmuseum eröffnet – ein repräsentativer Bau aus der Zeit um 1611, den der Würzburger Fürstbischof Julius Echter von Mespelbrunn errichten ließ. Hier wurde der Komponist Valentin Rathgeber (1682–1750) geboren; ihm zu Ehren widmete man einen Raum.

Valentin-Rathgeber-Haus
Öffnungszeiten: 14 Tage vor Ostern– 31. Oktober Mi, Sa, So 13.00–17.00 Uhr
Führung: nach Vereinbarung
97656 Oberelsbach; Telefon 0 97 74/92 40, Fax 0 97 74/91 91 25

Im alten Schulhaus *von Oberelsbach wurde 1996 das Deutsche Tabakpfeifenmuseum eröffnet.*

▮ Orgelbaumuseum in Ostheim: Orgeln von der Romantik bis zur Gegenwart sind in dem bedeutenden Spezialmuseum untergebracht: über 650 historische Exponate, größtenteils aus der Werkstatt Hoffmann aus Ostheim, die in der siebten Generation tätig ist.

Öffnungszeiten: Mi–Sa 10.00–12.00 Uhr, 13.00–17.00 Uhr;
So und Feiertage 13.00–17.00 Uhr
Paulinenstraße 20, 97645 Ostheim; Telefon und Fax 0 97 77/17 43

▮ Kloster Kreuzberg in Bischofsheim an der Rhön: Im 17. Jahrhundert wählten Franziskanermönche den 928 Meter hohen Kreuzberg als Standort für ihr Kloster aus. In der Kirche können Sie drei Barockaltäre bewundern. Anfang des 18. Jahrhunderts wurden dann die 14 Kreuzwegstationen errichtet, die zum Gipfel führen. In der Klosterschänke können Sie das hervorragende dunkle Bier genießen, das die Mönche seit 1731 nach altem Rezept brauen.

2. November–20. Dezember geschlossen
Auskunft: Telefon 0 97 72/9 12 40

Besonders beeindruckend *ist das Erlebnisbergwerk in Merkers.*

▮ Erlebnisbergwerk in Merkers: Das ehemals größte Kalibergwerk der Welt, ist heute ein Erlebnisbergwerk mit einem unterirdischen Bergbaumuseum. Sie sehen in 750 Metern unter der Erdoberfläche die am tiefsten gelegene Bar der Welt; in der Kristallgrotte können Sie Steinsalzkristalle bewundern. Durch das Bergwerk zog sich zu DDR-Zeiten die Sperrzone.

Führungen: 9.15 Uhr und 13.15 Uhr
Erlebnisbergwerk
36460 Merkers; Telefon 0 36 95/61 41 01

▮ Stadtschloss in Fulda: Die Festsäle, die Sammlung Fuldaer Porzellan und die Privatgemächer der Fuldaer Fürstäbte können besichtigt werden. Das Schloss wurde als Erweiterung des früheren Renaissanceschlosses zwischen den Jahren 1706 bis 1721 nach Plänen von Johann Dientzenhofer erbaut.

Auskunft: Touristeninformation
Telefon 06 61/10 23 45
Öffnungszeiten: täglich 10.00–18.00 Uhr; Fr 14.00–18.00 Uhr

DOM in Fulda: Das Wahrzeichen Fuldas wurde von Johann Dientzenhofer Anfang des 18. Jahrhunderts auf den Grundmauern der Ratger-Basilika, der größten karolingischen Kirche nördlich der Alpen, erbaut. In dem bedeutenden Barockbau ist das Bonifatiusgrab, zu dem auch heute noch Wallfahrer pilgern.
Öffnungszeiten: April–Oktober Mo–Fr 10.00–18.00 Uhr; Sa 10.00–15.00 Uhr; So und Feiertage 13.00–18.00 Uhr; November–März Mo–Fr 10.00–17.00 Uhr; Sa, So und Feiertag 13.00–18.00 Uhr
Im Dom finden im Mai, Juni, September und Oktober am Samstag (12.05–12.35 Uhr) Orgelkonzerte statt.
Auskunft: Stadtinformation Fulda
Telefon 06 61/10 23 45

Frisch geräucherte Rhönforellen, *aber auch Lachse, Aale und Störe, gibt's in Gersfeld.*

KLOSTER FRAUENBERG in Fulda: Das in einem Park gelegene Franziskanerkloster mit prunkvoller Kirchenausstattung besteht seit 1623; zu Fuß in einer Viertelstunde vom Dom aus zu erreichen.
Information: Stadtinformation 36037 Fulda; Telefon 06 61/1 02–345, Fax 06 61/1 02-775

WILDPARK KLAUSHOF: Der Wildpark mit Streichelzoo liegt nordwestlich von Bad Kissingen. Vom Kurgarten aus fährt von April bis Oktober eine Kleinbahn zum Park.
Öffnungszeiten: im Sommer täglich 9.00–18.00 Uhr; im Winter 9.00–17.00 Uhr
Wildpark Klaushof
Telefon 09 71/8 07–3 50/1

WÄCK, WOARSCHT ON WIE in Fulda: Der Weinhistorische Konvent Fulda hat am Südhang des Klosters Frauenberg einen Weingarten errichtet, um die Fuldaer Weintradition aufzuzeigen; Weinproben werden angeboten.
Öffnungszeiten: Mai–September am 2. Samstag im Monat ab 12.00 Uhr
Auskunft: Herr Henkel, Telefon 06 61/7 37 44

VERANSTALTUNGEN

RAKOCZYFEST in Bad Kissingen (Ende Juli): Festball im Regentenbau, folkloristische Darbietungen, Konzert im Kurgarten, Feuerwerk.
Telefon 09 71/80 48–0

KULTURFESTIVAL KISSINGER SOMMER: Im Juni und Juli findet der Kissinger Sommer mit Konzerten angesehener Künstler aus aller Welt statt.
Auskunft: Stadtverwaltung
Telefon 09 71/80 71 10, Fax 09 71/80 71 91

Destillate und Liköre *werden in der Brennerei Wolfgang Fella in Hammelburg hergestellt.*

FESTE IN BAD HERSFELD: Jedes Jahr an Ostern Orgelfesttage in der Stadtpfarrkirche; am 1. Samstag im Juni Jazz; am 2. Wochenende im Juni Kurpark- und Weinfest; Mitte Oktober Heimatfest.
Auskunft: Verkehrsbüro 36251 Bad Hersfeld; Telefon 06 621/20 12 74

BAD HERSFELDER FESTSPIELE: Im Juni bis August finden die Festspiele in der Stiftsruine (Freilichtbühne) statt; einige Aufführungen im Schloss Eichhof.
Auskunft: Verkehrsbüro
36251 Bad Hersfeld;
Telefon 0 66 21/20 12 74 oder
Karten für Schauspiel und Musical: Telefon 0 66 21/7 20 66
Karten für Oper und Klassik: Telefon 0 66 21/50 67 13

HEIRATSMARKT in Kaltennordheim: An Pfingsten.
Auskunft: Touristeninformation 36452 Kaltennordheim; Telefon 03 69 66/8 12 20

Lebensmittel aus kontrolliertem Anbau *direkt ab Hof kann man in Poppenhausen erwerben.*

EINKAUFEN

RHÖNFORELLE in Gersfeld/Rendelmühle: Frische und geräucherte Forellen, Lachs, Stör und Aale.
Öffnungszeiten: Mo–Fr 8.00–17.00 Uhr; Sa 8.00–12.00 Uhr
36129 Gersfeld/Rendelmühle;
Telefon 0 66 54/91 92 20, Fax 0 66 54/82 77

BRENNEREI WOLFGANG FELLA in Hammelburg: Nach altem Rezept werden hier Destillate und Liköre hergestellt.
Öffnungszeiten: nach Vereinbarung
Von-Heß-Straße 1, 97762 Hammelburg;
Telefon 0 97 32/28 57

Von der Festung Königstein *aus eröffnet sich ein faszinierender Blick auf das Elbtal.*

Hier finden Sie alle im Buch aufgeführten Vorspeisen, Hauptgerichte mit Beilagen und Desserts von A – Z.

Rezepte

Köche

Am Rand der dichten Wälder *des Schwarzwalds trifft man hin und wieder auf äsende Rehe.*

In diesem Teil des Registers sind alle Köche aufgelistet, die raffinierte Rezepte für ihre Region entwickelt und für dieses Buch aufgeschrieben haben. Die Zubereitung der jeweiligen Gerichte wurde im Rahmen der Filmaufnahmen für die Region gedreht.

In Gräfenroda, *einem kleinen Ort im Thüringer Wald, erblickten die allseits beliebten Gartenzwerge einst das Licht der Welt. Heute noch ist Gräfenroda führend in der Gartenzwergproduktion.*

Alle Hotels und Restaurants, die am Ende jedes Kapitels aufgeführt sind, finden Sie hier noch einmal alphabetisch sortiert.

Hotels, Restaurants

Leinöl ist ein fester Bestandteil *der Spreewälder Küche. Damit wird gebacken, gebraten und gekocht.*

Wenn Sie in einer der vorgestellten Regionen unterwegs sind, sollten Sie sich immer mal wieder Zeit nehmen, sich in einem der vorgeschlagenen Hotels oder Restaurants kulinarisch verwöhnen zu lassen.

Christian Kargl *hat das Produktionsteam vor dem Hotelbus der »Bleiche« in Burg/Spreewald fotografiert.*

Die Bilder auf der Umschlag-Rückseite zeigen:

Oben, von links nach rechts
Harz, Blick vom Brocken
Spessart, Klosteranlagen Brombach
Sächsische Schweiz, Elbimpression bei Rathen

Mitte, von links nach rechts
Thüringen, Thüringer Bratwurst
Schwarzwald, typische Tracht
Spreewald, Spreewaldgurken

Unten, von links nach rechts
Saar, Weinlese
Thüringen, Veste Wachsenburg
Hohenlohe, Schwäbisch-hällisches Schwein

FILMRECHTE Almaro Film & TV Produktions- und Vertriebs GmbH
FILMISCHE KONZEPTION UND REGIE Udo Eckert
REDAKTION FERNSEHEN/SWR Georg Felsberg
BUCHREDAKTION Redaktionsbüro Cornelia Klaeger
BILDREDAKTION Bettina Huber
FOTOS Alle Bilder stammen von Christian Kargl, München außer AKG, Berlin: 25 u., 36 li., 55 (2), 63 u., 66 re., 7 u.li., 74 o.li., 93 o., 101 o., 102 o., 103 o.re. und u., 110 o.li., 111 o., 119 u.li., 128 u., 136 u., 140 u., 148 o.re., 149 o., 168 u., 176 u. und o.li., 179 o.li., 180 o., 181 u., 188 u., 196 u.; Kerth Ulrich, München: 4/5, 14/15, 17 (2), 21, 23, 24 (2), 25 o., 26 li.o., 28 u., 29 o., 32 u., 57, 62/63, 64 o., 70 re., 72/73, 100 u.re., 118 u.li., 126/127, 129 re., 137 o., 156 o., 171, 175 u.; pwe, Hamburg: 16 o.; Südwest Verlag, München: 26 u. (Karl Newedel), 120, 121 (2) (Joachim Heller), 41 (Wolfgang Feiler), 43 (Bodo Schieren), 59 (Matthias Tunger), 61 (Rainer Hofmann), 153 (Amos Schliack); Visum, Hamburg: U1/Fond, 136 o. (plus 49/Sven Döring), 8/9, 186/187 (Timm Rautert), 52/53, 74 u., 84 u. (Thomas Pflaum), 54 re. (Wolfgang Steche), 62 li. (Rudi Meisel), 90/91 (Wolfgang Korall), 166/167, 181 li. (Thomas Cojaniz), 168/169 (N.N.)
GRAFISCHES KONZEPT Büro für Gestaltung, Dietmar Mayer, Friedhelm Ott, Hamburg
EINBAND Till Eiden
KARTEN Achim Norweg, München
LEKTORAT Cornelia Klaeger, Petra Casparek, Antje Leipsic, Birgit Rupprecht-Stroell
HERSTELLUNG Manfred Metzger
LITHOGRAFIE PHG Lithos GmbH, München
SATZ Reiner Löb

Gedruckt auf chlor- und säurearmem Papier
Printed in Italy

ISBN 3-517-07797-6

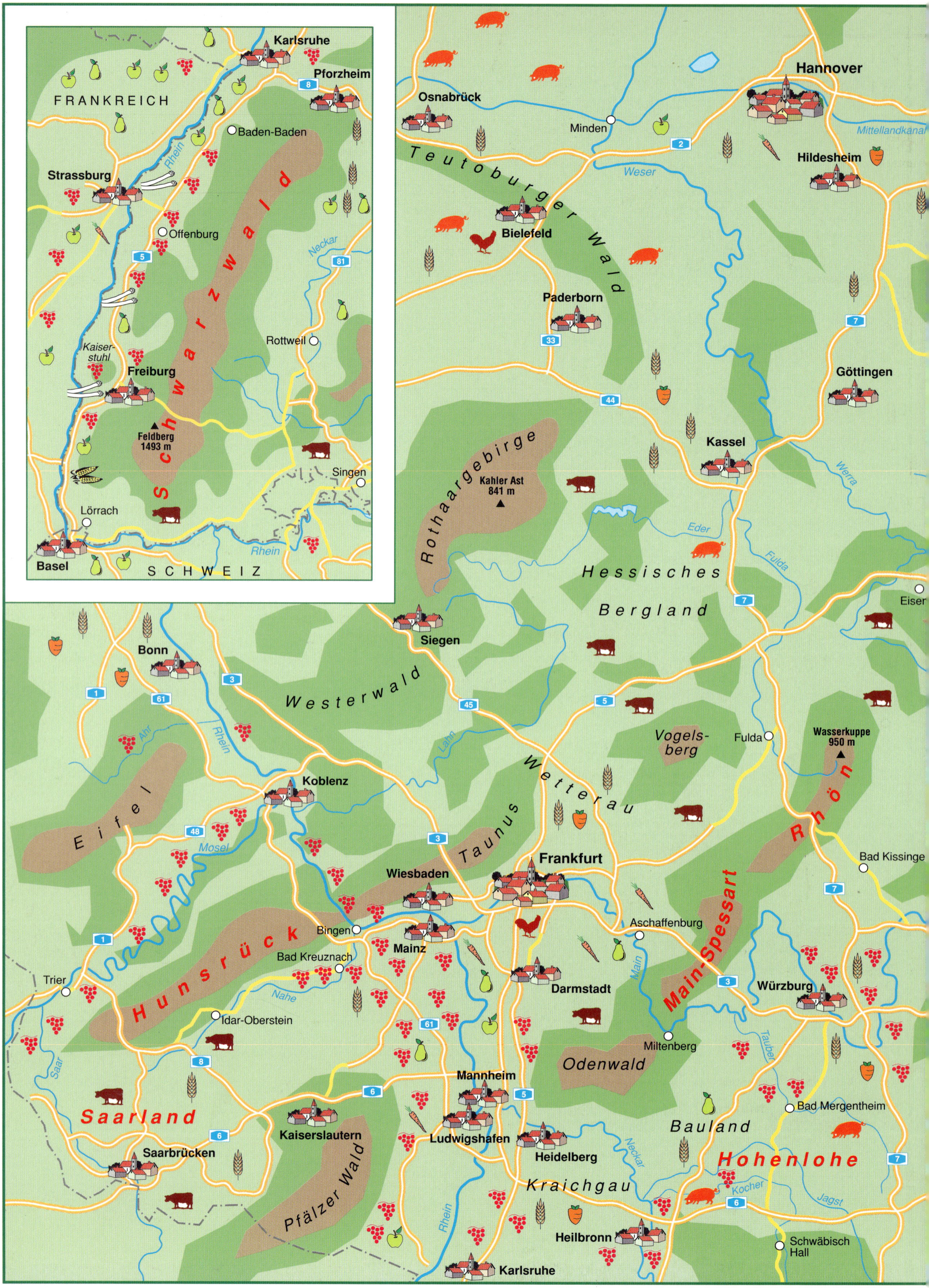

Karlsruhe
Pforzheim
FRANKREICH
Baden-Baden
Strassburg
Rhein
Offenburg
Neckar
Schwarzwald
Kaiser-stuhl
Rottweil
Freiburg
Feldberg 1493 m
Singen
Lörrach
Basel
Rhein
SCHWEIZ
Osnabrück
Hannover
Minden
Mittellandkanal
Teutoburger Wald
Weser
Hildesheim
Bielefeld
Paderborn
Göttingen
Rothaargebirge
Kahler Ast 841 m
Kassel
Werra
Eder
Fulda
Hessisches Bergland
Eiser
Siegen
Bonn
Westerwald
Rhein
Ahr
Lahn
Vogels-berg
Fulda
Wasserkuppe 950 m
Eifel
Koblenz
Wetterau
Rhön
Taunus
Mosel
Frankfurt
Bad Kissinge
Wiesbaden
Main-Spessart
Bingen
Aschaffenburg
Hunsrück
Mainz
Bad Kreuznach
Main
Würzburg
Trier
Nahe
Darmstadt
Idar-Oberstein
Miltenberg
Tauber
Saar
Odenwald
Mannheim
Saarland
Bad Mergentheim
Kaiserslautern
Ludwigshafen
Bauland
Saarbrücken
Heidelberg
Neckar
Hohenlohe
Pfälzer Wald
Kraichgau
Kocher
Jagst
Rhein
Heilbronn
Schwäbisch Hall
Karlsruhe